DIE SCHÖNHEIT DES SELBST

Werke von Śrī Śrīmad A.C. Bhaktivedanta Swami Prabhupāda

Bhagavad-gītā wie sie ist
Śrīmad-Bhāgavatam, Canto 1-10 (12 Bände)
Śrī Caitanya-caritāmṛta (11 Bände)
Kṛṣṇa – Die Quelle aller Freude (2 Bände)
Der Nektar der Hingabe
Die Lehren Śrī Caitanyas
Die Lehren Königin Kuntīs
Die Lehren Śrī Kapilas
Die Schönheit des Selbst
Bewußte Freude
Leben kommt von Leben
Im Angesicht des Todes
Bhakti-Yoga – Der Pfad des spirituellen Lebens
Der Nektar der Unterweisung
Śrī Īśopaniṣad
Jenseits von Raum und Zeit
Vollkommene Fragen, vollkommene Antworten

DIE SCHÖNHEIT DES SELBST

Śrī Śrīmad
A.C. Bhaktivedanta
Swami Prabhupāda

Gründer/Ācārya der Internationalen
Gesellschaft für Krischna-Bewußtsein

THE BHAKTIVEDANTA BOOK TRUST

The Science of Self-Realization (German)

Für weitere Informationen wenden Sie sich
bitte an eine der folgenden Adressen:

Deutschland:
ISKCON
Postfach 1172
55759 Birkenfeld
Tel.: 06782-980436 oder 2214
Fax: 06782-980437

Schweiz:
Krishna-Tempel
Bergstrasse 54
8030 Zürich
Tel.: 01-262 33 88
Fax: 01-262 31 14

Österreich:
Vedisches Kulturzentrum
Markt 58
2770 Gutenstein
Tel. & Fax: 02634-7731

---

e-mail (Deutschland): hkd@com.bbt.se
e-mail (Schweiz): hkch@com.bbt.se
e-mail (Österreich): hka@com.bbt.se
http://www.tattva.com
http://www.iskcon.org

ISBN 91-7149-081-7

Widmung

Śrī Śrīmad A. C. Bhaktivedanta *Swami Prabhupāda, unser geliebter spiritueller* Meister *und wohlmeinender* Freund, *verließ aus materieller* Sicht *am* 14. November 1977 *diese* Welt, *aber in* Wahrheit *ist er immer bei uns.* Wie Śrīla Prabhupāda *oft betonte, kann man auf zweierlei* Weise *mit dem spirituellen* Meister Gemeinschaft *haben: durch seine physische* Gegenwart (*vapu*) *und durch seine* Anweisungen (*vāṇī*). Manchmal *ist der spirituelle* Meister *persönlich gegenwärtig und manchmal nicht; immer jedoch haben wir die* Gemeinschaft *in* Form *seiner* Anweisungen.

Die Herausgeber

INHALT

Vorwort 9

Enleitung 17

Die Wissenschaft von der Seele

Leben jenseits von Tod und Wiedergeburt 24

Die Erforschung der Seele 39

Die Bestimmung des menschlichen Lebens 45

Was ist Kṛṣṇa-Bewußtsein? 56

Eine Definition Gottes 67

Wahrheit und Schönheit 77

Die Kunst zu sterben 81

Die Wahl des spirituellen Meisters

Der Unterschied zwischen Heiligen und Scheinheiligen 94

Die Bedeutung des spirituellen Meisters 107

Das spirituelle Erbe Indiens

Śaṅkaras Meditation über die Bhagavad-gītā 122

Kṛṣṇa-Bewußtsein: Hindu-Kult oder göttliche Kultur? 132

Kṛṣṇa und Christus

Kṛṣṇa oder Christus – der Name ist der gleiche 142

Christus, Christen und Kṛṣṇa 153

Yoga im Zeitalter des Streites
Mantrameditation – Läuterung des Herzens 158
Das Chanten des Hare-Kṛṣṇa-mahā-mantra 171
Meditation und das innere Selbst 175

Lösungen für die sozialen Probleme unserer Zeit
Spirituelle Maßnahmen gegen Kriminalität 186
Materielle und spirituelle Wohltätigkeit 195
Wir erklären unsere Abhängigkeit von Gott 199
Die Friedensformel 209
Die kleine Welt der modernen Wissenschaft 211

Rückkehr zur ewigen Religion
Śrīla Prabhupāda kommt nach Amerika 238
„Errichten Sie Ihre Nation
auf einer spirituellen Grundlage!“ 243
Von spirituellem Pessimismus
zu transzendentaler Glückseligkeit 255
Die Vollendung der Kunst 262

Anhang
Der Autor 279
Glossar 283
Anleitung zur Aussprache des Sanskrit 296
Bhakti-Yoga zu Hause 298

Vorwort

Vom ersten Augenblick an wußte ich, daß Śrī Śrīmad A. C. Bhaktivedanta Swami Prabhupāda die außergewöhnlichste Persönlichkeit war, die ich je getroffen hatte. Meine erste Begegnung mit ihm fand im Sommer 1966 in New York City statt. Ein Freund hatte mich zu einem Vortrag eingeladen, den „ein alter indischer Swami" in Manhattans Bowery hielt. Der Gedanke, einen Swami, der auf der *skid row* [wörtlich etwa: Straße der (sozial) Abgeglittenen] Vorträge hielt, erregte meine Neugier. Ich ging also dorthin und tastete mich ein stockdunkles Treppenhaus hinauf. Ein glockengleicher, rhythmischer Klang wurde lauter und klarer, je höher ich stieg. Schließlich erreichte ich den 4. Stock und öffnete die Tür, und da war er.

Etwa fünfzehn Meter von mir entfernt, am Ende eines langen, dunklen Raumes, saß er auf einem kleinen Podium, sein Gesicht und sein safranfarbenes Gewand von einem kleinen Licht angestrahlt. Er war schon älter – vielleicht um die sechzig, schätzte ich –, und er saß mit gekreuzten Beinen aufrecht und würdevoll da. Sein Kopf war glattrasiert, und sein markantes Gesicht und die rotbraune Hornbrille gaben ihm das Aussehen eines Mönches, der die meiste Zeit seines Lebens mit Studien verbracht hatte. Seine Augen waren geschlossen, und er sang ein einfaches Sanskritgebet, während er dazu auf einer Handtrommel spielte. Die kleine Zuhörerschaft sang im Wechselgesang in Abständen mit. Ein paar spielten Handzimbeln, die den glockengleichen Klang erzeugten, den ich gehört hatte. Fasziniert setzte ich mich leise hinten nieder, versuchte am Chanten teilzunehmen und wartete.

Kurz darauf begann der Swami, einen Vortrag in Englisch zu halten, wobei er zunächst aus einem dickleibigen Sanskritbuch vorlas, das geöffnet vor ihm lag. Gelegentlich zitierte er aus dem Buch, doch meistens sprach er frei. Seine Stimme klang sehr angenehm, und er ging jeden Abschnitt bis in alle Einzelheiten durch.

Er hörte sich an wie ein Gelehrter, denn er gebrauchte hochphilosophische Begriffe und Sätze. Elegante Handbewegungen und eine lebendige Mimik verliehen seinem Vortrag beträchtliche Ausdruckskraft. Das Thema war das tiefgründigste und bedeutendste, mit dem ich je konfrontiert worden war: „Ich bin nicht der Körper. Ich bin kein Inder... Ihr seid keine Amerikaner... Wir alle sind spirituelle Seelen."

Nach dem Vortrag gab mir jemand einen Handzettel, der in Indien gedruckt worden war. Ein Foto zeigte den Swami, wie er dem damaligen indischen Ministerpräsidenten Lal Bahadur Shastri seine Bücher überreichte. Im Begleittext wurde Herr Shastri zitiert, der anordnete, daß alle indischen Staatsbibliotheken die Bücher bestellen sollten. „Śrī Śrīmad A. C. Bhaktivedanta Swami Prabhupāda leistet großartige Arbeit", erklärte der Ministerpräsident in einem anderen kleinen Abschnitt, „und seine Bücher sind bedeutende Beiträge zur Rettung der Menschheit." Ich kaufte je ein Exemplar dieser Bücher, die der Swami, wie ich hörte, aus Indien mitgebracht hatte, und nachdem ich die Klappentexte, den kleinen Handzettel und verschiedene andere Schriftstücke gelesen hatte, begann ich zu begreifen, daß ich hier einem der geachtetsten spirituellen Führer Indiens begegnet war.

Aber ich konnte nicht verstehen, warum eine Persönlichkeit solchen Niveaus ausgerechnet in der Bowery wohnte und Vorträge hielt. Der Swami war hochgebildet und entstammte, der äußeren Erscheinung nach zu urteilen, einer aristokratischen indischen Familie. Warum lebte er in solcher Armut? Was in aller Welt hatte ihn veranlaßt hierherzukommen? Ein paar Tage später besuchte ich ihn, um auf diese Fragen Antwort zu bekommen.

Zu meiner Überraschung war Śrīla Prabhupāda (wie ich ihn später nennen sollte) nicht zu beschäftigt, um mit mir zu sprechen. Ja, es schien, als sei er bereit, sich den ganzen Tag lang mit mir zu unterhalten. Er war warmherzig und überaus freundlich und erklärte, daß er 1959 in Indien in den Lebensstand der Entsagung getreten sei und daß es ihm deshalb nicht gestattet sei, für seine persönlichen Bedürfnisse Geld zu besitzen oder zu verdienen. Er hatte vor vielen Jahren sein Studium an der Universität Kalkutta absolviert und eine Familie gegründet, und schließlich hatte er seinen ältesten Söhnen die Familien- und Geschäftsangelegenheiten übergeben, so wie es in der alten vedischen Kultur Sitte war. Nachdem er in den Lebensstand der Entsagung getreten war, hatte er durch eine langjährige Freundin der Familie eine freie Überfahrt auf einem indischen Frachter bekommen (auf der *Jaladuta* der Scindia Steamship Company). Im September 1965 war er mit Rupien im Werte von nur sieben Dollar, einem Koffer Bücher und ein paar Kleidern von Bombay per Schiff nach Boston gefahren. Sein spiritueller Meister, Śrī Śrīmad Bhaktisiddhānta Sarasvatī Ṭhākura, hatte ihn beauftragt, Indiens vedische Lehren der englischsprachigen Welt zu überbringen. Und das war der Grund, warum er im Alter von neunundsechzig Jahren nach Amerika gekommen war. Er sagte mir, er wolle die Amerikaner indische Musik, indische Kochkunst, indische Sprachen und verschiedene andere Künste lehren. Ich kam aus dem Staunen nicht mehr heraus.

Ich sah, daß Śrīla Prabhupāda auf einer kleinen Matratze schlief und daß im hinteren Teil des Zimmers seine Kleider auf einer Leine hingen, wo sie in der sommerlichen Nachmittagshitze trockneten. Er wusch sie selbst, und er kochte seine eigenen Speisen in einem genialen Kochgeschirr, das er eigenhändig in Indien entworfen hatte. In diesem vierstöckigen Kochtopf kochte er vier Gerichte auf einmal. Um ihn herum und rund um seine altertümlich anmutende tragbare Schreibmaschine in einem anderen Teil des Raumes stapelten sich schier endlose Manuskripte. Fast die ganze Zeit, die er wach war – etwa zwanzig von vierundzwanzig Stunden, wie ich erfuhr – verbrachte er damit, die Fortsetzung der drei Bände, die ich gekauft hatte, mit der Maschine zu schreiben. Es war ein voraussichtlich sechzigbändiges Werk mit dem Titel *Śrīmad-Bhāgavatam* – wahrhaftig eine Enzyklopädie des spirituellen Lebens. Ich wünschte ihm für die Veröffentlichung viel Glück, und er lud mich ein, samstags zu seinem Sanskritunterricht und montags, mittwochs und freitags zu seinen Abendvorlesungen zu kommen. Ich sagte dankend zu und staunte über seine unglaubliche Entschlossenheit.

Ein paar Wochen später – es war Juli 1966 – durfte ich Śrīla Prabhupāda helfen, in eine etwas achtbarere Gegend umzuziehen, in die Second Avenue. Einige Freunde und ich hatten uns zusammengetan und ein Ladenlokal im Erdgeschoß und eine Wohnung im 2. Stock mit Blick auf einen kleinen Hof gemietet. Die Vorträge und das Chanten gingen weiter, und innerhalb von zwei Wochen bestritt eine rasch wachsende Anhängerschar die Ausgaben für das Ladenlokal (inzwischen schon ein Tempel) und die Wohnung. Śrīla Prabhupāda unterwies seine Anhänger bereits, Handzettel zu drucken und zu verteilen, und der Besitzer einer Schallplattenfirma hatte ihm angeboten, eine LP mit dem Chanten des Hare-Kṛṣṇa-*mantra* aufzunehmen. Die Aufnahme wurde gemacht und erwies sich als großer Erfolg. In seinem neuen Quartier lehrte er Chanten, vedische Philosophie, Musik, Kunst, *japa*-Meditation und Kochen. Zunächst kochte *er* – er lehrte immer durch sein Beispiel. Das Resultat waren die wunderbarsten vegetarischen Gerichte, die ich je gegessen hatte. (Śrīla Prabhupāda servierte sogar alles eigenhändig!) Die Mahlzeiten bestanden gewöhnlich aus einem Reisgericht, einem Gemüsegericht, *capātīs* (tortillaähnliche Brotfladen) und *dhal* (eine kräftig gewürzte Mungbohnen- oder Spalterbsensuppe). Die Gewürze und das Ghee (Butterfett), in dem sie angebraten wurden, die aufmerksam überwachte Kochtemperatur und andere Details trugen gemeinsam dazu bei, Geschmackseindrücke zu vermitteln, die mir völlig unbekannt waren. Andere Leute, die diese Speisen – Śrīla Prabhupāda nannte sie *prasādam* („die Barmherzigkeit des Herrn") – zum ersten Mal kosteten, waren ebenso begeistert wie ich. Ein Entwicklungshelfer, der ein wahrer Gelehrter war und sogar chinesisch sprach, lernte von Śrīla Prabhupāda, im klassischen indischen Stil zu malen. Die hohe Qualität seiner ersten Bilder überraschte mich.

In philosophischen Debatten und Logik war Śrīla Prabhupāda ebenso unschlagbar wie unermüdlich. Er unterbrach sogar seine Übersetzungsarbeit, um an Diskussionen teilzunehmen, die manchmal bis zu acht Stunden dauerten. Bisweilen drängten sich sieben oder acht Leute in das kleine, peinlich saubergehaltene Zimmer, in dem er arbeitete, aß und auf einer fünf Zentimeter dicken Schaumstoffmatratze schlief. Śrīla Prabhupāda legte großen Nachdruck auf das, was er als „einfaches Leben und hohes Denken" bezeichnete, und er diente selbst als bestes Beispiel. Er betonte, daß spirituelles Leben eine auf Vernunft und Logik basierende Wissenschaft sei und nicht auf bloßen Gefühlen oder blindem Glauben beruhe. Er begann ein monatliches Magazin zu veröffentlichen, und im Herbst 1966 druckte die *New York Times* einen positiven Bildbericht über ihn und seine Anhänger. Kurz darauf kamen auch Leute vom Fernsehen.

Śrīla Prabhupāda zu kennen war eine aufregende Sache. Ob es mein Wunsch nach den persönlichen Vorteilen des *yoga* und des Chantens oder bloße Faszination war, ich wußte, daß ich ihm in jeder Hinsicht nacheifern wollte. Seine Pläne waren gewagt und unvorhersehbar, doch schienen sie immer von Erfolg gekrönt zu sein. Er war in den Siebzigern und in Amerika ein Fremder, er war praktisch mit leeren Händen gekommen, und dennoch hatte er schon nach ein paar Monaten ganz allein eine „Bewegung" ins Leben gerufen! Es war unfaßbar.

An einem Augustmorgen im Laden-Tempel in der Second Avenue sagte Śrīla Prabhupāda zu uns: „Heute ist Śrī Kṛṣṇas Erscheinungstag." Wir hielten ein vierundzwanzigstündiges Fasten ein und blieben im Tempel. An diesem Abend kamen zufällig einige Besucher aus Indien vorbei. Gleichsam mit Tränen in den Augen versicherte einer von ihnen, wie entzückt er sei, dieses kleine Stück authentisches Indien auf der anderen Seite der Weltkugel vorzufinden. Nicht einmal in seinen gewagtesten Träumen hätte er sich so etwas vorgestellt. Er lobte

Śrīla Prabhupāda überschwenglich und sprach ihm seinen aufrichtigen Dank aus, gab eine Spende und verneigte sich vor seinen Füßen. Alle waren tief bewegt. Später unterhielt sich Śrīla Prabhupāda mit diesem Herrn in Hindi, und da ich nicht verstehen konnte, was gesprochen wurde, war es mir möglich zu beobachten, wie jeder seiner Gesichtsausdrücke und jede Geste an das Innerste der menschlichen Seele rührten.

Etwas später im gleichen Jahr schickte ich Śrīla Prabhupāda von San Francisco sein erstes Flugticket, und so flog er zum ersten Mal von New York weg. Wir begrüßten ihn mit einem ansehnlichen Empfangskomitee am Flughafen, indem wir den Hare-Kṛṣṇa-*mantra* chanteten. Dann fuhren wir ihn zur Ostseite des Golden Gate Parks zu einer neugemieteten Wohnung mit Ladenlokal-Tempel – ganz ähnlich wie in New York. Śrīla Prabhupāda war überglücklich.

Ein paar Wochen später kam die erste *mṛdaṅga* (eine längliche Tontrommel mit Fellen an beiden Enden) aus Indien in San Francisco an. Als ich zu Śrīla Prabhupādas Wohnung hochging und ihm die Neuigkeit mitteilte, öffneten sich seine Augen weit, und mit erregter Stimme wies er mich an, schnell hinunterzugehen und die Kiste aufzumachen. Ich nahm den Lift, fuhr bis zum Erdgeschoß und ging auf die Eingangstür zu, als Śrīla Prabhupāda erschien. So begierig war er, die *mṛdaṅga* zu sehen, daß er die Treppe hinuntergeeilt und noch vor dem Lift unten angekommen war. Er bat uns, die Kiste zu öffnen, riß ein Stück Safrantuch ab, das er trug, und umwickelte die Trommel damit, so daß nur die Felle an den beiden Enden freiblieben. „Das darf nicht wieder abgenommen werden", sagte er und begann dann, genau zu erklären, wie man das Instrument spielte und pflegte.

Ebenfalls in San Francisco führte Śrīla Prabhupāda 1967 das Ratha-yātrā ein, das Fest der Wagen – eines von vielen Festen, die dank ihm heute Menschen auf der ganzen Welt feiern. Das Ratha-yātrā findet seit 2000 Jahren in Jagannātha Purī in Indien statt, und 1975 war das Fest in San Francisco so beliebt geworden, daß der Bürgermeister diesen Tag offiziell zum „Ratha-yātrā-Tag in San Francisco" erklärte.

Ende 1966 hatte Śrīla Prabhupāda begonnen, Schüler anzunehmen. Er legte Wert darauf, jedem klarzumachen, daß man ihn nicht als Gott, sondern als Gottes Diener ansehen sollte, und er kritisierte selbsternannte Gurus, die sich von ihren Schülern als Gott verehren lassen. „Diese Götter sind sehr billig", pflegte er zu sagen. Als ihn einmal jemand fragte: „Sind Sie Gott?", antwortete Śrīla Prabhupāda: „Nein, ich bin nicht Gott – ich bin ein Diener Gottes." Dann dachte er einen Augenblick nach und fuhr fort: „Im Grunde *bin* ich nicht ein Diener Gottes, ich *versuche*, ein Diener Gottes zu sein. Es ist nichts Gewöhnliches, ein Diener Gottes zu sein."

Mitte der siebziger Jahre wandte sich Śrīla Prabhupāda verstärkt der Übersetzung und Veröffentlichung von Büchern zu. Gelehrte auf der ganzen Welt beurteilten seine Bücher positiv, und an fast allen Universitäten und Hochschulen in Amerika wurden sie als Standardwerke eingeführt. Insgesamt verfaßte er über siebzig Bücher, die seine Schüler heute in mehr als achtzig Sprachen übersetzen. Er gründete 108 Tempel auf der ganzen Welt und hat etwa 10.000 eingeweihte Schüler sowie eine Anhängerschaft, die in die Millionen geht. Mit einundachtzig Jahren verließ uns Śrīla Prabhupāda, doch bis in die letzten Tage seines Lebens fuhr er unermüdlich fort, zu schreiben und zu übersetzen.

Śrīla Prabhupāda war nicht einer von vielen orientalischen Gelehrten, Gurus, Mystikern, Yoga- oder Meditationslehrern. Er war die Verkörperung einer ganzen Kultur, und er verpflanzte diese Kultur in den Westen. Für mich und viele andere war er in erster Linie jemand, der sich wahrhaft um seine Mitmenschen kümmerte, der seine eigene Bequemlichkeit vollständig opferte, um für das Wohl anderer zu arbeiten. Er hatte kein Privatleben, sondern lebte nur für andere. Er lehrte spirituelle Wissenschaft, Philosophie, gesunden Menschenverstand, Kunst, Sprachen, die vedische Lebensweise (Hygiene, Ernährung, Medizin, Umgangsformen, Familienleben, Landwirtschaft, Gesellschaftsorganisation, Schulwesen, Wirtschaft) und vieles mehr. Für mich war er Meister, Vater und liebster Freund.

Ich stehe zutiefst in Śrīla Prabhupādas Schuld, und zwar so sehr, daß ich sie niemals werde zurückzahlen können. Aber ich kann zumindest meine Dankbarkeit dadurch unter Beweis stellen, daß ich versuche, zusammen mit seinen anderen Bewunderern seinen innigsten Wunsch zu erfüllen, nämlich seine Bücher zu veröffentlichen und zu verteilen.

„Ich werde niemals sterben", sagte Śrīla Prabhupāda einmal. „Ich werde für immer in meinen Büchern leben." Am 14. November 1977 nahm er Abschied von dieser Welt, aber zweifellos wird er für immer leben.

Michael Grant
(*Mukunda dāsa*)

Einleitung

Oft wird gefragt: „Wer ist Śrīla Prabhupāda?", und es ist nicht leicht, diese Frage zu beantworten; denn Śrīla Prabhupāda entzog sich konventionellen Bezeichnungen und Kategorien. Man nannte ihn einen Gelehrten und Philosophen, einen kulturellen Botschafter, profilierten Autor und Sozialkritiker, einen religiösen Führer, spirituellen Lehrer und Heiligen. In Wahrheit war er all das und noch mehr. Fest steht jedenfalls, daß ihn niemand mit den geschäftstüchtigen modernen „Gurus" verwechseln konnte, die mit schönverpackten, verwässerten Versionen östlicher Spiritualität in den Westen kommen, um unseren Drang nach „Sofortwohlgefühl" zu befriedigen und unsere nicht zu leugnende spirituelle Naivität auszubeuten.

Im Gegensatz zu ihnen war Śrīla Prabhupāda ein wahrer Heiliger (*sādhu*) von tiefer intellektueller und spiritueller Empfindsamkeit – er hatte großes Mitleid mit einer Gesellschaft, der es in erschreckendem Maße an echtem spirituellem Verständnis mangelt.

Um die Menschheit zu erleuchten, verfaßte Śrīla Prabhupāda über siebzig Bände mit kommentierten Übersetzungen und Zusammenfassungen der großen spirituellen Klassiker Indiens, und seine Werke sind bereits in achtzig Sprachen erhältlich. Im Jahre 1944 begann Śrīla Prabhupāda im Alleingang, eine Zeitschrift mit dem Titel *Back to Godhead* zu veröffentlichen, die noch heute in mehreren Sprachen erscheint. Fast alle Vorträge, Interviews, Essays und Briefe, die für *Die Schönheit des Selbst* ausgewählt wurden, wurden ursprünglich im *Back to Godhead* veröffentlicht.

Unter den Artikeln befinden sich: Śrīla Prabhupādas ergreifendes

Gedicht, das er bei seiner Ankunft in Amerika verfaßte; sein Briefwechsel mit einem weltweit geachteten Herzspezialisten über die „Erforschung der Seele"; ein Interview mit der London Broadcasting Company über die Wissenschaft der Seelenwanderung; eine Pressekonferenz, in der er den Unterschied zwischen echten und falschen Gurus analysiert; sein Gespräch mit einem deutschen Benediktinermönch über Kṛṣṇa und Christus; eine Übersetzung von Śaṅkaras berühmten Versmeditationen über die *Bhagavad-gītā*; ein vertrauliches Gespräch mit seinen Schülern über die betrügerischen Methoden und Theorien der modernen Wissenschaft; seine tiefen Einblicke in die Wirkungsweise des Überbewußtseins und des *karma*-Gesetzes sowie seine Erklärungen zur Praxis der *mantra*-Meditation.

Die Texte verlangen vom Leser keine besonderen Vorkenntnisse. Man kann sich daher je nach Interesse einzelne Texte oder Kapitel heraussuchen oder auch die sieben Kapitel der Reihe nach lesen. (Das Glossar im Anhang dient dazu, noch unbekannte Begriffe zu klären.)

Auf jeder Seite präsentiert Śrīla Prabhupāda die gleiche Botschaft, die der große Weise Vyāsadeva vor Tausenden von Jahren aufzeichnete: die Botschaft der vedischen Schriften des alten Indien. Wie wir sehen werden, zitiert er oft aus der *Bhagavad-gītā*, dem *Śrīmad-Bhāgavatam* und anderen klassischen vedischen Texten. Er überträgt das gleiche zeitlose Wissen in unsere Sprache, das andere große selbstverwirklichte Lehrer schon seit Jahrtausenden verkünden – ein Wissen, das die Geheimnisse und die Schönheit unseres Selbst und des allgegenwärtigen Höchsten Selbst, der Natur und des Universums offenbart. Śrīla Prabhupāda spricht mit verblüffender Klarheit, philosophischer Tiefe und einem bisweilen humorvollen Ton und macht deutlich, wie wichtig das Thema „Selbsterkenntnis" gerade in der heutigen Zeit ist.

Die Herausgeber

Prominente würdigen Śrīla Prabhupādas Werke

„Śrī Śrīmad A. C. Bhaktivedanta Swami Prabhupāda leistet wertvolle Arbeit, und seine Bücher sind ein bedeutender Beitrag zur Rettung der Menschheit."

Sri Lal Bahadur Shastri
ehemaliger Premierminister Indiens

* * *

„Śrīla Prabhupādas Werken gebührt unsere Hochachtung. Jeder, der diese Bücher unvoreingenommen liest, wird gerührt und beeindruckt sein, ganz gleich, welchem Glauben oder welcher philosophischen Überzeugung er angehört."

Dr. Garry Gelade
Professor für Psychologie
Oxford University

* * *

„Wir sind Śrī Bhaktivedanta Swami Prabhupāda für die Veröffentlichung seiner großartigen Werke sehr zu Dank verpflichtet und sind der Meinung, daß sie sowohl für Studenten der indischen Religion und Philosophie als auch für all jene, die ein Gefühl für die wahren Werte der Menschheit haben, höchst nützlich sein werden."

Dr. Gy. Wojtilla
Ungarische Akademie der Wissenschaften
Budapest

* * *

„Die Ausgabe der *Bhagavad-gītā* von A. C. Bhaktivedanta Swami Prabhupāda hat dem Westen, wie kein anderes literarisches Werk, eine genaue Kenntnis der ältesten spirituellen Tradition Indiens ermöglicht und trägt zur heute notwendigen Völkerverständigung bei."

Prof. Dr. theol. Edmund Weber
Direktor des Instituts für wissenschaftliche Irenik
Johann-Wolfgang-Goethe-Universität, Frankfurt am Main

* * *

„Die *Bhagavad-gītā wie sie ist* von Śrī Śrīmad A. C. Bhaktivedanta Swami ist ein einzigartiger Beitrag zum Verständnis der grundlegenden Philosophie Indiens. Die gelehrte Interpretation, die textgetreue Übersetzung und die leicht verständlichen Erläuterungen des Originaltextes verleihen diesem Werk einen großen Wert für den ernsthaften Studenten, der nach fortgeschrittenem Wissen strebt. Ich bin bisher noch keiner umfassenderen, klareren und authentischeren Ausgabe der *Bhagavad-gītā* begegnet."

Dr. I. C. Sharma
Professor für Philosophie
Old Dominion University

* * *

„Worte reichen nicht aus, die tiefe Gelehrsamkeit und Hingabe zu beschreiben, die aus den umfangreichen Werken Śrīla Prabhupādas sprechen. Unsere Kinder und Kindeskinder werden dank der Bemühung Śrī Swami Prabhupādas zweifellos eine bessere Welt vorfinden. Śrīla Prabhupāda tritt für internationale Verbrüderung und eine spirituelle Einheit der gesamten Menschheit ein. Die literarische Welt außerhalb Indiens, vor allem im Abendland, schuldet ihm Dank, daß er sie so wissenschaftlich mit dem Besten vertraut gemacht hat, was unser Kṛṣṇa-bewußtes Indien zu bieten hat."

Dr. *Viswanath Shukla*
Außerordentlicher Professor für Hindi
Moslemische Universität von Aligarh, Indien

* * *

„Auf jeder Seite seines Werks glänzt A. C. Bhaktivedanta Swami Prabhupāda durch seine außergewöhnlichen Kenntnisse der behandelten Themen und eine brillante Darstellung schwerverständlicher Ideen – die seltene Gabe eines Mannes, der die Lehren des Ostens so tief in sich aufgenommen hat, daß er anscheinend die höchste Stufe spiritueller Erleuchtung erreicht hat, die nur wenigen gesegneten Seelen vorbehalten ist."

Professor Dr. H. B. *Kulkarni*
Utah State University

* * *

„Die Werke A. C. Bhaktivedantas sind die Arbeit eines spirituellen Genies. Sie werden im intellektuellen und ethischen Leben der modernen Menschen für lange Zeit einen Platz einnehmen."

Professor Shaligram Shukla
Georgetown University
Washington D. C.

* * *

„Swami Bhaktivedanta hat dem Abendland die heilsame Warnung überbracht, daß unsere höchst einseitige materialistische Kultur ihrem eigenen Untergang entgegensteuert, da es ihr an der inneren Tiefe echten metaphysischen Bewußtseins mangelt. Ohne diese Tiefe sind unsere moralischen und politischen Beteuerungen nur leere Worte."

Thomas Merton, Theologe

* * *

„Zum ersten Mal seit den Tagen des Römischen Reiches erscheint hier eine neue asiatische Religion – genauer gesagt, eine für die westliche Welt neue asiatische Religion –, die von Menschen aus dem Westen mit jüdisch-christlichem Hintergrund praktiziert wird. Sie entstand aus dem Nichts und ist in weniger als 20 Jahren überall im Westen bekannt geworden. Dies ist meiner Meinung nach ein Zeichen der Zeit und ein Meilenstein in der Geschichte der westlichen Welt."

Dr. phil. A. L. Basham
Seinerzeit führende Autorität auf dem Gebiet indischer Geschichte und Religion

Die Wissenschaft von der Seele

Leben jenseits von Tod und Wiedergeburt

Mike Robinson, ein Reporter der London Broadcasting Company, stellt Fragen über die Wissenschaft von der Seele: Sind wir schon früher einmal hier gewesen? Werden wir wiedergeboren? Śrīla Prabhupāda beantwortet diese schwierigen Fragen sehr einleuchtend auf der Grundlage der vedischen Schriften.

Mike Robinson: Können Sie mir sagen, woran Sie glauben? Worin besteht die Philosophie der Hare-Kṛṣṇa-Bewegung?
Śrīla Prabhupāda: Kṛṣṇa-Bewußtsein ist keine Glaubensfrage, es ist eine spirituelle Wissenschaft. Als erstes muß man den Unterschied zwischen einem lebendigen und einem toten Körper verstehen. Worin besteht der Unterschied? In einem toten Körper ist die spirituelle Seele, die Lebenskraft, nicht mehr anwesend. Wir müssen also zwei Dinge auseinanderhalten: den Körper und die Lebenskraft im Körper. Die spirituelle Wissenschaft des Kṛṣṇa-Bewußtseins befaßt sich mit der Lebenskraft im Körper, und das unterscheidet sie von der konventionellen materiellen Wissenschaft. Hier liegt auch der Grund, warum es einem gewöhnlichen Menschen am Anfang schwerfällt, unsere Bewegung zu verstehen. Zuerst muß man verstehen, daß man eine spirituelle Seele ist – nicht der Körper.
Mike Robinson: Und wann können wir das verstehen?
Śrīla Prabhupāda: Das können Sie jederzeit verstehen – es erfordert nur ein wenig Intelligenz. Nehmen wir ein Beispiel: Ein klei-

nes Kind wächst zum Knaben heran, der Knabe zum jungen Mann, der junge Mann zum Erwachsenen, und aus dem Erwachsenen wird im Laufe der Zeit ein Greis. Aber der Mensch fühlt sich die ganze Zeit über als dieselbe Person mit der gleichen Identität, obwohl sich sein Körper von dem eines Kindes in den eines alten Mannes gewandelt hat. Verstehen Sie? Schon in diesem Leben durchlaufen wir verschiedene Körperformen, doch der Besitzer des Körpers, die Seele, bleibt derselbe. Wir sollten daher den logischen Schluß ziehen, daß wir auch dann einen anderen Körper erhalten, wenn unser gegenwärtiger Körper stirbt. Das nennt man Seelenwanderung.

Mike Robinson: Wenn also ein Mensch stirbt, dann stirbt in Wirklichkeit nur der physische Körper?

Śrīla Prabhupāda: Ja. Das wird in der *Bhagavad-gītā* [2.20] ausführlich erklärt: *na jāyate mriyate vā kadācin*...*na hanyate hanyamāne śarīre.*

Mike Robinson: Zitieren Sie oft Textstellen?

Śrīla Prabhupāda: Ja, wir verwenden viele Zitate aus den Schriften. Kṛṣṇa-Bewußtsein erfordert ein ernsthaftes Studium. Es ist keine gewöhnliche Religion. [*Zu einem Gottgeweihten:*] Schlage bitte diesen Vers in der *Bhagavad-gītā* nach.

Schüler:

na jāyate mriyate vā kadācin
nāyaṁ bhūtvā bhavitā vā na bhūyaḥ
ajo nityaḥ śāśvato 'yaṁ purāṇo
na hanyate hanyamāne śarīre

„Für die Seele gibt es weder Geburt noch Tod. Sie hat schon immer existiert und wird nie aufhören zu sein. Sie ist ungeboren, ewig, immerwährend, unsterblich und uranfänglich. Sie wird nicht getötet, wenn der Körper getötet wird."

Mike Robinson: Vielen Dank, daß Sie das für mich vorlesen ließen. Können Sie noch mehr dazu sagen? Wenn die Seele unsterblich ist, heißt das, daß jede Seele nach dem Tod zu Gott gelangt?

Śrīla Prabhupāda: Nicht unbedingt. Nur wer würdig ist, das heißt, wer sich in diesem Leben auf die Rückkehr nach Hause, zu Gott, vorbereitet hat, kann zu Ihm heimkehren. Wer sich aber nicht qualifiziert hat, bekommt einen weiteren materiellen Körper. Es gibt 8.400.000 verschiedene Körperformen. Je nach unseren Wünschen und unserem *karma* geben uns die Gesetze der Natur einen passenden Körper. Es ist, als ob sich jemand mit einer Krankheit ansteckt, die dann nach einer gewissen Zeit zum Ausbruch kommt. Ist das schwer zu verstehen?

Mike Robinson: Ganz kann ich Ihnen ehrlich gesagt nicht folgen.

Śrīla Prabhupāda: Angenommen, jemand hat sich mit Pocken angesteckt. Nach sieben Tagen treten die typischen Symptome auf. Wie nennt man noch diesen Zeitraum?

Mike Robinson: Inkubationszeit?

Śrīla Prabhupāda: Richtig, Inkubationszeit. Die Krankheit läßt sich nicht mehr aufhalten. Wenn man sich angesteckt hat, wird die Krankheit zum Ausbruch kommen, denn so will es das Gesetz der Natur. In ähnlicher Weise hat man im Verlauf seines Lebens mit verschiedenen Erscheinungsweisen der Natur Kontakt, und dieser Kontakt wird darüber entscheiden, welche Art von Körper man im nächsten Leben bekommt. Dieser Prozeß unterliegt den strengen Gesetzen der Natur. Jeder wird von den Gesetzen der Natur beherrscht und ist in jeder Hinsicht von ihnen abhängig, doch in ihrer Unwissenheit halten sich die Menschen für frei. Sie sind nicht frei; sie bilden sich nur ein, frei zu sein. In Wirklichkeit sind sie ganz und gar den Gesetzen der Natur unterworfen. Ausschlaggebend für unsere nächste Geburt ist, wie wir in diesem Leben gehandelt haben – ob sündhaft oder fromm.

Mike Robinson: Euer Gnaden, könnten Sie diese Punkte noch einmal näher erläutern? Sie sagten, niemand sei frei. Heißt das, daß wir uns gewissermaßen eine gute Zukunft schaffen, wenn wir ein gutes Leben führen?

Śrīla Prabhupāda: Ja.

Mike Robinson: Wir können also frei wählen, was wir für wichtig halten? Religion ist wichtig, denn wenn wir an Gott glauben und ein gutes Leben führen...

Śrīla Prabhupāda: Das ist keine Frage des Glaubens. Lassen wir einmal den Glauben aus dem Spiel. Hier geht es um Gesetze. Ein Beispiel: Wir haben einen Staat. Sie mögen daran glauben oder nicht, doch wenn Sie das Gesetz brechen, werden Sie vom Staat bestraft. Ebenso verhält es sich mit Gott: Ob Sie an Ihn glauben oder nicht, Er existiert. Und wenn Sie nicht an Ihn glauben und tun, was immer Sie wollen, werden Sie von den Gesetzen der Natur bestraft.

Mike Robinson: Ich verstehe. Spielt es eine Rolle, an welche Religion man glaubt? Welchen Vorteil hätte es, ein Geweihter Kṛṣṇas zu sein?

Śrīla Prabhupāda: Es geht hier nicht um Religion, sondern um Wissenschaft. Sie sind eine spirituelle Seele, doch weil Sie in der materiellen Welt leben, unterliegen Sie den Gesetzen der Natur. Sie glauben an die christliche Religion und ich an die hinduistische, doch das heißt nicht, daß Sie alt werden und ich nicht. Es geht hier um die nachweisbare Tatsache des Alterns. Das ist ein Naturgesetz. Jeder wird alt, denn die Gesetze der Natur gelten für alle. Ob Sie sich zu dieser oder jener Religion bekennen, ist dabei ohne Belang.

Mike Robinson: Sie sagen also, daß es nur einen Gott gibt, der uns alle beherrscht?

Śrīla Prabhupāda: Es gibt nur einen Gott und ein Gesetz Gottes, nämlich das Gesetz der Natur. Wir alle unterstehen Gott und Seinem Gesetz. Zu glauben, wir seien frei und könnten tun und lassen, was wir wollen, ist reine Dummheit.

Mike Robinson: Nun gut. Könnten Sie mir erklären, was die Hare-Kṛṣṇa-Bewegung von anderen Religionen unterscheidet?

Śrīla Prabhupāda: Die Hare-Kṛṣṇa-Bewegung ist für Menschen gedacht, die den ernsthaften Wunsch haben, die spirituelle Wissenschaft zu verstehen. Unsere Bewegung hat nichts mit Sektierertum zu tun. Genau wie Studenten die Universität besuchen können, ganz gleich, welcher Religion sie angehören, kann sich jeder, ob Christ, Hindu oder Moslem, der Bewegung für Kṛṣṇa-Bewußtsein anschließen, wenn er die Wissenschaft von Gott erlernen möchte.

Mike Robinson: Was würde sich für einen Menschen, der im Kṛṣṇa-Bewußtsein ausgebildet wird, ändern?

Śrīla Prabhupāda: Seine wirkliche Bildung würde beginnen. Als erstes muß man verstehen, daß man eine spirituelle Seele ist und deshalb seinen Körper wechselt. Das ist das ABC spirituellen Wissens. Wenn Ihr Körper stirbt, werden Sie selbst nicht sterben. Sie wechseln nur Ihren Körper, so wie Sie Mantel und Hemd wechseln. Wenn Sie morgen zu mir kommen und ein anderes Hemd und einen anderen Mantel tragen, heißt das, daß Sie eine andere Person geworden sind? Nein. Mit jedem Tod wechseln Sie den Körper, doch *Sie*, die spirituelle Seele im Körper, bleiben derselbe. Diesen Punkt gilt es zu verstehen; dann macht man in der Wissenschaft des Kṛṣṇa-Bewußtseins Fortschritt.

Mike Robinson: Allmählich beginne ich zu verstehen; aber es ist mir nicht klar, welcher Zusammenhang zwischen dem besteht, was Sie gerade erklärt haben, und der großen Anzahl Ihrer Anhänger, die wir auf der Oxford Street Hare-Kṛṣṇa-Literatur verteilen sehen.

Śrīla Prabhupāda: Diese Literatur soll die Menschen von der Notwendigkeit spirituellen Lebens überzeugen.

Mike Robinson: Und es ist Ihnen wirklich gleichgültig, ob neue Leute der Hare-Kṛṣṇa-Bewegung beitreten oder nicht?

Śrīla Prabhupāda: Das ist nicht so wichtig. Unsere Aufgabe ist es, der Allgemeinheit Wissen zu vermitteln. Die Menschen befinden sich in Unwissenheit. Sie leben in einer Traumwelt, denn sie glauben, mit dem Tod ihres Körpers sei alles vorbei. Das ist Torheit.

Mike Robinson: Und es geht Ihnen im Grunde nur darum, ihnen mitzuteilen, daß es eine spirituelle Dimension im Leben gibt?

Śrīla Prabhupāda: Unser erstes Anliegen ist es, die Menschen darüber aufzuklären, daß sie nicht der Körper sind, daß der Körper nur eine äußere Hülle ist (so wie Ihr Hemd und Ihr Mantel) und daß sie innerhalb dieses Körpers leben.

Mike Robinson: Ja, ich glaube, das habe ich jetzt verstanden. Können wir hier anknüpfen? Sie sagten, daß unsere jetzige Lebensweise einen Einfluß auf das Leben nach dem Tod hat und daß es Naturgesetze gibt, die das nächste Leben bestimmen. Wie gelangt die Seele von einem Körper zum anderen?

Śrīla Prabhupāda: Das ist ein sehr subtiler Vorgang. Die spirituelle Seele ist atomisch klein und für unsere materiellen Augen unsichtbar. Auch nach der Zerstörung des grobstofflichen Körpers, der aus den Sinnen, Blut, Knochen, Fett und so fort besteht, bleibt der feinstoffliche Körper aus Geist, Intelligenz und falschem Ego am Leben. Zum Zeitpunkt des Todes trägt dieser feine Körper die winzige spirituelle Seele in einen anderen grobstofflichen Körper, ähnlich wie die Luft einen bestimmten Duft mit sich trägt. Niemand kann sehen, wo der Rosenduft herkommt, doch wir wissen, daß er von der Luft getragen wird. Wir können nicht sehen, wie dies geschieht, wir wissen nur, daß es geschieht. Genauso subtil ist der Vorgang der Seelenwanderung. Je nach dem Inhalt der Gedanken zum Zeitpunkt des Todes geht die winzige spirituelle Seele durch den Samen eines Vaters in den Leib einer bestimmten Mutter ein. Dort entwickelt die Seele dann eine bestimmte Art von Körper, der von der Mutter kommt. Das kann der Körper eines Menschen, einer Katze, eines Hundes oder irgendeines anderen Lebewesens sein.

Mike Robinson: Wollen Sie damit sagen, daß wir vor diesem Leben etwas anderes waren und daß wir im nächsten Leben wieder als etwas anderes auf die Welt kommen werden?

Śrīla Prabhupāda: Ja.

Mike Robinson: Und wie lange geht das so weiter?

Śrīla Prabhupāda: Das geht immer so weiter, denn Sie sind ewig. Ihren Handlungen entsprechend wechseln Sie einfach nur den Körper. Deshalb sollten Sie den Wunsch haben zu erfahren, wie Sie diesen Kreislauf beenden und zu ihrer Existenz in Ihrem ursprünglichen spirituellen Körper zurückkehren können. Dafür ist die Bewegung für Kṛṣṇa-Bewußtsein da.

Mike Robinson: Jetzt verstehe ich. Wenn ich also Kṛṣṇa-bewußt werde, laufe ich nicht Gefahr, als Hund wiedergeboren zu werden. Oder?

Śrīla Prabhupāda: Nein, bestimmt nicht. [*Zu einem Gottgeweihten:*] Suche bitte den Vers *janma karma ca me divyam*...

Schüler:

janma karma ca me divyam
evaṁ yo vetti tattvataḥ
tyaktvā dehaṁ punar janma
naiti mām eti so 'rjuna

„Wer das transzendentale Wesen Meines Erscheinens und Meiner Taten kennt, wird nach dem Verlassen des Körpers nicht wieder in der materiellen Welt geboren, sondern gelangt in Mein ewiges Reich, o Arjuna" [*Bg.* 4.9].

Śrīla Prabhupāda: Gott sagt: „Jeder, der Mich versteht, ist von Geburt und Tod befreit." Aber es ist nicht möglich, Gott durch weltliche Spekulation zu verstehen. Zuerst muß man auf die spirituelle Ebene gelangen. Dann bekommt man die Einsicht, die notwendig ist, um Gott zu verstehen. Und wenn man Gott versteht, muß man keinen materiellen Körper mehr annehmen. Man kehrt nach Hause, zu Gott, zurück, wo man ewig lebt – ohne weitere Körperwechsel.

Mike Robinson: Aha, so ist das also. Nun haben Sie zweimal aus Ihren Schriften zitiert. Woher kommen diese Schriften? Können Sie das kurz erklären?

Śrīla Prabhupāda: Unsere Schriften sind Teil der vedischen Literatur, die seit Beginn der Schöpfung existiert. Immer wenn ein neues Produkt hergestellt wird, wie zum Beispiel dieses Mikrofon, gibt es auch eine Gebrauchsanweisung dazu, und die Gebrauchsanweisung wird zusammen mit dem Mikrofon geliefert.

Mike Robinson: Ja.

Śrīla Prabhupāda: In ähnlicher Weise hat uns Gott zu Beginn der Schöpfung die vedischen Schriften gegeben, damit wir wissen, wie wir mit der Welt umzugehen haben.

Mike Robinson: Diese Schriften existieren also seit Anbeginn der Schöpfung. Lassen Sie uns jetzt zu einem Thema übergehen, zu dem Sie, glaube ich, einen recht energischen Standpunkt vertreten werden. Was ist der Hauptunterschied zwischen Kṛṣṇa-Bewußtsein und den anderen östlichen Lehren, die man im Westen vorfindet?

Śrīla Prabhupāda: Der Unterschied besteht darin, daß wir der Originalliteratur folgen, während andere ihre eigenen Schriften verfassen. Wer Antworten auf spirituelle Fragen sucht, muß die ursprünglichen Schriften zu Rate ziehen, nicht irgendwelche Bücher, die von einem Scharlatan verfaßt wurden.

Mike Robinson: Was hat es mit dem Chanten von „Hare Kṛṣṇa, Hare Kṛṣṇa..." auf sich?

Śrīla Prabhupāda: Das Chanten von Hare Kṛṣṇa ist die einfachste Methode, sich zu läutern. Das gilt besonders im gegenwärtigen Zeitalter, wo die Menschen so abgestumpft sind, daß sie spirituelles Wissen nicht so leicht verstehen können. Wenn man Hare Kṛṣṇa chantet, wird die Intelligenz geläutert, und man kann spirituelle Zusammenhänge verstehen.

Mike Robinson: Können Sie mir sagen, wovon Sie sich in Ihrem Handeln leiten lassen?

Śrīla Prabhupāda: Wir stützen uns auf die vedischen Schriften.

Mike Robinson: Die Schriften, die Sie zitiert haben?

Śrīla Prabhupāda: Ja, alles steht in den Schriften. Wir erklären sie in Englisch, aber wir erfinden nichts. Wenn wir uns das Wissen selbst ausdächten, würden wir dadurch alles ruinieren. Die vedische Literatur läßt sich mit der Gebrauchsanweisung vergleichen, die erklärt, wie man dieses Mikrofon richtig handhabt. Sie dürfen nichts abändern, sonst richten Sie nur Schaden an. Weil wir uns an dieses Prinzip halten, braucht man nur eines unserer Bücher zu lesen, und man erlangt echtes spirituelles Wissen.

Mike Robinson: Wie kann die Philosophie des Kṛṣṇa-Bewußtseins die Lebensweise der Menschen beeinflussen?

Śrīla Prabhupāda: Sie kann das Leid der Menschen lindern. Die Menschen leiden, weil sie sich irrtümlich für den Körper halten. Angenommen, Sie glauben, Sie seien Ihr Mantel und Ihr Hemd und waschen beides sehr gründlich, denken aber nicht daran, etwas zu essen. Meinen Sie, Sie könnten dann zufrieden sein?

Mike Robinson: Wohl kaum.

Śrīla Prabhupāda: Doch genau das tun die Leute. Sie waschen nur den „Mantel" und das „Hemd" des Körpers, vergessen aber die Seele *im* Körper. Die Menschen wissen nichts von dem, was sich unter dem „Mantel" und dem „Hemd" des Körpers befindet. Fragen Sie einen x-beliebigen Menschen, wer er ist, und er wird antworten: „Ich bin Engländer" oder „Ich bin Inder." Und wenn wir sagen: „Mir ist klar, daß Sie einen englischen oder indischen Körper haben, aber wer sind S*ie*?", ist der Betreffende sprachlos.

Die gesamte moderne Zivilisation ist auf dem falschen Verständnis aufgebaut, daß der Körper das Selbst ist (*dehātma-buddhi*). Die Katzen und Hunde denken genauso. Stellen Sie sich vor, ich möchte in England einreisen, und Sie halten mich an der Grenze an und sagen: „Ich bin Engländer, aber Sie sind Inder – was tun Sie hier?" Auch der Hund bellt: „Wau, wau, was willst du hier?" Wo ist der Unterschied in der Denkweise? Der Hund meint, er sei ein Hund und ich sei ein Fremder, und Sie meinen, Sie seien Engländer und ich sei Inder. Die Denkweise ist die gleiche. Wenn man also die Menschen in der Dunkelheit der Hundementalität beläßt und dann noch erklärt, die Zivilisation mache Fortschritt, begeht man einen großen Fehler.

Mike Robinson: Um ein anderes Thema anzuschneiden: Ich nehme an, der Hare-Kṛṣṇa-Bewegung ist es auch ein Anliegen, weltweit in Gebieten, wo Not herrscht, Hilfe zu leisten.

Śrīla Prabhupāda: Ja, wir leisten dort Hilfe, wo sonst keiner hilft: Wir helfen das größte aller Probleme zu lösen – das Problem von Geburt, Alter, Krankheit und Tod. Für diese Probleme hat sonst niemand eine Lösung. Es wird nur viel Unsinn geredet, und die Leute werden in die Irre geführt. Man sorgt dafür, daß sie im Dunkeln bleiben. Es ist Zeit, ihnen Licht zu bringen.

Mike Robinson: Von spiritueller Erleuchtung einmal abgesehen, geht es Ihnen auch um das körperliche Wohlbefinden des Menschen?

Śrīla Prabhupāda: Das körperliche Wohl folgt dem spirituellen Wohl von selbst.

Mike Robinson: Wie ist das zu verstehen?

Śrīla Prabhupāda: Wenn Sie ein Auto besitzen, pflegen Sie es natürlich, aber Sie denken nicht: „Ich bin dieses Auto." Das wäre verrückt. Doch genau das tun die Menschen. Sie kümmern sich viel zu sehr um das „Auto" des Körpers und halten das „Auto" für das Selbst. Sie vergessen, daß sie und das „Auto" zwei verschiedene Dinge sind. Sie sind spirituelle Seelen und haben mit dem Körper eigentlich gar nichts zu tun. Genausowenig wie man mit Benzin seinen Durst zu löschen vermag, kann man in körperlichen Tätigkeiten Zufriedenheit finden. Die Seele braucht eine andere Nahrung. Wenn jemand denkt: „Ich bin ein Auto und muß Benzin trinken", wird er für verrückt erklärt. Das gleiche gilt für jemanden, der sich für den Körper hält und versucht, durch körperliche Freuden glücklich zu werden.

Mike Robinson: Hier ist ein Zitat, zu dem ich gern einen Kommentar von Ihnen hätte. Bevor ich hierher kam, wurde mir dieses Buch von Ihren Leuten gegeben, und Sie schreiben hier unter anderem: „Religion ohne eine rationale Basis ist nur sentimental." Könnten Sie das bitte erläutern?

Śrīla Prabhupāda: Die meisten religiösen Menschen sagen: „Wir glauben..." Aber welchen Wert hat das? Sie glauben vielleicht an etwas, was gar nicht stimmt. Zum Beispiel sagen einige Christen: „Wir glauben, daß Tiere keine Seele haben." Das ist einfach nicht richtig.

Sie glauben das nur, nur weil sie die Tiere essen wollen. In Wirklichkeit haben Tiere sehr wohl eine Seele.

Mike Robinson: Woher wissen Sie, daß das Tier eine Seele hat?

Śrīla Prabhupāda: Das ist nicht schwer zu verstehen. Hier ist der Beweis: Das Tier ißt, Sie essen; das Tier schläft, Sie schlafen; das Tier pflanzt sich fort, Sie pflanzen sich fort; das Tier verteidigt sich, und Sie verteidigen sich ebenfalls. Was ist also der Unterschied zwischen Ihnen und dem Tier? Wie können Sie sagen, Sie hätten eine Seele, das Tier aber nicht?

Mike Robinson: Das leuchtet mir völlig ein; allerdings heißt es in der Bibel...

Śrīla Prabhupāda: Bitte lassen Sie einmal die Schriften aus dem Spiel. Hier geht es um gesunden Menschenverstand. Überlegen Sie einmal: Das Tier hat Hunger, Sie haben Hunger; das Tier schläft, Sie schlafen; das Tier hat Angst, Sie haben Angst; die Tiere haben Kinder, Sie haben Kinder; die Tiere haben ein Zuhause, Sie haben ein Zuhause. Wenn ein Tier sich verletzt, blutet es, und wenn Sie sich verletzen, bluten Sie ebenfalls. Warum akzeptieren Sie angesichts so vieler Gemeinsamkeiten nicht diese eine Gemeinsamkeit: die Gegenwart der Seele? Das ist unlogisch. Haben Sie sich schon einmal mit Logik befaßt? In der Logik arbeitet man mit Analogieschluß. Analogieschluß bedeutet, aufgrund einer Vielzahl von Gemeinsamkeiten auf das Vorhandensein von weiteren zu schließen. Wenn sich der Mensch und das Tier in allem anderen ähnlich sind, warum soll man dann diese eine Ähnlichkeit bestreiten? Das wäre unlogisch und unwissenschaftlich.

Mike Robinson: Was aber, wenn wir von einer anderen Hypothese ausgehen? Angenommen, der Mensch hat keine Seele.

Śrīla Prabhupāda: Wie erklären Sie dann den Unterschied zwischen einem lebenden und einem toten Körper? Ich habe das bereits anfangs erklärt. Sobald die Lebenskraft, die Seele, den Körper verläßt, hat selbst der schönste Körper keinen Wert mehr. Kein Mensch schenkt ihm Beachtung. Er wird fortgekarrt... Wenn ich Ihnen jetzt dagegen auch nur ein Haar krümme, kommt es zu einem Kampf. Das ist der Unterschied zwischen einem lebenden und einem toten Körper. In einem lebenden Körper befindet sich eine Seele, und in einem toten Körper ist keine Seele mehr. Sobald die Seele den Körper verläßt, verliert der Körper seinen Wert. Von einer Minute zur anderen ist er völlig nutzlos geworden. Man kann mit dem Leichnam machen, was man will, er wird nicht protestieren. Das ist sehr einfach zu verstehen, aber selbst die größten sogenannten Wissenschaftler und Philosophen sind zu begriffsstutzig, um zu erkennen, was in einem toten Körper fehlt. Die moderne Gesellschaft befindet sich in einem traurigen Zustand. Niemand ist wirklich intelligent.

Mike Robinson: Meinen Sie damit alle Wissenschaftler, die die spirituelle Dimension im Leben nicht verstehen?

Śrīla Prabhupāda: Ja. Wahre Wissenschaft bedeutet, über *alle* Dinge Bescheid zu wissen, über die materiellen wie auch über die spirituellen.

Mike Robinson: Aber Sie selbst waren früher Pharmazeut...

Śrīla Prabhupāda: Ja, das stimmt, aber dazu ist keine überdurchschnittliche Intelligenz nötig. Jeder Mensch mit normaler Intelligenz kann Pharmazeut werden.

Mike Robinson: Aber vermutlich geben Sie mir recht, wenn ich sage, daß die materielle Wissenschaft wichtig ist, selbst wenn die heutigen Wissenschaftler begriffsstutzig sind.

Śrīla Prabhupāda: Die materielle Wissenschaft ist nur bedingt wichtig. Es gibt Wichtigeres.

Mike Robinson: Ich verstehe, was Sie meinen. – Darf ich auf die Frage zurückkommen, die ich vorhin gestellt habe? Als wir vor ein paar Minuten verschiedener Ansicht waren, sagten Sie: „Lassen Sie die Schriften aus dem Spiel, gebrauchen Sie einfach Ihren gesunden Menschenverstand!" Aber welchen Stellenwert nehmen die Schriften dann in Ihrer Religion ein? Wie wichtig sind sie?

Śrīla Prabhupāda: Unsere Religion ist eine Wissenschaft. Wenn wir sagen, daß ein Kind zu einem Knaben heranwächst, so ist das eine nachweisbare Tatsache und kein religiöser Glaube. Jedes männliche Kind wächst zu einem Knaben heran. Was hat das mit Religion zu tun? Jeder Mensch stirbt. Was hat das mit Religion zu tun? Und wenn ein Mensch stirbt, wird der Körper nutzlos. Was hat das mit Religion zu tun? Das sind wissenschaftlich belegte Fakten. Ob Sie Christ, Hindu oder Moslem sind, nach dem Tod ist Ihr Körper wertlos. Das ist ein Faktum. Wenn Ihr Verwandter stirbt, können Sie nicht sagen: „Wir sind Christen; wir glauben, er ist nicht gestorben." Nein, er ist gestorben – ganz gleich, ob Sie Christ, Hindu oder Moslem sind. Der springende Punkt ist also: Der Körper ist nur so lange wichtig, wie die Seele in ihm gegenwärtig ist. Wenn sie ihn verlassen hat, ist er wertlos. Dieses Gesetz gilt für jeden, und wir versuchen, die Menschen auf dieser Grundlage weiterzubilden.

Mike Robinson: Wenn ich Sie richtig verstehe, scheinen Sie die Menschen auf einer rein wissenschaftlichen Basis auszubilden. Wo kommt dann Religion überhaupt noch zum Tragen?

Śrīla Prabhupāda: Religion ist auch eine Wissenschaft. Die Leute haben die falsche Vorstellung, Religion bedeute Glauben. [*Zu einem Gottgeweihten:*] Schlage bitte im Lexikon unter Religion nach.

Schüler: Unter Religion steht hier: „Anerkennung einer übermenschlichen Herrschaft oder Macht, vor allem eines persönlichen Gottes, dem Gehorsam gebührt, und die Herbeiführung dieser Anerkennung durch die richtige geistige Einstellung."

Śrīla Prabhupāda: Ja, Religion bedeutet zu lernen, wie man dem Höchsten Herrscher gehorcht. Sie mögen Christ sein und ich Hindu, das ist einerlei. Wir müssen beide anerkennen, daß es einen Höchsten Herrscher gibt. Jeder muß das tun. Das ist wahre Religion – nicht: „Wir glauben, die Tiere haben keine Seele." Das hat nichts mit Religion zu tun, das ist höchst unwissenschaftlich. Religion bedeutet, den Höchsten Lenker aller Dinge wissenschaftlich zu verstehen und Ihm zu gehorchen. Ein guter Bürger kennt seine Pflicht gegenüber dem Staat und befolgt seine Gesetze, wohingegen ein schlechter Bürger die Autorität des Staates mißachtet. Wenn Sie nun ein schlechter Bürger sind und Gottes Herrschaft ignorieren, sind Sie irreligiös. Und wenn Sie ein guter Bürger sind, sind Sie religiös.

Mike Robinson: Jetzt verstehe ich. Können Sie mir sagen, was Ihrer Meinung nach der Sinn des Lebens ist? Warum existieren wir überhaupt?

Śrīla Prabhupāda: Der Sinn des Lebens ist es, glücklich zu sein. Aber unsere Lebensweise ist falsch, und deshalb müssen wir leiden. Überall um uns herum tobt der Kampf ums Dasein. Ein jeder müht sich ab, doch was hat er am Ende davon? Nichts als Leid und Tod. Leben bedeutet Freude, aber unser Leben ist gegenwärtig alles andere als Freude. Deshalb müssen wir uns nach der Ursache unseres Leids fragen und unser Leben umstellen. Nur durch eine spirituelle Lebensweise können wir zu wahrer Freude finden.

Mike Robinson: Können Sie mir abschließend einige der Stufen erklären, die man im spirituellen Leben durchläuft? Welche spirituelle Entwicklung durchlebt ein neuer Geweihter Kṛṣṇas?

Śrīla Prabhupāda: Die erste Stufe ist Wißbegierde. Sie fragen sich: „Was hat es mit dieser Bewegung für Kṛṣṇa-Bewußtsein eigentlich auf sich? Ich will das einmal näher untersuchen!" Dieses anfängliche Vertrauen nennt man *śraddhā*. Damit beginnt alles. Wenn Sie dann ernsthaft interessiert sind, suchen Sie die Gemeinschaft mit Menschen, die sich mit diesem spirituellen Wissen befassen, und versuchen sie zu verstehen. Dann werden Sie sich fragen: „Warum nicht einer von ihnen werden?" Und wenn Sie einer von ihnen werden, verflüchtigen sich bald alle Ihre Zweifel. Ihr Glaube wird gestärkt, und Sie finden echtes Gefallen am Kṛṣṇa-Bewußtsein. Warum gehen diese jungen Leute nicht ins Kino? Warum essen sie kein Fleisch und gehen nicht in den Nachtclub? Weil sie auf einen anderen Geschmack gekommen sind. All diese Dinge sind ihnen jetzt zuwider. Auf diese Weise machen sie

Fortschritt. Erst kommt Vertrauen, dann regelmäßiger Umgang mit Gottgeweihten, dann die Beseitigung aller Zweifel, dann fester Glaube, dann Geschmack am spirituellen Leben, dann Gotteserkenntnis und schließlich Liebe zu Gott, die Vollkommenheit. Das ist erstklassige Religion, nicht irgendein „Ich glaube, du glaubst"-Ritual. So etwas hat nichts mit Religion zu tun, es ist Betrug. Wahre Religion bedeutet, Liebe zu Gott zu entwickeln. Das ist die Vollendung aller Religion.

Mike Robinson: Vielen Dank für dieses Gespräch. Es war mir ein Vergnügen.

Śrīla Prabhupāda: Hare Kṛṣṇa.

Die Erforschung der Seele

Śrīla Prabhupāda schreibt an den renommierten Herzspezialisten Dr. *Wilfred* G. B*igelow*: *„Die entscheidende* Frage, *sagen* Sie, *sei*: *‚Wo ist die Seele, und woher kommt sie?‘* Das *ist nicht schwer zu verstehen ...“*

Als Śrīla Prabhupāda 1968 vor einer Versammlung von Studenten am Massachusetts Institute of Technology (M.I.T.) sprach, machte er auf eine wichtige Lücke in der naturwissenschaftlichen Forschung aufmerksam: „Es gibt bei Ihnen so viele Fachbereiche, aber keiner von ihnen hat es sich zur Aufgabe gemacht, den Unterschied zwischen einem lebenden Körper und einem toten Körper zu erforschen.“

Die moderne Wissenschaft verfügt über genaue Kenntnisse der mechanischen Abläufe im physischen Körper, doch schenkt sie für gewöhnlich dem Studium des spirituellen Funkens, der den Körper mit Leben erfüllt, nur wenig Beachtung.

Im Jahre 1972 allerdings tagte im kanadischen Windsor ein erlesener Ausschuß, um „Probleme, die mit der Bestimmung des genauen Todesmomentes verbunden sind“, zu diskutieren. Der weltberühmte Herzspezialist Dr. Wilfred G. Bigelow vertrat die Ansicht, daß es tatsächlich eine Seele gibt, und rief zu einer systematischen Erforschung ihres Wesens und ihres Ursprungs auf.

Ein Artikel, der die Ergebnisse der Diskussionsrunde zusammenfaßte, erschien wenig später in der M*ontreal Gazette* und erregte Śrīla

Prabhupādas Aufmerksamkeit. Śrīla Prabhupāda verfaßte eine Antwort auf Dr. Bigelows Aufruf, in der er die wissenschaftlichen Aussagen der Veden über die Seele darlegte.

Es folgen der Zeitungsartikel der *Gazette* und Śrīla Prabhupādas Brief:

Herzchirurg will wissen, was die Seele ist

WINDSOR — Ein weltberühmter kanadischer Herzchirurg erklärt, er glaube, daß der Körper eine Seele habe, die ihn beim Tod verlasse, und die Theologen sollten versuchen, mehr darüber herauszufinden.

Dr. Wilfred G. Bigelow, Leiter der Abteilung für Herzkammerchirurgie am Städtischen Krankenhaus von Toronto, sagte, daß er „als ein Mensch, der an die Existenz der Seele glaubt" die Zeit für gekommen halte, das Geheimnis um die Seele zu lüften und herauszufinden, was sie ist.

Bigelow war Mitglied eines Ausschusses, der vom Gerichtsmedizinerverband des Kreises Essex einberufen wurde, um die Probleme zu diskutieren, die mit der Bestimmung des genauen Todesmomentes verbunden sind.

Im Zeitalter der Herz- und Organtransplantationen hat diese Frage eine zentrale Bedeutung erhalten, vor allem in Fällen, in denen Organspender für klinisch tot erklärt werden.

Die Kanadische Ärztekammer hat eine weithin anerkannte Definition des Todesmomentes ausgearbeitet, die lautet: „Der Tod ist dann eingetreten, wenn der Patient im Koma liegt, auf Reize jedweder Art nicht mehr reagiert und keine Gehirnwellen mehr registriert werden."

Die anderen Mitglieder des Ausschusses waren Richter Edson L. Haines vom Obersten Gerichtshof in Ontario und J. Francis Leddy, Präsident der Universität Windsor.

Bigelow sagte später in einem Interview, in dem er die Gedanken, die er während der Diskussion angeschnitten hatte, weiter ausführte, daß er nach 32-jähriger Praxis als Chirurg nicht den geringsten Zweifel an der Existenz der Seele habe.

„Hin und wieder ist man genau in dem Augenblick anwesend, wo der Patient vom Leben in den Tod hinübergeht, und man ist Zeuge einiger mysteriöser Veränderungen.

Eine der bemerkenswertesten Veränderungen ist, wie plötzlich das Leben aus den Augen weicht, die in diesem Moment jeden Glanz verlieren. Sie werden trübe und buchstäblich leblos.

Es ist nicht einfach, diese Beobachtungen in Worte zu fassen, ja ich glaube, daß sie sich wissenschaftlich nur schwer beschreiben lassen."

Bigelow, der aufgrund seiner Pionierarbeit auf dem Gebiet der Hypothermie (Tiefgefrier-Technik) sowie seiner Verdienste als Herzklappenchirurg weltberühmt wurde, forderte die Theologie und verwandte Fakultäten auf, sich verstärkt der Erforschung der Seele zu widmen.

Im Verlauf der Diskussion sagte Leddy: „Wenn es eine Seele gibt, wird man sie nicht sehen oder finden können. Wenn es ein Lebensprinzip gibt, frage ich mich, was es ist." Das Problem sei, „daß die Seele an keiner bestimmten Stelle lokalisiert ist. Sie ist überall und doch nirgends im Körper."

„Es wäre schön, mit Versuchen zu beginnen, aber ich weiß nicht, wie Sie das anstellen wollen", sagte Leddy. Er meinte, die ganze Diskussion erinnere ihn an den sowjetischen Kosmonauten, der aus dem All zurückkehrte und behauptete, es gebe keinen Gott, weil er Ihn dort oben nicht gesehen habe.

„Das mag schon sein", sagte Bigelow, „aber wenn man in der modernen Medizin auf ein unerklärliches Phänomen stößt, dann heißt die Parole: Nimm das Objekt mit ins Labor oder irgendwohin, wo die Fakten untersucht werden können, und finde die Antwort!"

Die entscheidende Frage, sagte Bigelow, laute: „Wo befindet sich die Seele, und woher kommt sie?"

Śrīla Prabhupāda präsentiert die vedische Perspektive

Sehr geehrter Herr Dr. Bigelow!

Seien Sie herzlich gegrüßt! Kürzlich habe ich in der *Gazette* einen sehr interessanten Artikel von Rae Corelli gelesen. Die Schlagzeile lautete: „Herzchirurg will wissen, was die Seele ist". Ihre Kommentare zeugen von großer Einsicht, und deshalb hielt ich es für sinnvoll, Ihnen zu diesem Thema zu schreiben. Vielleicht ist Ihnen bekannt, daß ich der Gründer-*ācārya* der Internationalen Gesellschaft für Krischna-Bewußtsein bin. Auch in Kanada habe ich mehrere Tempel eröffnet: in Montreal, Toronto, Vancouver und Hamilton. Die Bewegung für Kṛṣṇa-Bewußtsein sieht ihre Aufgabe vor allem darin, jede Seele über ihre ursprüngliche spirituelle Natur zu unterrichten.

Es besteht kein Zweifel daran, daß die Seele im Herzen des Lebewesens anwesend ist und die Quelle aller Energien ist, die den Körper am Leben erhalten. Die Energie der Seele durchströmt den ganzen Körper und wird als Bewußtsein bezeichnet. Weil die Energie der Seele in Form des Bewußtseins überall im Körper gegenwärtig ist, sind wir in der Lage, in jedem Körperteil Schmerz oder Wohlbehagen zu empfinden. Die Seele ist ein Individuum. Sie wandert von einem Körper zum anderen, ebenso wie sie schon in diesem Leben verschiedene Körperformen durchläuft: vom Säugling zum Kind, vom Kind zum Jugendlichen, vom Jugendlichen zum Erwachsenen und vom Erwachsenen zum Greis. Dann tritt der Wechsel ein, der als Tod bezeichnet wird, und sie geht in einen neuen Körper ein, geradeso wie wir ein altes Kleidungsstück ablegen und ein neues anziehen. Diesen Vorgang nennt man Seelenwanderung.

Wenn eine Seele die materielle Welt genießen will und ihre wahre Heimat in der spirituellen Welt vergißt, gerät sie in einen unerbittlichen Existenzkampf. Dieses unnatürliche Dasein, in dem die Seele Leben für Leben immer wieder Geburt, Tod, Krankheit und Alter erfahren muß, kann beendet werden, wenn ihr Bewußtsein mit dem höchsten Bewußtsein, mit Gott, in Einklang gebracht wird. Das ist das Grundprinzip unserer Bewegung für Kṛṣṇa-Bewußtsein.

Ohne die Anwesenheit der Seele im Körper kann auch eine Herztransplantation nicht mehr helfen. Das Vorhandensein der Seele im Körper läßt sich also nicht leugnen. Wenn beim Geschlechtsverkehr keine Seele zugegen ist, kommt es zu keiner Empfängnis und zu keiner Schwangerschaft. Verhütungsmittel machen die Gebärmutter unfruchtbar, so daß sie kein geeigneter Aufenthaltsort mehr für die Seele ist. Das verstößt gegen das Gesetz Gottes. Durch Gottes Fügung wird die Seele in eine bestimmte Gebärmutter gebracht, findet dort jedoch aufgrund des Verhütungsmittels keinen Einlaß und muß in einen anderen Mutterleib versetzt werden. Das ist Ungehorsam gegen den Höchsten Herrn.

Stellen Sie sich vor, jemand soll in eine Wohnung einziehen. Wenn die Verhältnisse dort durch fremdes Verschulden derart chaotisch sind, daß er die Wohnung nicht beziehen kann, gerät er dadurch in eine mißliche Lage. Das ist ein rechtswidriges Eindringen in seine Privatsphäre und ist daher strafbar.

Ein Projekt zur „Erforschung der Seele" wäre gewiß ein Fortschritt der Wissenschaft, aber mit wissenschaftlichen Methoden – und seien sie auch noch so fortschrittlich – wird man die Seele nicht finden können. Wir können nur aufgrund von bestimmten Gegebenheiten auf die Existenz der Seele schließen. Aus den vedischen Schriften erfahren wir, daß die Seele so groß ist wie der zehntausendste Teil eines Punktes. Der materielle Wissenschaftler kann die Länge und Breite eines Punktes nicht messen. Folglich ist es ihm auch nicht möglich, die Seele zu lokalisieren. Wir können lediglich den Aussagen der Autoritäten Glauben schenken und die Existenz der Seele akzeptieren. Was die größten Wissenschaftler jetzt herausfinden, wissen wir schon seit langem.

Sobald man die Existenz der Seele versteht, kann man auch die Existenz Gottes verstehen. Der Unterschied zwischen Gott und der Seele besteht nur darin, daß Gott eine sehr große Seele und das

Lebewesen eine sehr kleine Seele ist; aber ihren Eigenschaften nach sind sie gleich. Gott ist allgegenwärtig, während das Lebewesen nur an einem Ort zugegen sein kann. Doch in ihrer Natur und Wesensart sind sie nicht verschieden.

Die entscheidende Frage, sagen Sie, laute: „Wo ist die Seele, und woher kommt sie?" Das ist nicht schwer zu verstehen. Wie bereits erwähnt, hat die Seele ihren Sitz im Herzen des Lebewesens und sucht nach dem Tod in einem anderen Körper Zuflucht. Ursprünglich kommt die Seele von Gott. So wie ein Funke aus dem Feuer kommt und scheinbar erlischt, wenn er zu Boden fällt, kommt die funkengleiche Seele ursprünglich aus der spirituellen Welt in die materielle Welt. In der materiellen Welt fällt sie in eine von drei verschiedenen Lebensbedingungen, die man als die Erscheinungsweisen der Natur bezeichnet. Wenn ein Funke auf trockenes Gras fällt, bleibt sein Feuer erhalten; fällt er auf den Boden, kann er sein Feuer nur schwer entfalten, und fällt er ins Wasser, so erlischt sein Feuer. Dementsprechend finden wir drei Arten von Lebensbedingungen vor: Ein Lebewesen hat seine spirituelle Natur völlig vergessen; ein anderes hat sie fast vergessen, ahnt aber noch etwas von ihr, und wieder ein anderes strebt mit seiner ganzen Kraft nach spiritueller Vervollkommnung. Es gibt eine erprobte Methode, mit deren Hilfe der spirituelle Seelenfunke die spirituelle Vollkommenheit wiedererlangen kann, und unter der richtigen Führung kann er sehr leicht nach Hause, zu Gott, zurückkehren, von wo er einst gekommen ist.

Der menschlichen Gesellschaft wäre ein großer Dienst erwiesen, wenn diese authentischen Informationen aus den vedischen Schriften auf der Grundlage modernen wissenschaftlichen Verständnisses präsentiert würden. Die Fakten sind bereits vorhanden. Sie müssen nur noch so erklärt werden, daß der moderne Mensch sie verstehen kann.

Hochachtungsvoll
A.C. *Bhaktivedanta Swami*

Die Bestimmung des menschlichen Lebens

Wer sind wir?... Sind wir nur der Körper? Oder der Geist? Oder sind wir etwas Höheres? – Das sind Fragen, die in unserer materialistischen Gesellschaft fast tabu sind. Kann es sein, daß sich unser Leben darin erschöpft, möglichst viel zu produzieren und zu konsumieren, ohne nach der tieferen Bestimmung des Menschseins zu fragen? „Der Mensch", mahnt Śrīla Prabhupāda, „ist nicht dazu bestimmt, sein Leben mit der Suche nach Scheinlösungen für seine wirtschaftlichen Probleme zu vergeuden; vielmehr sollte er die eigentlichen Probleme des Lebens lösen."

Die Bewegung für Kṛṣṇa-Bewußtsein hat eine sehr wichtige Mission, nämlich die Menschheit vor dem spirituellen Untergang zu bewahren. In der heutigen Zeit wird die Menschheit von blinden Führern in die Irre geleitet, die Ziel und Zweck des menschlichen Lebens nicht kennen, nämlich Selbsterkenntnis und die Wiederherstellung unserer verlorenen Beziehung zu Gott, dem Höchsten Herrn. Genau daran mangelt es. Die Bewegung für Kṛṣṇa-Bewußtsein versucht, die Menschen über diese wichtige Tatsache aufzuklären.

Nach den Grundsätzen der vedischen Zivilisation besteht die Vollkommenheit des Lebens darin, seine Beziehung zu Kṛṣṇa, zu Gott, zu erkennen. Die *Bhagavad-gītā*, die von allen Meistern der transzendentalen Wissenschaft als die Grundlage allen vedischen Wissens anerkannt wird, lehrt, daß nicht nur die Menschen, sondern alle Lebewesen Teile Gottes sind. Es ist Aufgabe der Teile, dem Ganzen zu dienen, ebenso wie die Beine, Hände, Finger und Ohren die Aufgabe haben, dem ganzen Körper zu dienen. Da wir Lebewesen Teile Gottes sind, haben wir die Pflicht, Ihm zu dienen.

Es entspricht unserem Wesen, daß wir immer irgend jemandem dienen, entweder unserer Familie, unserem Land oder unserer Gesellschaft. Wenn wir niemanden haben, dem wir dienen können, schaffen wir uns manchmal eine Katze oder einen Hund an und dienen dann unserem Haustier. Aus alledem geht hervor, daß wir unserem Wesen nach dafür bestimmt sind, in irgendeiner Form zu dienen. Doch obwohl wir nach besten Kräften dienen, sind wir nicht zufrieden, genausowenig wie derjenige, dem wir diesen Dienst widmen, zufrieden ist. Auf der materiellen Ebene ist niemand glücklich. Der Grund hierfür liegt darin, daß der geleistete Dienst fehlgeleitet ist. Wenn wir zum Beispiel einem Baum dienen wollen, müssen wir die Wurzel bewässern. Wasser auf die Blätter, Äste und Zweige zu gießen wird nicht viel nützen. Indem man dem Höchsten Herrn dient, stellt man automatisch alle anderen zufrieden. Folglich sind alle Arten der Wohltätigkeit sowie der Dienst an Familie, Gesellschaft und Nation im Dienst für den Höchsten Herrn bereits enthalten.

Jeder Mensch hat die Aufgabe, seine wesensgemäße Beziehung zu Gott zu verstehen und dementsprechend zu handeln. Wenn uns das gelingt, wird unser Leben zu einem Erfolg. Doch manchmal werden wir rebellisch und behaupten: „Es gibt keinen Gott", „Ich bin Gott" oder „Gott ist mir gleichgültig." Diese herausfordernde Haltung kann uns aber auf keinen Fall retten. Gott existiert, und wir haben jederzeit die Möglichkeit, Ihn zu sehen. Wer zeit seines Lebens vor Gott seine Augen verschließt, dem wird Er als der grausame Tod erscheinen. Wenn wir das eine Gesicht Gottes nicht sehen wollen, wird Er uns ein anderes zeigen. Gott hat viele Gesichter, denn Er ist der Ursprung des gesamten Kosmos. Wir können uns Seiner Allmacht nicht entziehen.

Kṛṣṇa-Bewußtsein ist weder blinder religiöser Fanatismus noch die

Erfindung eines dahergelaufenen Scharlatans; vielmehr ist es eine autorisierte wissenschaftliche Methode, unsere ewige Beziehung zum Absoluten Herrn, dem Höchsten Genießer, wiederherzustellen. Kṛṣṇa-Bewußtsein befaßt sich mit nichts anderem als dieser ewigen Beziehung zum Herrn und lehrt uns, wie wir unsere jeweiligen Pflichten Ihm gegenüber erfüllen können. Somit gibt uns das Kṛṣṇa-Bewußtsein die Möglichkeit,den höchsten Grad der Vollkommenheit im menschlichen Leben zu erreichen.

Wir müssen uns immer vor Augen halten, daß die menschliche Lebensform erst nach einer Jahrmillionen währenden Evolution durch den Kreislauf der Seelenwanderung erreicht wird. In dieser besonderen Lebensform ist der Überlebenskampf weniger hart als in den niederen, tierischen Arten. Die Bedürfnisse der Schweine, Hunde, Kamele, Esel und anderen Tiere sind den unseren durchaus ähnlich, doch werden diese unter primitiven Umständen gestillt, wohingegen die Gesetze der Natur dem Menschen die besten Voraussetzungen für ein komfortables Leben bieten.

Warum wird dem Menschen die Möglichkeit geboten, ein angenehmeres Leben zu führen als das Schwein oder andere Tiere? Warum werden einem hochgestellten Regierungsbeamten mehr Privilegien gewährt als einem gewöhnlichen Angestellten? Die Antwort ist sehr einfach: Der hohe Beamte hat schwierigere Pflichten zu erfüllen und muß mehr Verantwortung tragen als der normale Angestellte. Genauso verhält es sich mit dem Menschen: Er hat höhere Pflichten zu erfüllen als die Tiere, die immer nur damit beschäftigt sind, ihren hungrigen Magen zu füllen. Aber unsere moderne Zivilisation, die auf eine tierische Ebene herabgesunken ist, hat dazu geführt, daß die Ernährungsprobleme nur noch schlimmer geworden sind. Das entspricht dem Gesetz der Natur. Wenn wir heutzutage an einige dieser „vornehmen Tiere" herantreten, um auf die Notwendigkeit spirituellen Lebens hinzuweisen, sagen sie, daß sie nur für die Sättigung ihres Magens zu arbeiten gedenken und es nicht für nötig halten, sich um

Gotteserkenntnis zu bemühen. Trotz ihrer Bereitwilligkeit, hart zu arbeiten, drohen ihnen ständig Arbeitslosigkeit und eine Vielzahl anderer Probleme, die ihnen die Naturgesetze in den Weg legen. Dennoch wollen sie nicht einsehen, daß es notwendig ist, die Existenz Gottes anzuerkennen.

Die menschliche Lebensform wurde uns nicht verliehen, damit wir wie die Esel schuften, sondern damit wir die höchste Vollkommenheit des Lebens erreichen. Wenn wir diese Vollkommenheit nicht wollen, werden uns die Gesetze der Natur zwingen, sehr hart zu arbeiten. Am Ende des Kali-yuga (das gegenwärtige Zeitalter) werden die Menschen wie die Esel rackern müssen, nur um ein Stück Brot zu bekommen. Diese Umstände kündigen sich bereits an, und jedes Jahr wird man für niedrigeren Lohn schwerere Arbeit verrichten müssen. Doch es ist nicht die Bestimmung des Menschen, sich wie die Tiere abzuplagen, und wer es versäumt, seine Pflichten als Mensch zu erfüllen, den werden die Gesetze der Natur zwingen, in eine niedrigere Lebensform abzusinken. Die *Bhagavad-gītā* beschreibt auf höchst anschauliche Weise, wie die spirituelle Seele nach den Gesetzen der Natur in der materiellen Welt geboren wird und einen Körper mit Sinnesorganen bekommt, der für den Genuß von Materie geeignet ist.

In der *Bhagavad-gītā* heißt es auch, daß Menschen, die die Reise zurück zu Gott antreten, ihr Ziel aber nicht erreichen (Menschen also, denen der volle Erfolg im Kṛṣṇa-Bewußtsein versagt blieb), die Möglichkeit erhalten, in einer Familie fortgeschrittener Spiritualisten oder in einer reichen Kaufmannsfamilie geboren zu werden. Wenn schon den erfolglosen Anwärtern auf dem spirituellen Pfad die Vergünstigung eines guten Elternhauses geboten wird, was wird dann erst diejenigen erwarten, deren Bemühungen von Erfolg gekrönt sind? Der Versuch, zu Gott zurückzukehren, garantiert also selbst dann eine gute Geburt im nächsten Leben, wenn man nur die halbe Wegstrecke zurücklegt. Sowohl eine spirituell als auch eine materiell gutgestellte Familie ist für den spirituellen Fortschritt förderlich, denn in beiden sind gute Voraussetzungen gegeben, dort anzuknüpfen, wo man im vorangegangenen Leben aufgehört hat, und weitere Fortschritte zu erzielen. Die Atmosphäre, die in einer guten Familie herrscht, hilft einem Menschen, spirituelles Wissen zu entwickeln. Die *Bhagavad-gītā* erinnert die mit einer guten Herkunft gesegneten Menschen daran, daß ihr Glück auf ihre vergangenen hingebungsvollen Tätigkeiten zurückzuführen ist. Doch leider befassen sich heutzutage die Kinder solcher Familien nicht mehr mit den Lehren der *Bhagavad-gītā*, da sie von *māyā* (Illusion) irregeführt sind.

Wer in einer wohlhabenden Familie geboren wurde, muß sich nie um sein tägliches Brot sorgen und hat später ein vergleichsweise leichtes und bequemes Leben. Eine solche Geburt bietet gute Voraussetzungen, in der spirituellen Erkenntnis Fortschritt zu machen, doch wie es das grausame Schicksal manchmal will, geraten die Söhne reicher Eltern unter den Einfluß des von Maschinen und maschinengleichen Menschen gekennzeichneten eisernen Zeitalters und verfallen dem Hedonismus. In der Folge vergessen sie, daß sie an und für sich die besten Voraussetzungen für spirituelle Erleuchtung haben. Deshalb werden durch die Wirkung der Naturgesetze ihre goldenen Paläste in Brand gesetzt, so wie einst Lankā, die goldene Stadt des dämonischen Rāvaṇa, in Schutt und Asche gelegt – so wirkt das Gesetz der Natur.

Die *Bhagavad-gītā* ist die Einführung in die transzendentale Wissenschaft des Kṛṣṇa-Bewußtseins, und es ist die Pflicht aller verantwortlichen Staatsoberhäupter, bei der Erstellung ihrer wirtschaftlichen und sonstigen Programme die *Bhagavad-gītā* zu Rate zu ziehen. Der Mensch ist nicht dazu bestimmt, sein Leben mit der Suche nach Scheinlösungen für seine wirtschaftlichen Probleme zu vergeuden; vielmehr sollte er die eigentlichen Probleme des Lebens lösen, die durch die Naturgesetze entstehen. Eine Zivilisation tritt auf der Stelle, solange es keine spirituelle Triebkraft gibt. Die Seele treibt den Körper an, und der lebendige Körper treibt die Welt an. Unsere Sorge gilt dem Körper, doch wir wissen nichts über die spirituelle Seele, die eigentliche Triebkraft des Körpers. Ohne die Seele jedoch ist der Körper regungslos und tot.

Der menschliche Körper ist ein vorzügliches Fahrzeug, mit dem wir das ewige Leben erreichen können. Er ist ein seltenes und sehr wichtiges Boot, mit dem wir das Meer der Unwissenheit, das materielle Dasein, überqueren können. Auf diesem Boot bietet uns ein sachkundiger Steuermann, der spirituelle Meister, seine Dienste an. Dank Gottes Gnade trägt ein günstiger Wind das Boot übers Wasser. Wer würde also angesichts all dieser glücklichen Umstände nicht die Gelegenheit wahrnehmen, den Ozean der Unwissenheit zu überqueren? Wer diese günstige Gelegenheit nicht nutzt, sollte sich darüber im klaren sein, daß er Selbstmord begeht.

In der ersten Klasse eines Zuges erfreut man sich gewiß großen Komforts, doch was nützt einem ein Abteil mit Klimaanlage, wenn sich der Zug nicht auf seinen Bestimmungsort zubewegt? Unsere gegenwärtige Zivilisation ist viel zu sehr damit beschäftigt, dem materiellen Körper Annehmlichkeiten zu verschaffen. Niemand weiß etwas vom wahren Sinn des Lebens, der darin besteht, zu Gott zurückzukehren. Wir dürfen uns nicht damit zufriedengeben, in einem bequemen Abteil zu sitzen. Wir sollten vielmehr darauf achten, daß unser Fahrzeug seinem wirklichen Bestimmungsort näherkommt. Es bringt uns letzten Endes keinen Nutzen, wenn wir es dem materiellen Körper gut gehen lassen, aber dabei die wichtigste Lebensaufgabe vergessen, nämlich unsere verlorene spirituelle Identität wiederzugewinnen. Das Boot des menschlichen Körpers ist so gebaut, daß es sich auf ein spirituelles Ziel zubewegen muß. Leider ist dieser Körper durch fünf starke Ketten an weltliches Bewußtsein gefesselt, und zwar durch (1) die Bindung an den materiellen Körper aufgrund von Mangel an spirituellem Wissen, (2) die Bindung an Verwandte aufgrund körperlicher Beziehungen, (3) die Bindung an das Geburtsland und an materielle Besitztümer wie Haus, Möbel, Land, Eigentum, Wertpapiere usw., (4) die Bindung an die materielle Wissenschaft, die aus Mangel an spiritueller Erleuchtung immer im dunkeln tappt, und (5) die Bindung an verschiedene Formen von Religion und religiöse Rituale, ohne etwas vom Höchsten Herrn und Seinen Geweihten zu wissen, die eine Religion und ihre Rituale erst heilig machen. Diese Bindungen, die das Boot des menschlichen Körpers wie ein Anker zurückhalten, werden im 15. Kapitel der *Bhagavad-gītā* im einzelnen erklärt. Sie werden dort mit einem Banyanbaum verglichen, der seine Wurzeln immer tiefer in die Erde bohrt. Es ist sehr schwierig, einen so tief verwurzelten Banyanbaum herauszureißen, doch der Herr empfiehlt folgende Vorgehensweise: „Das wahre Ausmaß dieses Baumes kann in dieser Welt nicht wahrgenommen werden. Niemand vermag zu ermessen, wo er endet, wo er beginnt oder auf welchem Grund er steht. Doch man muß fest entschlossen sein und diesen Baum mit der Waffe der Loslösung fällen. Darauf muß man jenen Ort ausfindig machen, von dem man, wenn man ihn einmal erreicht hat, nie wieder zurückkehrt, und sich dem Höchsten Herrn ergeben, mit dem alles begonnen hat und in dem alles seit unvordenklicher Zeit ruht" [*Bg.* 15.3-4].

Bisher sind weder die Wissenschaftler noch die Denker und Philosophen hinsichtlich der Ausmaße und der Beschaffenheit des Kosmos zu einer allgemeingültigen Schlußfolgerung gekommen. Sie haben lediglich verschiedene Theorien aufgestellt. Einige von ihnen sagen, die materielle Welt sei real; andere behaupten, sie sei ein Traum, und wieder andere meinen, sie existiere ewig. Die weltlichen Gelehrten vertreten also verschiedene Ansichten, doch kein weltlicher Wissenschaftler oder spekulierender Philosoph konnte jemals den Ursprung und die Grenzen des Kosmos tatsächlich ergründen. Niemand kann erklären, wann er begann oder wie er im Raum schwebt. Sie stellen auf dem Papier einige Gesetze auf, wie das Gesetz der Schwerkraft, doch in der Praxis kann man mit diesen theoretischen Lehrsätzen so gut wie nichts anfangen. Weil niemand die Wahrheit wirklich kennt, ist jeder eifrig bemüht, seine eigene Theorie zu proklamieren, um berühmt zu werden. In Wirklichkeit jedoch ist die materielle Welt voller Leiden, und niemand vermag diese Leiden einfach zu überwinden, indem er Theorien aufstellt. Der Höchste Herr, der Sich aller Dinge in Seiner Schöpfung voll bewußt ist, teilt uns mit, daß es nur zu unserem Besten ist, wenn wir uns wünschen, aus diesem erbärmlichen Daseinszustand herauszugelangen. Wir müssen uns von allem Materiellen lösen. Wir können das Beste aus einem schlechten Geschäft machen, indem wir unser materielles Dasein hundertprozentig spiritualisieren. Eisen ist nicht Feuer, doch durch ständigen Kontakt mit dem Feuer wird es dazu. In ähnlicher Weise können wir uns von materiellen Tätigkeiten lösen, indem wir spirituellen Tätigkeiten nachgehen, nicht aber dadurch, daß wir einfach materiell untätig werden. Materielle Untätigkeit ist die Kehrseite materieller Tätigkeit, doch spirituelle Tätigkeit beendet nicht nur materielle Tätigkeit, sondern läßt unser wirkliches Leben beginnen. Voller Eifer müssen wir nach dem ewigen Leben streben, das heißt nach der spirituellen Existenz im Brahman, dem Absoluten. Das ewige Reich des Brahmans wird in der *Bhagavad-gītā* als jene unvergängliche Heimat beschrieben, von der man nie wieder zurückkehrt – das Reich Gottes.

Es ist nicht möglich herauszufinden, wann unser materielles Leben begonnen hat, und es ist auch gar nicht notwendig, genau zu wissen, auf welche Weise wir ins materielle Dasein gestürzt sind. Wir müssen uns mit der Erkenntnis zufriedengeben, daß dieses materielle Leben aus dem einen oder anderen Grund seit unvordenklichen Zeiten andauert und daß es jetzt unsere Pflicht ist, uns dem Höchsten Herrn, der Ursache aller Ursachen, zu ergeben. An welche Voraussetzungen die Rückkehr zu Gott geknüpft ist, wird in der *Bhagavad-gītā* (15.5) erklärt: „Wer von Illusion, falschem Stolz und schlechtem Umgang frei ist, das Ewige versteht, materielle Lust und die Dualität von Glück und Leid überwunden hat und weiß, wie man sich der Höchsten Person ergibt, gelangt in dieses ewige Reich."

Ein Mensch, der von seiner spirituellen Identität überzeugt und von der materiellen Lebensauffassung befreit ist, der die Illusion und die Erscheinungsweisen der materiellen Natur überwunden hat, der ständig spirituelles Wissen zu verstehen sucht und sich von jeglichen Sinnenfreuden losgesagt hat, kann zu Gott zurückkehren. Er wird als *amūḍha* bezeichnet (das Gegenteil eines *mūḍha*, eines unwissenden Toren), denn er ist frei von der Dualität von Glück und Leid.

Und wie ist das Reich Gottes beschaffen? In der *Bhagavad-gītā* (15.6) finden wir folgende Beschreibung: „Mein Reich wird weder durch die Sonne noch den Mond, noch durch Elektrizität erleuchtet. Wer es erreicht, kehrt nie wieder in die materielle Welt zurück."

Der Herr ist der unumschränkte Beherrscher aller Planeten im Universum, und deshalb gehört die gesamte materielle Schöpfung zum Reich Gottes. Aber darüber hinaus gibt es noch das persönliche Reich des Herrn, das sich von dem Universum, in dem wir jetzt leben, in jeder Hinsicht unterscheidet. Dieses Reich wird als *paramam*, das höchste Reich, bezeichnet. Selbst hier auf der Erde gibt es Länder, in denen der Lebensstandard hoch, und Länder, in denen er niedrig ist. Neben unserer Erde gibt es noch unzählige andere Planeten. Auf einigen herrschen bessere Lebensbedingungen, auf anderen schlechtere. Auf jeden Fall kann kein Planet im Bereich der äußeren Energie (der materiellen Natur) ohne die Strahlen der Sonne oder das Licht des Feuers existieren, denn das materielle Universum ist ein Ort der Dunkelheit. Jenseits davon befindet sich jedoch ein spirituelles Reich, von dem es heißt, daß es ganz unter dem Einfluß der höheren Energie Gottes steht. Die *Upaniṣaden* beschreiben dieses Reich wie folgt: „Dort braucht man weder Sonne, Mond noch Sterne. Weder Elektrizität noch irgendeine Art von Feuer erleuchten dieses Reich. Alle materiellen Universen werden nur durch eine Reflexion dieses spirituellen Lichts erhellt. Und weil diese höhere Energie immer aus sich selbst heraus strahlt, können wir selbst nachts in tiefster Dunkelheit einen Lichtschein wahrnehmen." Im *Hari-vaṁśa* wird die spirituelle Energie vom Herrn selbst wie folgt erklärt: „Die gleißende Ausstrahlung des unpersönlichen Brahmans (des unpersönlichen Absoluten) erleuchtet alle Bereiche des Daseins, die materiellen wie auch die spirituellen.

Aber wisse, o Bhārata, daß dieser Brahman-Glanz nur die Ausstrahlung Meines Körpers ist!" Diese Aussage wird in der *Brahma-saṁhitā* bestätigt. Wir sollten nicht denken, daß das Reich des Herrn auf materiellem Wege, wie etwa mit Raumschiffen, zu erreichen sei. Doch wir dürfen sicher sein, daß jeder, der in das spirituelle Reich Kṛṣṇas gelangt, dort auf ewig spirituelle Glückseligkeit genießt. Wir fehlbaren Lebewesen können in zwei Daseinsformen existieren: Die eine nennt man materielles Dasein, das von Leiden wie Geburt, Tod, Alter und Krankheit gekennzeichnet ist, und die andere spirituelles Dasein, in dem uns ein nimmer endendes spirituelles Leben voller Ewigkeit, Glückseligkeit und Wissen erwartet. Im materiellen Dasein werden wir von der materiellen Lebensauffassung beherrscht und identifizieren uns mit dem materiellen Körper und Geist, während wir uns im spirituellen Dasein immer der glückspendenden transzendentalen Gegenwart des Höchsten Herrn erfreuen können. Im spirituellen Dasein sind wir niemals getrennt vom Herrn.

Die Bewegung für Kṛṣṇa-Bewußtsein versucht, dieses spirituelle Dasein der gesamten Menschheit näherzubringen. In unserem gegenwärtigen materiellen Bewußtsein sind wir der sinnlichen, materiellen Lebensauffassung verhaftet, doch durch hingebungsvollen Dienst für Kṛṣṇa, durch Kṛṣṇa-Bewußtsein, kann diese Auffassung augenblicklich beseitigt werden. Wenn wir den Prinzipien des hingebungsvollen Dienstes folgen, können wir die materielle Lebensauffassung hinter uns lassen und sogar schon jetzt, wo wir noch alle möglichen materiellen Tätigkeiten auszuführen haben, von den Erscheinungsweisen der Tugend, Leidenschaft und Unwissenheit befreit werden. Jeder, der mit materiellen Angelegenheiten beschäftigt ist, kann aus den Seiten des *Back to Godhead* und anderer Schriften der Bewegung für Kṛṣṇa-Bewußtsein immensen Nutzen ziehen. Diese Schriften helfen allen Menschen, die Wurzeln des unermüdlich wuchernden Banyanbaums des materiellen Daseins zu durchtrennen. Sie sollen uns darin schulen, allen Dingen zu entsagen, die etwas mit der materiellen Lebensauffassung zu tun haben, und überall spirituellen Nektar zu kosten. Diese Stufe ist nur durch hingebungsvollen Dienst zu erreichen – durch nichts anderes. Durch hingebungsvollen Dienst kann man sofort Befreiung (*mukti*) erlangen, bereits in diesem Leben. Die meisten spirituellen Bemühungen enthalten Spuren von Materialismus, doch reiner hingebungsvoller Dienst ist über jegliche materielle Verunreinigung erhaben. Wer den Wunsch hat, zu Gott zurückzukehren, braucht nur die Prinzipien der Bewegung für Kṛṣṇa-Bewußtsein anzunehmen und sein Bewußtsein auf die Lotosfüße des Höchsten Herrn, Śrī Kṛṣṇa, zu richten.

Was ist Kṛṣṇa-Bewußtsein?

Das folgende Interview, das die freie Journalistin Sandy Nixon im Juli 1975 mit Śrīla Prabhupāda in Philadelphia führte, ist eine ausgezeichnete Einführung in die Philosophie und Praxis des Kṛṣṇa-Bewußtseins. Das Gespräch dreht sich um grundlegende Themen wie die Bedeutung des Hare-Kṛṣṇa-mantra, die Rolle der Frau im Kṛṣṇa-Bewußtsein, das indische Kastensystem, die Beziehung zwischen Christus- und Kṛṣṇa-Bewußtsein und die Bedeutung des spirituellen Meisters.

Sandy Nixon: Meine erste Frage ist sehr einfach. Was ist Kṛṣṇa-Bewußtsein?

Śrīla Prabhupāda: „Kṛṣṇa" bedeutet Gott. Wir sind alle eng mit Gott verbunden, da Er unser ursprünglicher Vater ist; aber diese Verbindung haben wir vergessen. Wenn Wißbegierde in uns erwacht und wir fragen: „Was ist meine Beziehung zu Gott? Was ist das Ziel meines Lebens?", dann sind wir Kṛṣṇa-bewußt.

Sandy Nixon: Wie entwickelt sich das Kṛṣṇa-Bewußtsein in jemandem, der es praktiziert?

Śrīla Prabhupāda: Kṛṣṇa-Bewußtsein befindet sich bereits im Grunde unseres Herzens. Aber weil unser Leben von materiellen Dingen bestimmt wird, haben wir es vergessen. Das Chanten des Hare-Kṛṣṇa-*mahā-mantra* – Hare Kṛṣṇa, Hare Kṛṣṇa, Kṛṣṇa Kṛṣṇa, Hare Hare / Hare Rāma, Hare Rāma, Rāma Rāma, Hare Hare – erweckt das Kṛṣṇa-Bewußtsein, das bereits in uns ist, zu neuem Leben. Diese jungen Leute aus Amerika und Europa zum Beispiel wußten vor ein paar Monaten noch nichts von Kṛṣṇa. Doch gestern sahen wir, wie sie während der gesamten Ratha-yātrā-Prozession* Hare Kṛṣṇa chanteten und in Ekstase tanzten. Glauben Sie, das war künstlich? Nein. Niemand kann stundenlang chanten und tanzen, wenn es nicht echt empfunden ist. Sie haben tatsächlich ihr Kṛṣṇa-Bewußtsein erweckt, indem sie echten spirituellen Prinzipien gefolgt sind. Das wird im *Caitanya-caritāmṛta* (*Madhya* 22.107) erklärt:

nitya-siddha kṛṣṇa-prema 'sādhya' kabhu naya
śravaṇādi-śuddha-citte karaye udaya

Kṛṣṇa-Bewußtsein schlummert im Herzen eines jeden, und es erwacht, wenn man mit Gottgeweihten in Berührung kommt. Kṛṣṇa-Bewußtsein ist nichts Künstliches. Ein junger Mann, der mit einem jungen Mädchen Gemeinschaft pflegt, entwickelt ganz natürlich eine Zuneigung zu ihr. In ähnlicher Weise erwecken wir unser schlummerndes Kṛṣṇa-Bewußtsein, wenn wir in der Gemeinschaft von Gottgeweihten über Kṛṣṇa hören.

Sandy Nixon: Was ist der Unterschied zwischen Kṛṣṇa-Bewußtsein und Christus-Bewußtsein?

Śrīla Prabhupāda: Christus-Bewußtsein ist auch Kṛṣṇa-Bewußtsein, doch weil die Menschen von heute die Gebote des Christentums, die Gebote Jesu Christi, nicht befolgen, erreichen sie nicht die Stufe des Gottesbewußtseins.

Sandy Nixon: Was ist das Besondere am Kṛṣṇa-Bewußtsein im Vergleich zu allen anderen Religionen?

Śrīla Prabhupāda: Religion bedeutet in erster Linie, Gott zu kennen und Ihn zu lieben. Aufgrund mangelnder Schulung hat heutzutage aber niemand Wissen über Gott, ganz zu schweigen von Liebe

* Jedes Jahr versammeln sich Millionen von Pilgern in Jagannātha Purī, um an der traditionellen Ratha-yātrā-Prozession teilzunehmen. Das Ratha-yātrā wird auch von der Bewegung für Kṛṣṇa-Bewußtsein in zahlreichen größeren Städten rund um die Welt veranstaltet.

zu Ihm. Die Menschen begnügen sich damit, in die Kirche zu gehen und zu beten: „O Herr, gib uns unser tägliches Brot!" Im *Śrīmad-Bhāgavatam* wird diese Art von Religion als Betrug eingestuft, denn sie hat einen persönlichen Nutzen zum Ziel, nicht Gotteserkenntnis und Gottesliebe. Mit anderen Worten: Wenn ich mich zu einer bestimmten Religion bekenne, aber nicht weiß, wer Gott ist und wie man Ihn liebt, dann ist mein religiöses Leben nur Betrug. Das Christentum bietet eigentlich reichlich Gelegenheit, Gott zu verstehen, aber wer nimmt diese Gelegenheit wahr? Zum Beispiel enthält die Bibel das Gebot „Du sollst nicht töten!", doch die Christen haben die modernsten Schlachthöfe der Welt errichtet. Wie können sie gottesbewußt werden, wenn sie die Gebote Jesu Christi mißachten? Und so geht es nicht nur im Christentum zu, sondern in allen Religionen. Die Bezeichnungen „Hindu", „Moslem" und „Christ" sind nur ein Etikett – die Leute wissen gar nicht, wer Gott ist und wie man Ihn liebt.

Sandy Nixon: Wie kann man einen echten spirituellen Meister von einem Schwindler unterscheiden?

Śrīla Prabhupāda: Wer lehrt, wie man Gott erkennen und lieben kann, der ist ein spiritueller Meister. Manchmal führen Schwindler die Menschen in die Irre. „Ich bin Gott", behaupten sie, und Menschen, die von Gott keine Ahnung haben, schenken ihnen Glauben. Um zu verstehen, wer Gott ist und wie man Ihn lieben kann, muß man ein ernsthafter Schüler sein. Andernfalls verschwendet man nur seine Zeit. Der Unterschied zwischen anderen und uns ist einfach der, daß wir die einzige Bewegung sind, die tatsächlich lehrt, wie man Gott kennen und lieben kann. Wir lehren die Wissenschaft, wie man Kṛṣṇa, den Höchsten Herrn, verstehen kann, indem man die Lehren der *Bhagavad-gītā* und des *Śrīmad-Bhāgavatam* in seinem Leben praktisch anwendet. Diese Lehren informieren uns, daß wir keine andere Aufgabe im Leben haben, als Gott zu lieben. Wir sollten nicht zu Gott um materielle Dinge beten. Gott gibt jedem, was er braucht – selbst denen, die keine Religion haben. Die Katzen und Hunde zum Beispiel kennen keine Religion, und doch versorgt Kṛṣṇa sie mit allem, was sie zum Leben brauchen. Warum sollten wir also Kṛṣṇa wegen unseres täglichen Brots belästigen? Er hat schon für alles Vorsorge getroffen. Wahre Religion bedeutet zu lernen, wie man Gott liebt. Im *Śrīmad-Bhāgavatam* (1.2.6) heißt es:

sa vai puṁsāṁ paro dharmo
yato bhaktir adhokṣaje
ahaituky apratihatā
yayātmā suprasīdati

Eine erstklassige Religion lehrt, wie man Gott selbstlos lieben kann. Wenn man Gott dient, weil man sich davon einen Gewinn verspricht, so ist das ein Handel, keine Liebe. Wahre Gottesliebe ist *ahaituky apratihatā*. Sie läßt sich durch keine materiellen Umstände aufhalten. Sie ist bedingungslos. Wenn man tatsächlich Gott lieben möchte, gibt es kein Hindernis. Man kann Ihn lieben, ganz gleich, ob man arm oder reich, jung oder alt, schwarz oder weiß ist.

Sandy Nixon: Führen alle Pfade zum gleichen Ziel?

Śrīla Prabhupāda: Nein. Es gibt vier Klassen von Menschen – die *karmīs*, die *jñānīs*, die *yogīs* und die *bhaktas*, von denen jeder ein anderes Ziel erreicht. Die *karmīs* arbeiten für materiellen Gewinn. In der Stadt zum Beispiel leben viele Menschen, die Tag und Nacht hart arbeiten und dabei nur eines im Sinn haben, nämlich Geld zu verdienen. Deshalb nennt man sie *karmīs*, Menschen, die arbeiten, weil sie sich ein bestimmtes Resultat davon versprechen. Ein *jñānī* ist jemand, der denkt: „Warum so hart arbeiten? Vögel, Bienen, Elefanten und andere Tiere üben keinen Beruf aus, und trotzdem brauchen sie nicht zu hungern. Warum also soll ich mich so abmühen, wenn es gar nicht nötig ist? Ich will lieber versuchen, die Probleme des Lebens zu lösen: Geburt, Tod, Alter und Krankheit." *Jñānīs* streben nach Unsterblichkeit. Sie glauben, daß sie gegen Geburt, Tod, Alter und Krankheit gefeit sein werden, wenn sie in Gottes Existenz eingehen. Und *yogīs* versuchen, mystische Wunderkräfte zu erwerben, um sie dann zur Schau zu stellen. Ein *yogī* kann sich beispielsweise winzig klein machen. Wenn Sie ihn in einem Zimmer einschließen, kann er durch jeden kleinen Spalt wieder entkommen. Ein *yogī*, der solche Zauberkunststücke vorführt, gilt sofort als überaus bedeutender Mann. Die modernen *yogīs* haben natürlich nur noch ein paar Gymnastikübungen zu bieten – die besonderen Kräfte, über die ein echter *yogī* verfügt, besitzen sie nicht mehr. Aber auch diese Kräfte sind nicht spirituell, sondern materiell. Der *yogī* will also mystische Kräfte; der *jñānī* möchte Erlösung von den Leiden dieser Welt, und der *karmī* strebt nach materiellem Gewinn. Der *bhakta* aber, der Gottgeweihte, wünscht sich nichts für sich selbst. Er möchte einfach Gott aus Liebe dienen, genauso wie eine Mutter ihrem Kind dient. Die Mutter erwartet keinen Lohn für den Dienst an ihrem Kind. Sie tut es aus reiner Zuneigung und Liebe.

Wer sich auf diese Stufe der Gottesliebe erhebt, hat die Vollkommenheit erreicht. Weder der *karmī* noch der *jñānī*, noch der *yogī* kann Gott erkennen – nur der *bhakta*. Wie Kṛṣṇa in der *Bhagavad-gītā* [18.55] erklärt: *bhaktyā mām abhijānāti*. „Nur durch den *bhakti*-Pfad kann man Gott verstehen." Kṛṣṇa sagt nirgends, daß man Ihn auf irgendeinem anderen Wege verstehen kann. Nein. Nur durch *bhakti*! Wenn Sie Gott erkennen und lieben wollen, dann müssen Sie den Pfad der Hingabe einschlagen. Kein anderer Pfad wird zum Ziel führen.

Sandy Nixon: Welche Veränderung findet in einem Menschen statt, der diesen Weg geht?

Śrīla Prabhupāda: Keine, denn unser ursprüngliches Bewußtsein ist Kṛṣṇa-Bewußtsein. Jetzt ist Ihr Bewußtsein von einer Menge Unrat bedeckt. Sie müssen es reinigen – dann kommt Ihr Kṛṣṇa-Bewußtsein wieder zum Vorschein. Unser Bewußtsein ist wie Wasser. Wasser ist von Natur aus klar und durchsichtig, doch manchmal wird es schlammig. Wenn Sie allen Schlamm aus dem Wasser herausfiltern, wird es wieder so klar und rein, wie es ursprünglich war.

Sandy Nixon: Kann man ein besseres Mitglied der Gesellschaft werden, wenn man Kṛṣṇa-bewußt wird?

Śrīla Prabhupāda: Ja. Wie sie sehen, sind meine Schüler keine Trunkenbolde; sie essen kein Fleisch, und sie achten sehr auf Sauberkeit. Daher werden sie auch nie von ernsthaften Krankheiten heimgesucht. Der Verzicht auf Fleischgenuß bedeutet genaugenommen noch nicht, daß man Kṛṣṇa-bewußt ist, sondern lediglich, daß man ein zivilisierter Mensch ist. Gott hat den Menschen eine reiche Vielfalt von Nahrungsmitteln gegeben: schmackhafte Früchte, Gemüse, Getreide und hochwertige Milch. Aus Milch kann man Hunderte von nahrhaften Speisen zubereiten, doch niemand kennt diese Kunst. Statt dessen unterhalten die Menschen große Schlachthöfe und essen Fleisch. Sie können nicht als zivilisiert bezeichnet werden. Nur ein unzivilisierter Mensch tötet unschuldige Tiere und ißt sie.

Zivilisierte Menschen beherrschen die Kunst, aus Milch nahrhafte Speisen zuzubereiten. Auf unserem Landgut New Vrindaban in West Virginia stellen wir aus Milch Hunderte von köstlichen Gerichten her. Wenn Besucher kommen, sind sie erstaunt, daß man aus Milch solch schmackhafte Gerichte zubereiten kann. Das Blut der Kuh ist sehr nahrhaft, doch zivilisierte Menschen nutzen es in Form von Milch. Milch ist nichts anderes als umgewandeltes Kuhblut. Aus Milch kann man so viele Dinge machen, wie zum Beispiel Yoghurt, Quark und Butterfett. Mit Getreide, Früchten und Gemüse kombiniert, lassen sich aus diesen Milchprodukten Hunderte von Speisen zubereiten. Das ist zivilisiertes Leben. Ein zivilisierter Mensch würde nie ein Tier töten, nur um Fleisch zu essen. Die unschuldige Kuh frißt bescheiden das Gras, das Gott wachsen läßt, und versorgt den Menschen mit lebenswichtiger Milch. Und aus Dankbarkeit schneidet er ihr dann den Hals durch und verzehrt sie. Halten Sie das etwa für zivilisiert?

Sandy Nixon: Nein, ich bin ganz Ihrer Meinung... Eine andere Sache, die mich sehr interessiert: Können die Veden sowohl symbolisch als auch wörtlich verstanden werden?

Śrīla Prabhupāda: Nein. Sie müssen so verstanden werden, wie sie sind, nicht symbolisch. Das ist der Grund, warum wir die *Bhagavad-gītā wie sie ist* präsentieren.

Sandy Nixon: Beabsichtigen Sie, das alte indische Kastensystem im Westen wiederaufleben zu lassen? Die *Gītā* erwähnt das Kastensystem...

Śrīla Prabhupāda: Wo wird in der *Bhagavad-gītā* das Kastensystem erwähnt? Kṛṣṇa sagt: *cātur-varṇyaṁ mayā sṛṣṭaṁ guṇa-karma-vibhāgaśaḥ*. „Ich schuf vier Klassen von Menschen, die sich hinsichtlich ihrer Eigenschaften und ihrer Tätigkeit voneinander unterscheiden" [*Bg.* 4.13]. Ich gebe Ihnen ein Beispiel: In unserer Gesellschaft gibt es, wie Sie wissen, sowohl Ingenieure als auch Ärzte. Würden Sie sagen, daß diese Berufsgruppen verschiedenen Kasten angehören – daß der eine Mitglied der Ingenieurkaste und der andere der Ärztekaste ist? Nein. Wenn jemand erfolgreich sein Medizinstudium absolviert hat, erkennen wir ihn als Arzt an. Und wenn jemand ein Ingenieurdiplom erworben hat, akzeptieren wir ihn als Ingenieur. Nach der wirklichen Qualifikation, nicht nach Geburt oder Herkunft unterteilt die *Bhagavad-gītā* die Menschen in vier Gesellschaftsklassen: Eine Klasse wird von Menschen mit überdurchschnittlicher Intelligenz gebildet, eine Klasse von denjenigen, die administrative Aufgaben übernehmen, eine Klasse bilden Menschen, die für die Erzeugung von Nahrungsmitteln und Bedarfsgütern zuständig ist, und eine Klasse die gewöhnlichen Arbeiter. Diese Einteilung ist ganz natürlich. In jeder Gesellschaft gibt es eine Gruppe von besonders intelligenten Menschen. Doch um tatsächlich als Menschen höchster Klasse zu gelten, wie sie in der *Bhagavad-gītā* beschrieben werden, müssen sie geschult werden, ebenso wie ein intelligenter junger Mann ein Universitätsstudium absolvieren muß, bevor er ein qualifizierter Arzt werden kann. In der Bewegung für Kṛṣṇa-Bewußtsein schulen wir deshalb die intelligenten Menschen darin, ihren Geist und ihre Sinne zu beherrschen, wahrhaftig und weise sowie innerlich und äußerlich rein zu sein, ihr Wissen in der Praxis anzuwenden und Gottesbewußtsein zu erlangen. All diese jungen Leute [deutet auf einige sitzende Schüler] sind hochintelligent, und jetzt schulen wir sie, wie sie ihre Intelligenz richtig gebrauchen können.

Wir führen nicht das Kastensystem ein, in dem jeder Halunke, der zufällig in einer *brāhmaṇa*-Familie geboren wurde, automatisch ein *brāhmaṇa* ist. Auch wenn er die Angewohnheiten eines fünftklassigen Menschen hat, wird er als Mensch erster Klasse anerkannt, weil er in einer *brāhmaṇa*-Familie geboren wurde. So etwas befürworten wir nicht. Wir erkennen nur jemanden als erstklassig an, der als *brāhmaṇa* ausgebildet wurde. Es spielt dabei keine Rolle, ob er Inder, Europäer, Amerikaner, von niedriger oder hoher Herkunft ist. Jeder intelligente Mensch kann geschult werden, erstklassige Gewohnheiten anzunehmen. Wir wollen die unsinnige Vorstellung, daß wir unseren Schülern das indische Kastensystem aufzwingen, aus der Welt schaffen. Wir suchen einfach Menschen mit erstklassiger Intelligenz und schulen sie darin, in jeder Beziehung erstklassig zu werden.

Sandy Nixon: Wie stehen Sie zur Frauenbefreiung?

Śrīla Prabhupāda: Die sogenannte Gleichberechtigung der Frau führt dazu, daß die Männer die Frauen betrügen. Eine Frau und ein Mann lernen sich kennen und beginnen eine Liebesbeziehung. Sie haben Geschlechtsverkehr, die Frau wird schwanger, und der Mann läßt sie sitzen. Die Frau muß sich dann um das Kind kümmern und den Staat um Unterstützung bitten, oder sie läßt das Kind abtreiben. So sieht die Unabhängigkeit der Frau aus. In Indien dagegen bleibt die Frau immer unter der Obhut ihres Mannes. Selbst wenn beide in Armut leben müssen, kümmert er sich um sie. Wenn sie schwanger wird, ist sie nicht gezwungen, das Kind zu töten oder es durch Betteln zu unterhalten. Was ist also wirkliche Unabhängigkeit: vom Ehemann behütet zu bleiben oder von jedem ausgenutzt zu werden?

Sandy Nixon: Wie verhält es sich mit Frauen im spirituellen Leben? Können auch sie im Kṛṣṇa-Bewußtsein erfolgreich sein?

Śrīla Prabhupāda: Wir machen hinsichtlich der Geschlechter keinen Unterschied. Wir lehren Kṛṣṇa-Bewußtsein Männern wie Frauen gleichermaßen. Wir heißen jeden willkommen – Frauen, Männer, Arme, Reiche... Kṛṣṇa sagt in der *Bhagavad-gītā* [5.8]:

vidyā-vinaya-sampanne
brāhmaṇe gavi hastini
śuni caiva śva-pāke ca
paṇḍitāḥ sama-darśinaḥ

„Der demütige Weise, der über wahres Wissen verfügt, sieht einen gelehrten und freundlichen *brāhmaṇa*, eine Kuh, einen Elefanten, einen Hund und einen Hundeesser mit gleichen Augen."

Sandy Nixon: Können Sie die Bedeutung des Hare-Kṛṣṇa-*mantra* erklären?

Śrīla Prabhupāda: Das ist sehr einfach. H*are* bedeutet „o Energie des Herrn", und K*ṛṣṇa* bedeutet „o mein Herr". Das Prinzip von „männlich" und „weiblich", das wir von der materiellen Welt her kennen, hat eine tiefere Ursache: Gott ist das ursprüngliche männliche Wesen (*puruṣa*) und Seine Energie (*prakṛti*) das ursprüngliche weibliche Wesen. Wenn wir Hare Kṛṣṇa chanten, sagen wir also: „O Śrī Kṛṣṇa, o Energie Kṛṣṇas, bitte seid mir gnädig und beschäftigt mich in Eurem Dienst!"

Sandy Nixon: Können Sie mir etwas über Ihr Leben erzählen und wie es dazu kam, daß Sie der spirituelle Meister der Hare-Kṛṣṇa-Bewegung wurden?

Śrīla Prabhupāda: Mein Leben verlief einfach. Ich war verheiratet und hatte Frau und Kinder. Inzwischen habe ich auch schon Enkel. Mein spiritueller Meister gab mir den Auftrag, in den Westen zu gehen, um die Botschaft des Kṛṣṇa-Bewußtseins zu verkünden. Ich kam also der Anordnung meines spirituellen Meisters nach und gab alles auf. Jetzt versuche ich, seinen Auftrag und die Anweisungen Kṛṣṇas auszuführen.

Sandy Nixon: Wie alt waren Sie, als er Ihnen sagte, Sie sollten in den Westen reisen?

Śrīla Prabhupāda: Er sagte mir schon bei unserer ersten Begegnung, ich solle Kṛṣṇa-Bewußtsein im Westen predigen. Damals war ich fünfundzwanzig Jahre alt und hatte eine Familie mit zwei Kindern. Ich versuchte mein Bestes, seinen Auftrag auszuführen, und begann 1944, das Magazin *Back to Godhead* herauszugeben. Nachdem ich mich 1959 aus dem Familienleben zurückgezogen hatte, begann ich Bücher zu schreiben, und 1965 kam ich in die Vereinigten Staaten.

Sandy Nixon: Sie haben gesagt, daß Sie nicht Gott sind, und doch habe ich als Außenstehender den Eindruck, daß Ihre Geweihten Sie so behandeln, als seien Sie Gott.

Śrīla Prabhupāda: Ja, das ist ihre Pflicht. Weil der spirituelle Meister Gottes Befehl ausführt, sollte er ebenso geehrt werden wie Gott, genau wie einem hohen Regierungsbeamten der gleiche Respekt entgegengebracht werden sollte wie der Regierung, da er im Auftrag der Regierung handelt. Selbst vor einem gewöhnlichen Polizisten haben Sie Respekt, weil er im Dienst des Staates steht. Aber das bedeutet nicht, daß er der Staat ist. *Sākṣād-dharitvena samasta-śāstrair/uktas tathā bhāvyata eva sadbhiḥ*: „Dem spirituellen Meister gebührt die gleiche Ehre wie dem Höchsten Herrn, denn er ist Sein vertrautester Diener. Dieses Prinzip wird in allen offenbarten Schriften anerkannt und von allen Autoritäten befolgt."

Sandy Nixon: Einer der schwierigsten Aspekte des Kṛṣṇa-Bewußtseins ist für einen Außenstehenden die Bildgestalt im Tempel. Auf welche Weise repräsentiert sie Kṛṣṇa? Können Sie dazu etwas sagen?

Śrīla Prabhupāda: Ja. Weil Sie jetzt noch nicht darin geschult sind, Kṛṣṇa zu sehen, erscheint Er in Seiner Güte so vor Ihnen, daß Sie Ihn sehen können. Holz und Stein können Sie sehen, aber nichts Spirituelles. Angenommen, Ihr Vater liegt im Krankenhaus und stirbt. Sie weinen an seinem Bett: „Mein Vater ist von mir gegangen!" Aber warum sagen Sie, er sei von Ihnen gegangen? Was ist das, was gegangen ist?

Sandy Nixon: Nun, seine Seele ist gegangen.

Śrīla Prabhupāda: Haben Sie die Seele gesehen?

Sandy Nixon: Nein.

Śrīla Prabhupāda: Sie können also die Seele nicht sehen. Und Gott ist die Höchste Seele. Im Grunde ist Er alles – sowohl Seele als auch Materie –, aber Sie können Ihn in Seiner spirituellen Gestalt nicht wahrnehmen. Aus Seiner grenzenlosen Güte und Barmherzigkeit erscheint Er deshalb in Form einer hölzernen oder steinernen Bildgestalt, damit Sie Ihn sehen können.

Sandy Nixon: Vielen Dank für das Gespräch.

Śrīla Prabhupāda: Hare Kṛṣṇa.

Eine Definition Gottes

Die Gottesbilder des modernen Menschen sind mannigfaltig: Während sich Kinder einen alten Mann mit weißem Bart vorstellen, betrachten viele Erwachsene Gott als eine unsichtbare Kraft oder ein geistiges Konzept, als die Menschheit, das Universum oder gar als sich selbst. Im folgenden Vortrag (Los Angeles, 18. Mai 1972) beschreibt Śrīla Prabhupāda das Gottesbild des Kṛṣṇa-Bewußtseins: ein Gottesbild voller Zauber und Anmut.

Meine Damen und Herren, ich danke Ihnen sehr für Ihr Interesse an der Bewegung für Kṛṣṇa-Bewußtsein. Als diese Gesellschaft 1966 in New York amtlich eingetragen wurde, schlug ein Freund vor, sie „Gesellschaft für Gottesbewußtsein" zu nennen. Er meinte, der Name Kṛṣṇa sei nicht umfassend genug. Auch im Lexikon heißt es, daß Kṛṣṇa der Name eines Hindugottes sei. Doch wenn Gott überhaupt ein Name gegeben werden kann, dann ist es „Kṛṣṇa".

Im Grunde hat Gott keinen bestimmten Namen. Damit wollen wir sagen, daß niemand weiß, wie viele Namen Er hat. Da Gott unbegrenzt ist, muß Er auch unbegrenzt viele Namen haben. Deshalb können wir nicht einen bestimmten Namen als den einzigen Namen Gottes bezeichnen. Kṛṣṇa wird beispielsweise manchmal Yaśodā-nandana genannt, der Sohn Mutter Yaśodās, oder Devakī-nandana, der Sohn Devakīs, oder Vasudeva-nandana, der Sohn Vasudevas, oder Nanda-nandana, der Sohn Nandas. Manchmal nennt man Ihn auch Pārtha-sārathi, was daran erinnert, daß Er der Wagenlenker Arjunas wurde, der auch als Pārtha, der Sohn Pṛthās, bezeichnet wird.

Gott hat die verschiedensten Beziehungen zu Seinen Geweihten, und dementsprechend werden Ihm verschiedene Namen gegeben. Da Er unzählige Geweihte hat und unzählige verschiedene Beziehungen mit ihnen eingeht, hat Er auch unbegrenzt viele Namen. Wir können uns nicht auf einen einzigen Namen festlegen. Der Name Kṛṣṇa jedoch bedeutet „allanziehend". Gott wirkt auf jeden anziehend – das ist die Definition von „Gott". Kṛṣṇa wird auf vielen Bildern dargestellt, und wir sehen auf diesen Bildern, daß Er auf die Kühe, Kälber und Vögel, ja auf alle Tiere, Bäume und Pflanzen und sogar auf das Wasser in Vṛndāvana seine Anziehung ausübt. Die Kuhhirtenknaben, die *gopīs*, Nanda Mahārāja, die Pāṇḍavas, ja alle Menschen fühlen sich zu Ihm hingezogen. Wenn man also Gott einen bestimmten Namen geben kann, dann ist es der Name „Kṛṣṇa".

Der große Weise Parāśara Muni, der Vater Vyāsadevas, des Verfassers sämtlicher vedischer Schriften, gab die folgende Definition von Gott:

aiśvaryasya samagrasya
vīryasya yaśasaḥ śriyaḥ
jñāna-vairāgyayoś caiva
ṣaṇṇāṁ bhaga itīṅganā
[*Viṣṇu Purāṇa* 6.5.47]

„Bhagavān, Gott in Höchster Person, ist derjenige, der sechs Arten der Herrlichkeit in Vollendung besitzt: Stärke, Ruhm, Reichtum, Wissen, Schönheit und Entsagung."

Gott, dem Höchsten Herrn, gehören alle Reichtümer. Es gibt viele reiche Leute auf der Welt, doch niemand kann behaupten, er besitze allen Reichtum oder er sei der Reichste. Das *Śrīmad-Bhāgavatam* jedoch vermittelt uns einen lebendingen Eindruck von dem unermeßlichen Reichtum, über den Kṛṣṇa verfügte, als Er auf der Erde weilte: Kṛṣṇa hatte 16.108 Frauen, und jede lebte in einem juwelenbesetzten Marmorpalast. Die Palastgemächer waren mit Möbeln aus Elfenbein und Gold eingerichtet, und alles war von unvorstellbarem Prunk.

Die Geschichte der Menschheit weiß von keiner anderen Persönlichkeit zu berichten, die sechzehntausend Frauen und sechzehntausend Paläste besaß. Und Kṛṣṇa verbrachte auch nicht den einen Tag mit einer Frau und den nächsten dann mit einer anderen. Nein, Er war in allen Palästen gleichzeitig gegenwärtig. Das bedeutet, daß Er Sich 16.108-fach erweiterte. Das ist für einen gewöhnlichen Menschen unmöglich, doch für Gott ist es kein Problem. Wenn Gott unbegrenzt ist, kann Er Sich auch in unbegrenzt viele Formen erweitern, andernfalls hätte das Wort „unbegrenzt" keine Bedeutung. Gott ist allmächtig; Er kann nicht nur sechzehntausend Frauen unterhalten, sondern sechzehn Millionen, und das ohne jede Anstrengung. Wenn Er dazu nicht in der Lage wäre, ergäbe es keinen Sinn, Ihn „allmächtig" zu nennen.

Dies alles sind Eigenschaften, die anziehend wirken. Wir machen hier in der materiellen Welt die Erfahrung, daß ein Mann, der großen Reichtum besitzt, attraktiv ist. In Amerika zum Beispiel stehen Rockefeller und Ford im Rampenlicht der Öffentlichkeit, weil sie so reich sind. Sie üben eine große Anziehung aus, obwohl sie nicht allen Reichtum dieser Welt besitzen. Wieviel anziehender muß dann erst Gott sein, der allen Reichtum Sein eigen nennen kann?

Und genauso unbegrenzt wie Sein Reichtum ist auch Seine Stärke. Kṛṣṇas Stärke war vom Augenblick Seiner Geburt an voll ausgebildet. Die Dämonin Pūtanā versuchte Kṛṣṇa im zarten Alter von drei Monaten zu töten, aber nicht Er, sondern sie mußte ihr Leben lassen. So etwas vermag nur Gott zu vollbringen. Gott ist immer Gott, Er wird nicht durch Meditation oder mystische Kraft zu Gott. Kṛṣṇa ist nicht diese Art von Gott. Vom ersten Tag Seines Erscheinens an war Er Gott.

Auch Kṛṣṇas Ruhm ist ohne Grenzen. Wir als Geweihte Kṛṣṇas kennen Kṛṣṇa natürlich und preisen Seine Herrlichkeit, doch von uns einmal abgesehen, gibt es überall auf der Welt viele Millionen Menschen, denen die *Bhagavad-gītā* ein Begriff ist. In aller Welt wird die *Bhagavad-gītā* von Philosophen, Psychologen und Religionswissenschaftlern gelesen. Es hat sich auch gezeigt, daß sich unsere *Bhagavad-gītā wie sie ist* sehr gut verkauft, denn sie ist so wertvoll wie pures Gold. Es gibt zwar viele andere Ausgaben der *Bhagavad-gītā*, doch sie sind verfälscht. Unsere verkauft sich besser, weil wir die *Bhagavad-gītā* so präsentieren, wie sie ist. Der Ruhm der *Bhagavad-gītā* ist Kṛṣṇas Ruhm.

Ein weiteres Merkmal, das Kṛṣṇa in unbegrenztem Maß besitzt, ist Schönheit. Kṛṣṇa selbst ist unbeschreiblich schön, und so auch Seine Gefährten. Wer in einem früheren Leben fromm war, bekommt die Gelegenheit, in einer guten Familie und in einem reichen Land geboren zu werden. Die Amerikaner sind sehr wohlhabend und von angenehmem Äußeren; diese Vorzüge sind das Ergebnis frommer Werke. Die ganze Welt sieht zu den Amerikanern auf und bewundert ihren wissenschaftlichen Fortschritt, ihren Reichtum und ihre Schönheit. Die Erde ist ein unbedeutender Planet im Universum, und doch hat auf diesem Planeten ein Land, Amerika, so viele attraktive Seiten aufzuweisen. Wir können uns also kaum ausmalen, wie viele anziehende Eigenschaften Gott, der Schöpfer des gesamten Kosmos, besitzen muß. Wie schön muß erst Er sein, der alle Schönheit geschaffen hat!

Nicht nur Schönheit macht jemanden anziehend, sondern auch Wissen. Ein Wissenschaftler und Philosoph wirkt anziehend, weil er Wissen besitzt, doch welches Wissen ist erhabener als das, was Kṛṣṇa in der *Bhagavad-gītā* verkündet? Auf der ganzen Welt findet sich nichts Vergleichbares. Gleichzeitig verfügt Kṛṣṇa über vollendete Entsagung (*vairāgya*). Alles in der materiellen Welt geschieht unter Kṛṣṇas Führung, doch eigentlich ist Kṛṣṇa gar nicht persönlich gegenwärtig. Die Arbeit in einer großen Fabrik kann auch weitergehen, ohne daß der Besitzer selbst anwesend ist. Genauso verhält es sich auch mit Kṛṣṇas Energien: Sie wirken unter der Aufsicht Seiner Helfer, der Halbgötter, während Sich Kṛṣṇa selbst von der materiellen Welt fernhält. Dies alles wird in den offenbarten Schriften beschrieben.

Gott vollbringt also die verschiedensten Taten und hat deshalb unzählige Namen. Doch weil Er so viele wunderbare Eigenschaften besitzt, die auf jeden anziehend wirken, nennt man Ihn „Kṛṣṇa“, den „Allanziehenden“. Die vedischen Schriften erklären, daß Gott viele Namen hat, doch „Kṛṣṇa“ ist der wichtigste.

Die Bewegung für Kṛṣṇa-Bewußtsein ist dazu bestimmt, Gottes Namen, Gottes Herrlichkeit, Gottes Taten, Gottes Schönheit und Gottes Liebe zu verkünden. Es gibt viele Dinge in der materiellen Welt, und sie alle existieren auch in Kṛṣṇa. Das Thema Nummer eins in der materiellen Welt ist Sexualität, und auch sie ist in Kṛṣṇa zu finden. Wir verehren Rādhā und Kṛṣṇa, und wir wissen von Ihrer großen Liebe zueinander. Doch spirituelle Liebe und materielle Liebe sind nicht dasselbe. Die eine ist wirklich, die andere nur Schein. Alles, womit wir hier zu tun haben, ist auch in der spirituellen Welt zu finden, doch hier in unserer Welt besitzt es keinen wirklichen Wert. Es ist nur ein Abklatsch. In den Schaufenstern stehen viele Modepuppen, doch keiner schaut ihnen nach. Jeder weiß, daß sie Imitationen sind. Auch wenn eine Schaufensterpuppe noch so schön aussehen mag, bleibt sie stets eine Nachbildung. Doch sobald Männer eine schöne Frau sehen, sind sie von ihr angezogen, weil sie den Körper der Frau für wirklich halten. Genaugenommen jedoch ist die sogenannte lebendige Frau ebenfalls tot, denn ihr Körper ist nur ein Haufen lebloser Materie. Sobald die Seele den Körper verläßt, will niemand mehr den vermeintlich schönen Körper der Frau betrachten. Wovon wir wirklich angezogen sind, ist die spirituelle Seele.

In der materiellen Welt besteht alles aus toter Materie. Diese Welt ist nur eine Nachbildung der wahren Realität, die in der spirituellen Welt existiert. Wer die *Bhagavad-gītā* gelesen hat, kann das Wesen der spirituellen Welt verstehen. Dort heißt es:

paras tasmāt tu bhāvo 'nyo
'vyakto 'vyaktāt sanātanaḥ
yaḥ sa sarveṣu bhūteṣu
naśyatsu na vinaśyati

„Es gibt jedoch noch eine andere, transzendentale Natur, die ewig ist und sich jenseits der manifestierten und unmanifestierten Materie befindet. Sie ist über alles erhaben und vergeht niemals. Wenn alles in der Welt vernichtet wird, bleibt dieser Teil, wie er ist" [*Bg.* 8.20].

Die Wissenschaftler versuchen, die Größe unseres Universums zu ermessen, doch wo sollen sie beginnen? Schon allein die Reise zum nächsten Stern würde Tausende von Jahren dauern, ganz zu schweigen von einer Reise zur spirituellen Welt. Wenn wir nicht einmal die materielle Welt erforschen können, wie sollen wir dann wissen, was jenseits davon existiert? Wir müssen uns daher auf die Aussagen verläßlicher Quellen stützen, um etwas über diese Dinge zu erfahren.

Die verläßlichste Quelle ist Kṛṣṇa, denn Er ist der Ursprung allen Wissens. Niemand verfügt über mehr Weisheit und Sachkenntnis als Er. Kṛṣṇa teilt uns mit, daß jenseits der materiellen Welt ein spiritueller Himmel mit unzähligen Planeten liegt. Dieser Himmel ist weitaus größer als der materielle Weltraum, der nur ein Viertel der gesamten Schöpfung ausmacht. Das gleiche gilt für die Lebewesen in der materiellen Welt, die nur einen Bruchteil aller Lebewesen in der gesamten Schöpfung ausmachen. Die materielle Welt wird mit einem Gefängnis verglichen, und ebenso wie die Gefangenen nur einen geringen Prozentsatz der Gesamtbevölkerung ausmachen, bilden die Lebewesen in der materiellen Welt nur einen kleinen Teil aller Lebewesen.

All diejenigen, die sich gegen Gott aufgelehnt haben, sozusagen die Verbrecher, werden in die materielle Welt versetzt. Manchmal verkündet ein Verbrecher voller Stolz: „Um den Staat schere ich mich nicht!", aber trotzdem wird er verhaftet und bestraft. In ähnlicher Weise werden Lebewesen, die gegen Gott aufbegehren, in die materielle Welt geschickt.

Ursprünglich sind alle Lebewesen Teile Gottes und haben eine Beziehung zu Ihm wie Söhne zu ihrem Vater. Auch die Christen betrachten Gott als den höchsten Vater. Sie gehen in die Kirche und beten: „Vater unser im Himmel". Die Vorstellung, daß Gott unser aller Vater ist, finden wir auch in der *Bhagavad-gītā* [14.4]:

sarva-yoniṣu kaunteya
mūrtayaḥ sambhavanti yāḥ
tāsāṁ brahma mahad yonir
ahaṁ bīja-pradaḥ pitā

„Wisse, o Sohn Kuntīs, daß Ich der samengebende Vater aller Lebensformen bin, die in der materiellen Welt geboren werden."

Es gibt 8.400.000 Lebensarten – dazu gehören Wasserlebewesen, Pflanzen, Insekten, Vögel, Säugetiere und Menschen. Der Großteil der menschlichen Arten ist unzivilisiert, und unter den wenigen zivilisierten wendet sich nur eine kleine Anzahl von Menschen dem religiösen Leben zu. Von all den sogenannten religiösen Menschen halten die meisten die äußere Bezeichnung für das Wesentliche und erklären: „Ich bin Hindu", „Ich bin Moslem", „Ich bin Christ." Manche betätigen sich karitativ und helfen den Armen oder eröffnen Schulen und Krankenhäuser. Diese Form des Altruismus wird als *karma-kāṇḍa* bezeichnet. Unter Millionen solcher *karma-kāṇḍīs* gibt es vielleicht einen *jñānī* („jemand, der Wissen hat"). Unter Millionen von *jñānīs* mag einer Befreiung erlangt haben, und von Millionen befreiter Seelen wird vielleicht einer imstande sein, Kṛṣṇa zu verstehen. So erhaben ist Kṛṣṇas Stellung. Er selbst sagt in der *Bhagavad-gītā* [7.3]:

manuṣyāṇāṁ sahasreṣu
kaścid yatati siddhaye
yatatām api siddhānāṁ
kaścin māṁ vetti tattvataḥ

„Von vielen Tausenden von Menschen bemüht sich vielleicht einer um Vollkommenheit, und von denen, die die Vollkommenheit erlangt haben, kennt kaum einer Mich in Wahrheit."

Gotteserkenntnis ist also ein schwieriges Unterfangen, aber in der *Bhagavad-gītā* offenbart Sich uns Gott persönlich. Kṛṣṇa beschreibt Sich selbst, die materielle und die spirituelle Natur, und Er erklärt den Unterschied zwischen den Lebewesen und der Höchsten Seele.

So wird in der *Bhagavad-gītā* alles auf vollkommene Weise dargelegt. Nur durch Gottes persönliche Offenbarung können wir Ihn erkennen. Er läßt Sich nicht durch unser eigenes Denkvermögen erfassen, denn Er ist unbegrenzt, und wir sind begrenzt. Wie sollen wir mit unserem begrenzten Wissen und Wahrnehmungsvermögen den Unbegrenzten verstehen können? Nur wenn wir Seine eigenen Aussagen akzeptieren, können wir Ihn verstehen und vollkommenes Wissen erlangen.

Durch Spekulation erworbenes Wissen über Gott wird uns nicht weiterbringen. Ein Junge, der wissen möchte, wer sein Vater ist, fragt am besten seine Mutter, und sie wird sagen: Das ist dein Vater. So gelangt er zu vollkommenem Wissen. Natürlich kann er auch darüber spekulieren und jeden in der Stadt fragen: „Bist du mein Vater? Bist du mein Vater?" Das Wissen, das er auf diesem Wege gewinnt, wird jedoch immer unvollkommen bleiben, und seinen Vater wird er so nie finden. Am einfachsten ist es, das Wissen von einer Autorität zu empfangen, in diesem Falle von der Mutter. Sie sagt einfach: „Mein lieber Junge, hier ist dein Vater." Auf diese Weise gelangt er zu vollkommenem Wissen. Mit transzendentalem Wissen verhält es sich ähnlich. Ich sprach gerade von einer spirituellen Welt. Die spirituelle Welt entzieht sich all unseren Spekulationen. Gott sagt: „Es gibt eine spirituelle Welt, und dort ist Mein Reich." Auf diese Weise erhalten wir Wissen von Kṛṣṇa, der höchsten Autorität. Wir mögen nicht vollkommen sein, doch unser Wissen ist vollkommen, weil wir es von der vollkommenen Quelle empfangen.

Die Aufgabe der Bewegung für Kṛṣṇa-Bewußtsein ist es, den Menschen vollkommenes Wissen zu vermitteln. Anhand dieses Wissens kann jeder in Erfahrung bringen, wer er selbst ist, wer Gott ist, was die materielle Welt ist, warum er hierher gekommen ist, warum er so viele Probleme und Leiden erdulden muß und warum er gezwungen ist zu sterben. Niemand will sterben – das versteht sich von selbst –, doch der Tod kommt. Niemand möchte alt werden, doch das Alter kommt. Niemand möchte krank werden, doch mit Sicherheit kommen auch Krankheiten. Das sind die wahren Probleme des menschlichen Lebens, und wir haben sie bis heute nicht gelöst. Statt dessen bemühen wir uns, die Bedürfnisse des Körpers besser zu befriedigen – Essen, Schlafen, Verteidigung und Geschlechtsverkehr, doch dazu ist das menschliche Leben nicht bestimmt. Der Mensch schläft, und der Hund schläft. Der Mensch ist nicht einfach deswegen fortgeschrittener, weil er eine schöne Wohnung hat. Beide tun dasselbe: Sie schlafen. Der Mensch hat zu seiner Verteidigung Atomwaffen entwickelt, der Hund hat Klauen und Zähne und kann sich damit verteidigen. In beiden Fällen handelt es sich um Verteidigung. Der Mensch kann nicht von sich behaupten, daß er die ganze Welt oder das ganze Universum erobern kann, nur weil er die Atombombe hat. Das ist nicht möglich. Der Mensch mag über hochentwickelte Verteidigungsmethoden verfügen und auf extravagante Weise essen, schlafen und Geschlechtsverkehr haben, aber das macht ihn noch nicht fortgeschritten. Wir nennen diesen Fortschritt „vornehmes Tierleben", aber auch nicht mehr.

Wirklicher Fortschritt bedeutet, Gott zu kennen. Wenn es uns an Wissen über Gott mangelt, sind wir nicht wirklich fortgeschritten. Viele Schurken leugnen die Existenz Gottes, denn ohne Gott können sie weiterhin so sündhaft handeln wie zuvor. Vielleicht gefällt es ihnen, in diesem Glauben zu leben, doch Gott wird nicht sterben, nur weil wir abstreiten, daß es Ihn gibt. Gott existiert, und Er lenkt die Geschicke der Welt. Auf Seinen Befehl hin gehen Sonne und Mond auf, fließen die Flüsse und hält sich der Ozean an die Gezeiten. Alles geschieht nach Seinem Willen. Wenn alles in der Natur so geordnet seinen Lauf nimmt, wie kann man dann ernsthaft denken, Gott sei tot? Wenn Chaos herrscht, haben wir Grund zu sagen, daß es keine Regierung gibt, doch wenn alles in geordneten Bahnen verläuft, wie können wir dann auf den Gedanken kommen, es gäbe keine Regierung? Nur weil die Menschen Gott nicht kennen, behaupten sie, Gott sei tot, Gott gebe es nicht oder Gott habe keine Gestalt. Aber wir sind fest davon überzeugt, daß Gott existiert und daß Kṛṣṇa Gott ist. Aus diesem Grund verehren wir Ihn. Das ist der Sinn und Zweck unserer Bewegung für Kṛṣṇa-Bewußtsein. Bitte versuchen Sie, das Kṛṣṇa-Bewußtsein zu verstehen! Vielen Dank.

Wahrheit und Schönheit

„Schönheit ist Wahrheit, Wahrheit ist Schönheit" sagte der berühmte englische Dichter Keats. „Das ist alles, was du auf Erden weißt, und alles, was du zu wissen brauchst." Oder gibt es doch mehr? In folgendem humorvollen, aber scharfzüngigen Essay, der erstmalig am 20. November 1958 in einer alten Ausgabe des Back to Godhead erschien, erzählt Śrīla Prabhupāda die unvergeßliche Geschichte von der „verflüssigten Schönheit".

Bisweilen wird darüber diskutiert, ob die Begriffe „Wahrheit" und „Schönheit" miteinander vereinbar seien. Manch einer meint, er würde ja gerne die Wahrheit sagen, aber sie könne nicht immer gleichzeitig auch schön sein, denn die Wahrheit sei bekanntlich oft unerfreulich, ja sogar schockierend. Wie können also Wahrheit und Schönheit auf einen Nenner gebracht werden?

Als Antwort darauf möchten wir allen, die es angeht, erklären, daß „Wahrheit" und „Schönheit" durchaus miteinander vereinbar sind – ja mit Nachdruck möchten wir darauf hinweisen, daß die wirkliche, die absolute Wahrheit immer auch schön ist. Die Wahrheit ist so schön, daß sie jeden in ihren Bann schlägt, sogar sich selbst. Die Wahrheit ist so schön, daß um ihretwillen viele Weise, Heilige und Gottgeweihte allem entsagten. Mahatma Gandhi, ein Idol der modernen Welt, widmete sein ganzes Leben der Wahrheitssuche. Und all sein Tun zielte einzig und allein auf die Wahrheit ab.

Warum nur Mahatma Gandhi? Jeder von uns hat den Drang, nach

der reinen Wahrheit zu suchen, denn die Wahrheit ist nicht nur schön, sondern auch voller Macht, Reichtum, Ruhm, Entsagung und Wissen.

Leider wissen die Menschen nichts von der wirklichen Wahrheit. 99,9 Prozent der Menschen sagen, daß sie die Wahrheit anstreben, aber in Wirklichkeit streben sie nach der Unwahrheit. Eigentlich fühlen wir uns zur Schönheit der Wahrheit hingezogen, doch seit unvordenklichen Zeiten sind wir es gewohnt, Unwahrheit zu lieben, die wie Wahrheit aussieht. Deshalb sind für die weltlichen Menschen „Wahrheit" und „Schönheit" unvereinbare Begriffe. Das Wesen weltlicher Wahrheit und Schönheit läßt sich an folgender Geschichte veranschaulichen.

Einst verliebte sich ein sehr muskulöser und athletisch gebauter Mann, dessen Charakter jedoch zweifelhaft war, in eine schöne junge Frau. Das Mädchen jedoch war nicht nur attraktiv, sondern auch sehr tugendhaft, und die Annäherungsversuche des Mannes waren ihr unangenehm. Da der Mann aber von unbändiger Begierde getrieben wurde und partout nicht locker lassen wollte, bat ihn die junge Frau schließlich, sich nur sieben Tage zu gedulden. Dann könnten sie sich treffen. Der Mann war einverstanden und fieberte dem vereinbarten Stelldichein voller Erwartung entgegen.

Die tugendhafte Frau wollte die wahre Schönheit absoluter Wahrheit enthüllen und bediente sich dazu einer drastischen Lehrmethode. Sie nahm starke Abführmittel, und sieben Tage lang hatte sie Durchfall und erbrach, was sie aß. Den Kot und das Erbrochene füllte sie in Töpfe. Infolge dieser Radikalkur magerte die vermeintliche Schönheit dermaßen ab, daß sie wie ein Skelett aussah. Ihre Haut wurde schwärzlich, und ihre schönen Augen waren tief in die Augenhöhlen eingesunken. So wartete sie zur verabredeten Stunde voller Spannung auf den von Leidenschaft entflammten Mann.

Dieser kam – gut angezogen und sich von seiner besten Seite zeigend – und fragte die häßliche Frau, die er vorfand, nach dem schönen jungen Mädchen, das er zu treffen gedachte. Er hatte sie aufgrund ihres erbarmungswürdigen Zustands nicht wiedererkannt; und selbst nachdem sie wiederholt beteuert hatte, eben die Person zu sein, die er suche, konnte er ihr nicht glauben.

Schließlich erklärte die junge Frau dem beharrlichen Freier, sie habe die Bestandteile ihrer Schönheit isoliert und in Töpfe gefüllt. Sie teilte ihm auch mit, er könne sich nun an diesen „Säften der Schönheit" gütlich tun. Als der romantisch gestimmte Mann darum bat, diese „Säfte der Schönheit" zu sehen, wurde er in das Zimmer geführt, in dem der dünnflüssige Stuhlgang und das Erbrochene aufbewahrt waren – ein Gemisch, von dem ein unerträglicher Gestank ausging. So wurde ihm die nackte Wahrheit über die „verflüssigte Schönheit" enthüllt. Durch die Gnade der tugendhaften Frau wurde der lüsterne Mann zu guter Letzt befähigt, zwischen Schein und Wirklichkeit zu unterscheiden, und kam zur Besinnung.

Diesem Mann erging es genauso wie jedem von uns, der sich zum falschen Schein materieller Schönheit hingezogen fühlt. Die junge Frau hatte, gemäß den Wünschen ihres Geistes, einen schön geformten materiellen Körper, doch ihre wirkliche Identität war von dem vergänglichen materiellen Körper und Geist verschieden. In Wahrheit war sie ein spiritueller Funke – ebenso wie der von ihrem trügerischen Äußeren gefesselte Liebhaber.

Weltliche Intellektuelle und Ästheten lassen sich von der äußerlichen Schönheit und Anziehungskraft der relativen Wahrheit täuschen und wissen nichts von dem spirituellen Funken, der Wahrheit und Schönheit in sich vereint. Dieser spirituelle Funke verleiht dem Körper seine Schönheit. Sobald er den vermeintlich schönen Körper verläßt, der in Wirklichkeit voller Kot und anderer ekelerregender Substanzen ist, möchte niemand mehr den Körper berühren, selbst wenn er in kostbare Gewänder gekleidet wird.

Wir alle streben nach einer relativen Scheinwahrheit, die mit wirklicher Schönheit unvereinbar ist. Die wirkliche Wahrheit hingegen ist für immer schön und verliert ihre Schönheit selbst nach unzähligen Jahren nicht. Diese Wahrheit, der spirituelle Funke, ist unzerstörbar. Die äußere Schönheit der Haut kann durch Abführmittel innerhalb weniger Stunden zerstört werden, doch die Schönheit der Wahrheit läßt sich nicht zerstören und bleibt immer unverändert. Leider wissen weltliche Künstler und Intellektuelle nichts von diesem schönen Funken, der spirituellen Seele. Sie kennen weder das Feuer, das der Ursprung aller spirituellen Funken ist, noch die Beziehung zwischen den Funken und dem Feuer, die in transzendentalen Spielen Gestalt annimmt. Wenn solche Spiele durch die Gnade des Allmächtigen hier entfaltet werden, verwechseln törichte Menschen, die nicht über die Grenzen ihrer materiellen Sinneswahrnehmung hinaus sehen können, diese Spiele der Wahrheit und Schönheit mit den oben beschriebenen Erscheinungen von flüssigem Kot und Erbrochenem. So fragen sie verzweifelt, wie man Wahrheit und Schönheit miteinander vereinbaren kann.

Weltliche Menschen wissen nicht, daß das allumfassende spirituelle Wesen jene schöne Person ist, die auf alle und alles anziehend wirkt. Sie sind sich nicht bewußt, daß Sie der Urgrund allen Seins, die Quelle und der Ursprung aller Dinge ist. Da die verschwindend kleinen spirituellen Funken Teil dieser allumfassenden spirituellen Person sind, haben sie die gleichen Eigenschaften der Schönheit und Ewigkeit. Der einzige Unterschied besteht darin, daß das Ganze ewig das Ganze und die Teile ewig die Teile sind. Beide sind jedoch voll der höchsten Wahrheit, der höchsten Schönheit, des höchsten Wissens, der höchsten Kraft, der höchsten Entsagung und des höchsten Reichtums.

Jedes Schriftwerk, das nicht die höchste Wahrheit und Schönheit beschreibt, ist nichts weiter als eine Ansammlung von flüssigem Kot und Erbrochenem der relativen Wahrheit, auch wenn es von dem größten weltlichen Dichter oder Intellektuellen verfaßt wurde. Wirkliche Literatur ist nur, was die höchste Wahrheit und Schönheit des Absoluten beschreibt.

Die Kunst zu sterben

Die Medien sind voll von Gewalt und Tod, aber unsere Einstellung zum Tod ist dadurch nur noch oberflächlicher geworden. Śrīla Prabhupāda schreibt: „Solange der Mensch in der Blüte seines Lebens steht, vergißt er, daß der Tod, dem er eines Tages ins Auge blicken muß, eine unerbittliche Realität ist." Wie gehen wir am besten mit der Problematik des Sterbens um – jenseits von Verdrängung und Angst? Diese Frage beantwortet Śrīla Prabhupāda in folgendem Essay, der am 20. April 1960 in einer Ausgabe des Back to Godhead erschien. Ee beruft sich dabei auf die alten Weisheiten des klassischen Sanskritwerkes Śrīmad-Bhāgavatam.

Ein kleines Kind, das mit seinem Vater spazierengeht, stellt ständig Fragen. Es fragt seinen Vater alle möglichen komischen Dinge, und der Vater muß die Neugier des Kindes mit geeigneten Antworten befriedigen. Als junger Familienvater wurde ich von meinem zweiten Sohn, der mein ständiger Begleiter war, mit Hunderten von Fragen bestürmt. Eines Tages sahen wir von der Straßenbahn aus eine Hochzeitsgesellschaft vorbeiziehen, und der vierjährige Knabe fragte – wie konnte es anders sein –, was die große Prozession denn zu bedeuten habe. Er stellte tausend Fragen über die Hochzeitsgesellschaft und bekam alle möglichen Antworten, und schließlich wollte er wissen, ob sein eigener Vater verheiratet sei! Diese Frage rief unter den anwesenden älteren Herren, die das Gespräch mitangehört hatten, lautes Gelächter hervor, was den Jungen verwirrte, denn er verstand nicht, warum alle lachten. Wie dem auch sei, schließlich gelang es dem verheirateten Vater des Jungen irgendwie, dessen Neugier zu befriedigen.

Dieser Vorfall zeigt uns, daß der Mensch, der ein vernunftbegabtes Tier ist, die angeborene Neigung hat, Fragen zu stellen. Je mehr Fragen, desto größer der Fortschritt in Wissen und Wissenschaft. Die gesamte materielle Zivilisation gründet auf der Tatsache, daß die jungen Menschen den Älteren eine große Anzahl von Fragen stellen. Wenn ältere Menschen die Fragen der Jüngeren richtig beantworten, kommt die Zivilisation Schritt für Schritt voran. Der wirklich intelligente Mensch jedoch will wissen, was nach dem Tod geschieht. Weniger intelligente Menschen stellen weniger wichtige Fragen. Doch die Fragen der Intelligenteren führen in immer wesentlichere Themenbereiche.

Einer der wirklich intelligenten Menschen war Mahārāja Parīkṣit, der große Weltherrscher, der durch ein Versehen von einem *brāhmaṇa* verflucht wurde, innerhalb von sieben Tagen an einem Schlangenbiß zu sterben. Der *brāhmaṇa* war zwar nur ein dummer Junge, verfügte aber über große mystische Kräfte, und weil er sich der Bedeutsamkeit des großen Königs nicht bewußt war, verfluchte er ihn. Sein Vater, den der König zuvor beleidigt hatte, bedauerte später diese unüberlegte Tat. Als der König über den unglückseligen Fluch unterrichtet wurde, verließ er sogleich seinen Palast und begab sich an das Ufer des Ganges, der nahe seiner Hauptstadt vorbeifloß, um sich auf den nahenden Tod vorzubereiten. Weil er ein berühmter Herrscher war, versammelten sich beinahe alle bedeutenden Weisen und Gelehrten an dem Ort, an dem er bis zum Verlassen seines sterblichen Körpers zu fasten gedachte. Zu guter Letzt kam Śukadeva Gosvāmī, der jüngste unter den Weisen seiner Zeit, und wurde einstimmig zum Vorsitzenden der Versammlung auserkoren, und das, obwohl auch sein bedeutender Vater zugegen war. Der König bot Śukadeva Gosvāmī achtungsvoll den Ehrensitz an und stellte ihm wichtige Fragen in Bezug auf seinen Tod, der in sieben Tagen eintreten sollte. Als ein würdiger Nachfolger der Pāṇḍavas, die alle große Gottgeweihte waren, richtete der König die folgenden bedeutungsvollen Fragen an den großen Weisen Śukadeva: „Verehrter Herr, du bist der erhabenste aller Transzendentalisten, und daher möchte ich dich unterwürfig fragen, worin in dieser Situation meine Pflicht besteht. Ich stehe an der Schwelle des Todes. Was soll ich in dieser kritischen Stunde tun? Sage mir bitte: Was soll ich hören, wen soll ich verehren, und an wen soll ich mich jetzt erinnern? Große Weise deines Formates halten sich nur so lange im Hause eines weltlichen Menschen auf, wie es unbedingt nötig ist, und daher kann ich mich sehr glücklich schätzen, daß du in der Stunde meines Todes gütigerweise hierhergekommen bist. Bitte weise mir jetzt, in dieser kritischen Zeit, den richtigen Weg!"

Der große Weise beantwortete die Fragen, die der König so achtungsvoll gestellt hatte, mit viel Sachverstand; denn als der würdige Sohn Bādarāyaṇas, Vyāsadevas, des ursprünglichen Verfassers der vedischen Schriften, war er nicht nur ein großer Gelehrter der transzendentalen Wissenschaft, sondern besaß auch alle Eigenschaften eines Heiligen.

Śukadeva Gosvāmī sprach: „Mein lieber König, deine Fragen haben großes Gewicht, und sie sind segensreich für die Menschen aller Zeiten. Solche Fragen sind von höchstem Wert und Interesse, was von den Lehren des *vedānta-darśana*, der Quintessenz des vedischen Wissens, bestätigt wird. Sie werden auch als *ātmavit-sammatāḥ* bezeichnet, weil selbst befreite Seelen, die sich ihrer spirituellen Identität voll bewußt sind, sie stellen, um weitere Informationen über die Transzendenz zu erhalten."

Das *Śrīmad-Bhāgavatam* ist der ursprüngliche Kommentar zu den berühmten *Vedānta-sūtras*, auch *Śārīraka-sūtras* genannt, die von Śrīla Vyāsadeva verfaßt wurden. Die *Vedānta-sūtras* gelten als das bedeutendste Werk der vedischen Literatur, und sie behandeln die grundlegenden Fragen des spirituellen Wissens. Aber obwohl Śrīla Vyāsadeva diese bedeutende Abhandlung verfaßt hatte, war er innerlich nicht zufrieden. Da begegnete ihm Śrī Nārada, sein spiritueller Meister, und riet ihm, die Identität des Höchsten Herrn zu beschreiben.

Hierauf begann Vyāsadeva, über den Pfad des *bhakti-yoga* zu meditieren, und in seiner Meditation wurde ihm klar bewußt, was das Absolute und was das Relative (*māyā*) ist. Nachdem er hierüber vollkommene Erkenntnis erlangt hatte, verfaßte er die großartige Erzählung *Śrīmad-Bhāgavatam*, das schöne *Bhāgavatam*, dessen Anfang die historische Beschreibung von Mahārāja Parīkṣits Lebensgeschichte bildet.

Das *Vedānta-sūtra* beginnt mit der Schlüsselfrage nach der Transzendenz: *athāto brahma-jijñāsā*. „Jetzt ist es an der Zeit, nach dem Brahman, der Transzendenz, zu fragen."

Solange der Mensch in der Blüte seines Lebens steht, vergißt er, daß der Tod, dem er eines Tages ins Auge blicken muß, eine unerbittliche Realität ist. Dies hat zur Folge, daß unkluge Menschen keinerlei Anstrengungen unternehmen, die wahren Probleme des Lebens zu hinterfragen. Jeder denkt, er werde nie sterben, obwohl in jedem Moment seines Lebens die Zeichen des Todes direkt vor seinen Augen stehen. Diese Fähigkeit unterscheidet den Menschen vom Tier. Ein Tier, zum Beispiel eine Ziege, ist sich des bevorstehenden Todes nicht bewußt. Obwohl eine andere Ziege direkt vor ihren Augen geschlachtet wird, steht die Ziege, besänftigt durch das grüne Gras, das man ihr gibt, friedlich da und wartet, bis sie als nächste an der Reihe ist. Ein Mensch dagegen, der mitansieht, wie sein Bruder von einem Feind getötet wird, kämpft entweder, um seinen Bruder zu retten, oder aber er ergreift die Flucht und versucht, wenigstens sich selbst in Sicherheit zu bringen. Das ist der Unterschied zwischen einem Menschen und einer Ziege.

Ein intelligenter Mensch weiß, daß sein Tod bereits mit der Geburt besiegelt ist. Er weiß, daß er mit jeder Sekunde dem Tod näherkommt und daß ein letzter Streich gegen ihn geführt wird, sobald seine Zeit abgelaufen ist. Er bereitet sich daher auf das nächste Leben vor oder versucht sich völlig aus dem krankhaften Kreislauf von Geburt und Tod zu lösen.

Ein törichter Mensch dagegen weiß nicht, daß er die menschliche

Lebensform erst nach vielen Geburten und Toden erlangt hat, die ihm in der Vergangenheit durch die Gesetze der Natur aufgezwungen wurden. Er ist sich nicht bewußt, daß das Lebewesen selbst ewig ist und weder Geburt noch Tod kennt. Geburt, Tod, Alter und Krankheit werden dem Lebewesen aufgezwungen und sind die Folge davon, daß es mit der materiellen Natur in Kontakt gekommen ist und seine ewige göttliche Natur und Wesenseinheit mit dem Absoluten Ganzen vergessen hat.

Das menschliche Leben bietet uns die Gelegenheit, unsere ewige Natur zu erkennen. Deshalb fordert uns das *Vedānta-sūtra* gleich zu Beginn auf, nach dem Brahman, nach der Absoluten Wahrheit, zu forschen, denn das ist jetzt, in dieser kostbaren menschlichen Lebensform, unsere Pflicht.

Wem es an Klugheit mangelt, der fragt nicht nach diesem transzendentalen Leben; statt dessen interessiert er sich für zahllose andere Dinge, die für sein ewiges Dasein ohne Belang sind. Von Beginn seines Lebens an stellt er Mutter, Vater, Lehrern oder Professoren Fragen, und er zieht Bücher und viele andere Informationsquellen zu Rate, doch er bekommt keine richtige Auskunft über sein wahres Leben.

Wie schon erwähnt, wurde Parīkṣit Mahārāja gewarnt, daß er in sieben Tagen sterben werde, worauf er sogleich seinen Palast verließ, um sich auf diese große Prüfung vorzubereiten. Der König hatte immerhin sieben Tage, um sich auf den Tod vorzubereiten, während wir nur wissen, daß uns der Tod sicher ist, nicht aber, welches Datum dafür festgesetzt ist. Ich weiß nicht, ob mich der Tod nicht schon im nächsten Augenblick ereilen wird. Sogar ein so bedeutender Mann wie Mahatma Gandhi konnte nicht voraussehen, daß er in fünf Minuten den Tod finden würde, und seine prominenten Gefährten waren ebenfalls ahnungslos, auch wenn sich diese Herren damit brüsteten, große Führer des Volkes zu sein.

Was ein Tier vom Menschen unterscheidet, ist seine Unwissenheit über das Leben nach dem Tod. Wer im wahren Sinnes des Wortes ein Mensch ist, strebt nach Selbsterkenntnis. Er fragt: „Woher komme ich? Wohin gehe ich nach dem Tod? Und warum bin ich gegen meinen Willen dem Elend der drei Leiden unterworfen?" Von Kindheit an fragt man nach so vielen Dingen im Leben, doch nach dem eigentlichen Lebensinhalt fragt man nie. Solch ein Verhalten ist charakteristisch für Tiere. Es besteht kein Unterschied zwischen Mensch und Tier, was die vier Grundbedürfnisse des tierischen Lebens betrifft, denn das Dasein jedes Lebewesens wird durch den Eß-, Schlaf-, Verteidigungs- und Fortpflanzungstrieb bestimmt. Nur in der menschlichen Lebensform hat man die Möglichkeit, die wichtigen Fragen nach dem ewigen Leben und nach der Transzendenz zu stellen. Das menschliche Leben ist deshalb dazu bestimmt, nach dem ewigen Leben zu forschen. Und das *Vedānta-sūtra* empfiehlt uns, jetzt oder nie damit zu beginnen. Wer es jetzt versäumt, zu diesen entscheidenden Themen im Leben Fragen zu stellen, den werden die Gesetze der Natur mit Sicherheit in das Reich der Tiere zurückversetzen. Wie bewandert ein unintelligenter Mensch auch im materiellen Wissen (dem Wissen über Essen, Schlafen, Verteidigung, Fortpflanzung und ähnliches) sein mag, die Naturgesetze lassen es nicht zu, daß er den erbarmungslosen Klauen des Todes entrinnt. Das Gesetz der Natur wirkt in drei Erscheinungsweisen: Tugend, Leidenschaft und Unwissenheit. Wer in der Erscheinungsweise der Tugend lebt, wird zur höheren, spirituellen Lebensstufe erhoben. Wer der Erscheinungsweise der Leidenschaft verfallen ist, bleibt am gleichen Ort in der materiellen Welt, wo er sich im gegenwärtigen Leben befindet. Wer aber sein Leben in der Erscheinungsweise der Unwissenheit zubringt, dem ist es bestimmt, in die niedrigen Lebensformen abzugleiten.

Die moderne Gesellschaftsstruktur birgt große Risiken, denn die Menschen werden nicht dazu erzogen, die entscheidenden Fragen im Leben zu stellen. So wenig wie die Schlachttiere wissen, was ihnen bevorsteht, ist den Menschen bewußt, daß ihr Tod durch die Gesetze der Natur bereits vorherbestimmt ist. Sie geben sich mit einem vermeintlich unbeschwerten Leben zufrieden, so wie sich die wartende Ziege im Schlachthof mit einem Büschel grünem Gras begnügt. Weil wir uns dieser traurigen Tatsache bewußt sind, unternehmen wir in aller Demut den Versuch, die Menschen durch die Botschaft des *Back to Godhead* zu retten. Diese Methode ist nicht etwa frei erfunden. Sollte es überhaupt einmal eine Zeit des Erwachens geben, dann ist es diese Botschaft des *Back to Godhead*, die diese Ära einleiten wird.

Laut Śrīla Śukadeva Gosvāmī ist ein *gṛhamedhī* faktisch nicht besser als ein Tier. Der *gṛhamedhī* besitzt kein transzendentales Wissen. So ist er durch sein eigenes Verschulden wie eine Schlachtziege gefesselt, und zwar durch familiäre, kommunale, gesellschaftliche, nationale und humanitäre Pflichten, die sich alle nur um die Probleme und Bedürfnisse eines tierischen Lebens drehen: Essen, Schlafen, Fortpflanzung und Verteidigung. Der *gṛhamedhī* macht sich im allgemeinen auf verschiedenen materiellen Wissensgebieten kundig, die aber nur von vorübergehender Bedeutung sind, und er kennt sich gut in gesundheitlichen, politischen, wirtschaftlichen, kulturellen und ähnlichen Angelegenheiten aus. Weil er aber nicht ebenfalls versucht, Grundsätzliches über das transzendentale Leben zu erfahren, sollte er als ein Blinder angesehen werden, der von seinen unbeherrschten Sinnen getrieben wird und kurz davor steht, in einen Graben zu fallen. Soweit die Beschreibung des *gṛhamedhī*.

Das Gegenstück zum *gṛha-medhī* ist der *gṛha-stha*. Der *gṛhastha-āśrama* ist der Hort spirituellen Familienlebens und ist so gut wie das Leben eines *sannyāsī* (Mitglied des Lebensstands der Entsagung). Es ist unerheblich, ob man Familie hat oder ein Leben der Askese führt – wichtig ist, daß man relevante Fragen stellt. Ein *sannyāsī* ist ein Heuchler, wenn ihm nichts an den entscheidenden Fragen gelegen ist, und ein *gṛhastha* (jemand, der ein vedisches Familienleben führt) ist vorbildlich, wenn er gerne solche Fragen stellt. Der *gṛhamedhī* hingegen ist nur daran interessiert, die tierischen Bedürfnisse des Lebens zu befriedigen. Die Gesetze der Natur sorgen dafür, daß das Leben des *gṛhamedhī* voller Kummer und Probleme ist, während das Leben des *gṛhastha* voller Glück ist. Allerdings geben sich in der heutigen Gesellschaft die *gṛhamedhīs* als *gṛhasthas* aus, und wir sollten deshalb in der Lage sein, zwischen ihnen beiden zu unterscheiden. Der *gṛhamedhī* ist vielen Lastern verfallen, denn er weiß nicht, wie man ein vorbildliches Familienleben führt. Er weiß nicht, daß er von einer Macht beherrscht wird, die seine Handlungen überwacht und der er hilflos ausgeliefert ist, und er hat keine Vorstellung davon, was ihn in seinem zukünftigen Leben erwartet. Der *gṛhamedhī* ist für seine Zukunft blind und denkt nicht daran, die wesentlichen Fragen zu stellen. Seine einzige Errungenschaft besteht darin, daß er von all den vergänglichen Dingen, mit denen er im Laufe seines kurzen Lebens in Berührung kam, vollkommen abhängig ist.

Wenn solche *gṛhamedhīs* nachts ihre kostbare Zeit nicht mit Schlafen verschwenden, gehen sie in Kinos, Nachtclubs oder Spielkasinos, wo sie ausgiebig dem Genuß von Frauen und Alkohol frönen. Tagsüber vergeuden sie ihr wertvolles Leben damit, möglichst viel Geld zu verdienen oder, wenn sie bereits genug Geld haben, ihren Familienangehörigen damit allen möglichen Komfort zu beschaffen. Mit wachsendem Einkommen steigen auch ihr Lebensstandard und ihre persönlichen Bedürfnisse. Folglich kennen ihre Ausgaben keine Grenzen, und sie sind niemals zufrieden. Weil alle nur das Ziel haben, ihre wirtschaftliche Situation zu verbessern, liegen sie ständig miteinander in Konkurrenz, und deshalb herrscht nirgendwo auf der Welt Frieden.

Alle zerbrechen sich den Kopf darüber, wie sie am besten Geld verdienen und ausgeben können, doch letztlich sind wir ganz auf die Barmherzigkeit von Mutter Natur angewiesen. Wenn die Ernte schlecht ausfällt oder es das Schicksal will, daß Naturkatastrophen auftreten, gibt der geplagte Politiker der grausamen Natur die Schuld für das Scheitern seiner Pläne, doch vermeidet er es sorgsam, herauszufinden, wie und von wem die Vorgänge in der Natur beherrscht werden. Die *Bhagavad-gītā* erklärt, daß die Gesetze der Natur vom

Absoluten Höchsten Herrn kommen. Gott allein ist der Beherrscher der Natur und ihrer Gesetze. Ehrgeizige Materialisten untersuchen manchmal einen kleinen Teilbereich der Naturgesetze, doch bemühen sie sich nie, in Erfahrung zu bringen, wer diese Gesetze gemacht hat. Die meisten von ihnen glauben nicht an die Existenz einer absoluten Person oder eines Gottes, der die Naturgesetze lenkt. Sie versuchen nur herauszufinden, nach welchen Gesetzmäßigkeiten die verschiedenen Bestandteile der Natur aufeinander einwirken, aber sie denken nicht über die ordnende Kraft nach, die solche Wechselwirkungen überhaupt möglich macht. Sie stellen zu diesem Thema keine tiefergehenden Fragen und haben auch keine Antworten. Der zweite Aphorismus der *Vedānta-sūtras* beantwortet jedoch die zentrale Frage nach dem Brahman mit der Feststellung, daß das Höchste Brahman, die Höchste Transzendenz, derjenige ist, von dem die gesamte Schöpfung ausgeht: die Höchste Person.

Dem einfältigen *gṛhamedhī* entgeht es nicht nur, daß sein gegenwärtiger Körper vergänglich ist, sondern er ist auch blind für die Realität, die er täglich mit seinen eigenen Augen sieht. Er mag mitansehen, wie sein eigener Vater stirbt oder auch seine Mutter, ein Verwandter oder ein Nachbar, aber die wichtige Frage, ob die anderen noch lebenden Mitglieder seiner Familie ebenfalls sterben werden, kommt ihm nicht in den Sinn. Mancher *gṛhamedhī* ist sich vielleicht sogar darüber im klaren, daß alle seine Familienangehörigen über kurz oder lang sterben werden und daß auch ihn dasselbe Schicksal ereilen wird. Er mag erkennen, daß das ganze „Familienschauspiel" und überhaupt alle „Inszenierungen" des öffentlichen Lebens, der Gesellschaft, der Nation sowie aller anderen derartigen Einrichtungen keinen dauerhaften Wert besitzen und nichts weiter als Seifenblasen sind. Aber trotzdem jagt er wie von Sinnen solch vergänglichen Dingen nach und befaßt sich nicht mit den wirklich wichtigen Fragen. Er weiß nicht, wohin er nach dem Tod gehen muß. Er arbeitet hart, um das Wohlergehen seiner Familie, Gesellschaft oder Nation für den Augenblick sicherzustellen, doch für seine Zukunft und die Zukunft anderer, die bald von ihm gehen werden, trifft er keinerlei Vorkehrungen.

In öffentlichen Verkehrsmitteln, wie zum Beispiel im Zug, treffen wir mit vielen unbekannten Menschen zusammen und sitzen mit ihnen kurze Zeit im selben Abteil, aber bald darauf trennen sich unsere Wege, und wir sehen sie nie wieder. Auch auf unserer langen Lebensreise bekommen wir vorübergehend einen „Sitzplatz" in einer sogenannten Familie, in einem bestimmten Land oder einer bestimmten Gesellschaft, doch wenn unsere Zeit abgelaufen ist, werden wir gegen unseren Willen auf immer voneinander getrennt. Hinsichtlich dieser zeitweiligen Lebensumstände und Beziehungen weiß ein *gṛhamedhī* zwar viele Fragen zu stellen, aber Fragen, die auf Ewiges abzielen, stellt er nie. Die Menschen machen von verschiedenen Führungspositionen aus Pläne, die zu dauerhaften Lösungen führen sollen, aber die wirkliche, ewige Natur der Dinge kennen wir nicht. Śrīpāda Śaṅkarācārya war besonders darum bemüht, diese Unwissenheit in der Gesellschaft zu beseitigen, und verkündete zu diesem Zweck spirituelles Wissen, das zur Erkenntnis des alldurchdringenden Brahmans führt; doch deprimiert mußte er feststellen: „Die Kinder spielen sorglos; die jungen Leute denken nur an ihre Liebesgeschichten, und die Alten grübeln mit ernster Miene darüber nach, wie sie die Fehler, die sie in ihrem Leben begangen haben, wiedergutmachen können. Niemand aber ist bereit, die entscheidenden Fragen über die Wissenschaft vom Brahman, der Absoluten Wahrheit, zu stellen."

Śrī Śukadeva Gosvāmī, den König Parīkṣit um Führung gebeten hatte, beantwortete die dringlichen Fragen des Königs wie folgt:

tasmād bhārata sarvātmā
bhagavān īśvaro hariḥ
śrotavyaḥ kīrtitavyaś ca
smartavyaś cecchatābhayam

„O Nachkomme Bharatas, es ist die Pflicht sterblicher Menschen, über den Höchsten Herrn Fragen zu stellen, über Ihn zu hören, Seinen Ruhm zu preisen und über Ihn zu meditieren. Dank Seiner vollendeten Pracht und Herrlichkeit ist Er die anziehendste Persönlichkeit, und man nennt Ihn auch Hari, weil Er allein das bedingte Dasein eines Lebewesens beenden kann. Wenn wir überhaupt den Wunsch haben, vom bedingten Dasein frei zu werden, müssen wir relevante Fragen über den Herrn, die Absolute Wahrheit, stellen, auf daß es Ihm gefallen möge, uns vollkommene Freiheit zu geben" [*Śrīmad-Bhāgavatam* 2.1.5].

Śrī Śukadeva Gosvāmī hat hier vier Begriffe benutzt, um den Absoluten Höchsten Herrn zu beschreiben. In diesen vier Merkmalen unterscheidet Sich die Absolute Person, das Parabrahman, von gewöhnlichen Personen, mögen diese sonst auch die gleichen Eigenschaften wie die Höchste Person haben. Der Absolute Höchste Herr wird als *sarvātmā* (allgegenwärtig) bezeichnet, weil niemand von Ihm getrennt ist, wenn sich auch nicht jeder dieser Tatsache bewußt ist. Der Höchste Herr residiert in Form Seiner vollständigen Erweiterung, des Paramātmā (Überseele), zusammen mit der individuellen Seele im Herzen eines jeden. Jede individuelle Seele ist also eng mit dem Herrn verbunden. Weil wir diese ewige Beziehung zum Herrn vergessen haben, müssen wir seit unvordenklichen Zeiten ein bedingtes Leben führen. Doch der Herr ist Bhagavān, das heißt die höchste Persönlichkeit, und deshalb kann Er sogleich auf den Ruf eines Geweihten antworten. Und nicht nur das: Weil Er die vollkommene Person ist, sind Seine Schönheit, Sein Reichtum, Sein Ruhm, Seine Stärke, Sein Wissen und Seine Entsagung unversiegbare Quellen transzendentaler Glückseligkeit für die spirituelle Seele. Die Seele fühlt sich zwar auch dann zu diesen Eigenschaften hingezogen, wenn andere bedingte Seelen über sie in unvollkommener Weise verfügen, doch ist sie mit diesen unvollkommenen Abbildern nicht wirklich zufrieden und sucht daher unaufhörlich nach dem vollkommenen Wesen. Gottes Schönheit kennt keinen Vergleich, und ebenso verhält es sich mit Seinem Wissen und Seiner Entsagung.

Vor allem aber ist Er *īśvara*, der Höchste Herrscher. Weil wir die Gesetze dieses großen Königs mißachtet haben, müssen wir jetzt zur Strafe unser Dasein im Gefängnis der materiellen Welt fristen. Aber weil der Herr „Hari" ist, kann Er unser bedingtes Leben beenden, indem Er uns die völlige Freiheit der spirituellen Existenz gewährt. Es ist daher die Pflicht eines jeden, relevante Fragen über Ihn zu stellen und auf diese Weise zu Ihm zurückzukehren.

Die Wahl des spirituellen Meisters

Der Unterschied zwischen Heiligen und Scheinheiligen

Bei einer Pressekonferenz am 5. *August* 1971 *in* London *äußert* Śrīla Prabhupāda *unverhohlen seine* Meinung *über die vielen scheinheiligen spirituellen* Meister, *die in den letzten Jahrzehnten in den* Westen *kamen, und enthüllt all denen, die ernsthaft nach der* Wahrheit *suchen, was die* Voraussetzungen *sind, einen echten spirituellen* Meister *zu finden.* „*Wer betrogen werden will, der wird viele betrügerische gurus finden.* Wer *jedoch aufrichtig ist, wird einen aufrichtigen guru finden...* Ein *echter guru ist kein* Geschäftsmann, *sondern ein* Stellvertreter Gottes. *Der guru wiederholt nur* Gottes *Wort.*"

Reporter: Euer Gnaden, es scheint, daß mehr Leute als je zuvor in irgendeiner Form Spiritualität im Leben suchen. Können Sie mir sagen, woran das liegt?

Śrīla Prabhupāda: Der Wunsch nach spirituellem Leben ist eine ganz natürliche Sehnsucht in uns. Da wir spirituelle Seelen sind, können wir in der materiellen Sphäre nicht glücklich sein. Genausowenig wie sich ein Fisch, der aus dem Wasser genommen wird, auf dem Land wohlfühlen kann, können wir ohne spirituelles Bewußtsein Glück finden. Heutzutage streben die meisten Menschen nach wissenschaftlichem Fortschritt und materiellem Wohlstand, aber sie sind nicht glücklich, weil diese Dinge nicht die wahren Ziele des Lebens sind. Viele junge Leute erkennen dies. Deshalb kehren sie dem materialistischen Leben den Rücken und suchen nach spirituellem Leben. Im Kṛṣṇa-Bewußtsein, das heißt Gottesbewußtsein, finden sie das wahre Lebensziel. Solange man sich nicht dem Kṛṣṇa-Bewußtsein zuwendet, kann man nicht glücklich sein. Das ist eine Tatsache. Deshalb fordern wir jeden auf, diese wunderbare Bewegung zu studieren und zu verstehen.

Reporter: Was mich ehrlich gesagt bedenklich stimmt, ist folgendes: Seitdem vor einiger Zeit ein indischer *yogī* nach England gekommen ist – der erste „*guru*", von dem die meisten Menschen jemals gehört haben –, sind plötzlich eine Menge „*gurus*" wie aus dem Nichts aufgetaucht. Manchmal habe ich das Gefühl, daß nicht alle so echt sind, wie sie sich geben. Wäre es nicht richtig, Menschen, die sich mit dem Gedanken tragen, ein spirituelles Leben zu beginnen, zu warnen, damit sie sich erst vergewissern, ob ihr Lehrer ein echter *guru* ist?

Śrīla Prabhupāda: Ja. Es ist natürlich sehr lobenswert, wenn jemand einen *guru* sucht, doch wer einen billigen *guru* will und betrogen werden möchte, der wird viele betrügerische *gurus* finden. Wer aber selbst aufrichtig ist, wird einen aufrichtigen *guru* finden. Weil die Menschen alles sehr billig haben wollen, werden sie betrogen. Ich verlange von meinen Schülern, daß sie von unzulässigem Geschlechtsverkehr, Fleischgenuß, Glücksspiel und Berauschung Abstand nehmen. Die Leute empfinden das als eine lästige Auflage und denken, das sei zu mühselig. Wenn man ihnen dagegen sagt: „Ihr könnt tun und lassen, was ihr wollt, nehmt einfach meinen *mantra*!", dann sind sie begeistert. Ich will damit sagen, daß die Menschen betrogen werden wollen und daß deshalb die Betrüger nicht ausbleiben. Niemand möchte sich in Verzicht üben, obwohl das menschliche Leben dafür bestimmt ist. Deshalb kommen die Betrüger und sagen: „Du brauchst auf nichts zu verzichten. Was immer du tun möchtest, kannst du tun. Gib mir einfach Geld, und ich gebe dir einen *mantra*, mit dem du in sechs Monaten Gott wirst." Das ist heute gang und gäbe. Wenn man betrogen werden will, kommen die Betrüger von selbst.

Reporter: Was ist mit jemandem, der ernsthaft spirituelles Leben praktizieren möchte, aber irgendwie an den falschen *guru* gerät?

Śrīla Prabhupāda: Schon für eine gewöhnliche Schulbildung muß man viel Zeit und Mühe aufwenden und viel lernen. Genauso muß man sich auch im spirituellen Leben ernsthaft bemühen. Wie soll es möglich sein, daß man durch irgendwelche wundersamen *mantras* in sechs Monaten Gott wird? Warum wollen die Leute so etwas? Sie wollen einfach betrogen werden.

Reporter: Wie kann man beurteilen, ob man einen echten *guru* hat?

Śrīla Prabhupāda: Kann einer meiner Schüler diese Frage beantworten?

Schüler: Ich erinnere mich, daß John Lennon dich einmal fragte: „Woher weiß ich, wer der echte *guru* ist?" Und deine Antwort war: „Finde einfach heraus, wer Kṛṣṇa am meisten liebt! Der ist echt."

Śrīla Prabhupāda: Ja. Der echte *guru* ist Gottes Stellvertreter, und er spricht einzig und allein über Gott. Der echte *guru* hat kein Interesse am materialistischen Leben, sondern nur an Gott. Das ist einer der Prüfsteine für einen echten *guru*: *brahma-niṣṭham*. Er ist mit seinen Gedanken immer in die Absolute Wahrheit vertieft. In der *Muṇḍaka Upaniṣad* heißt es: *śrotriyaṁ brahma-niṣṭham*. „Der echte *guru* ist mit den Schriften und dem vedischen Wissen wohlvertraut, und er ist fest im Brahman verankert." Er sollte wissen, was das Brahman (die spirituelle Natur) ist und wie man die Ebene des Brahmans erreichen kann. Diese Erkennungsmerkmale sind in den vedischen Schriften beschrieben. Wie ich schon sagte, ist der wahre *guru* Gottes Stellvertreter. Er repräsentiert den Höchsten Herrn, so wie ein Statthalter den König repräsentiert. Der wahre *guru* erfindet nichts. Alles, was er sagt, stimmt mit den Schriften und den Lehren der vorangegangenen *ācāryas* überein. Er wird Ihnen nicht einen *mantra* geben und sagen, dadurch würden Sie in sechs Monaten Gott. Ein echter *guru* macht so etwas nicht. Die Aufgabe eines *guru* ist es, jeden zu bitten, ein Geweihter Gottes zu werden. So kann man die Mission eines echten *guru* in einem Satz zusammenfassen. In der Tat, das ist seine einzige Aufgabe: Wen immer er trifft, den bittet er: „Werde gottesbewußt!" Wer für Gott wirbt und versucht, jeden dazu zu bringen, ein Geweihter Gottes zu werden, ist ein echter *guru*.

Reporter: Wie ist das mit einem christlichen Priester?

Śrīla Prabhupāda: Ob Christ, Mohammedaner oder Hindu – das spielt keine Rolle. Wer einzig und allein im Namen Gottes spricht, ist ein *guru*. Jesus Christus ist ein Beispiel dafür. Er predigte zu den Menschen: „Versucht einfach, Gott zu lieben!" Jeder, ob Hindu, Moslem oder Christ, ist ein *guru*, wenn er die Menschen davon überzeugt, Gott zu lieben. Das ist der Prüfstein. Der *guru* behauptet niemals: „Ich bin Gott" oder „Ich werde dich zu Gott machen." Der wahre *guru* sagt vielmehr: „Ich bin ein Diener Gottes, und ich werde dich ebenfalls zu einem Diener Gottes machen." Es ist ohne Belang, wie der *guru* gekleidet ist. Caitanya Mahāprabhu erklärte: „Wer immer Wissen von Kṛṣṇa vermitteln kann, ist ein spiritueller Meister." Ein echter spiritueller Meister versucht einfach, die Menschen dazu zu bewegen, Geweihte Kṛṣṇas, Geweihte Gottes, zu werden. Das ist seine einzige Aufgabe.

Reporter: Aber die schlechten *gurus*...

Śrīla Prabhupāda: Was ist ein „schlechter" *guru*?

Reporter: Ein schlechter *guru* denkt nur an Geld oder Ruhm.

Śrīla Prabhupāda: Wie kann jemand ein *guru* werden, wenn er schlecht ist? [*Lachen*] Wie kann Eisen zu Gold werden? Im Grunde kann ein *guru* nicht schlecht sein, denn wer schlecht ist, kann kein *guru* sein. Man kann nicht von einem „schlechten *guru*" sprechen. Das ist ein Widerspruch in sich selbst. Sie müssen nur verstehen, was ein echter *guru* ist. Die Definition eines echten *guru* lautet, daß er einzig und allein über Gott spricht. Wenn er irgendwelchen Unsinn redet, ist er kein *guru*. *Guru* bedeutet echter *guru*. Wir brauchen nicht mehr zu wissen, als daß der echte *guru* immer nur die Botschaft Gottes verkündet und die Menschen dazu veranlassen möchte, ergebene Diener Gottes zu werden. Wenn er das tut, ist er echt.

Reporter: Was müßte ich tun, wenn ich in Ihre Gesellschaft aufgenommen werden wollte?

Śrīla Prabhupāda: Zunächst müßten Sie unzulässiges Geschlechtsleben aufgeben.

Reporter: Bedeutet das jede Art von Geschlechtsleben? Was ist unzulässiges Geschlechtsleben?

Śrīla Prabhupāda: Unzulässiges Geschlechtsleben bedeutet Sexualität außerhalb der Ehe. Tiere kennen diesbezüglich keine Einschränkungen, doch in der menschlichen Gesellschaft sieht es anders aus. In jedem Land und in jeder Religion gibt es bestimmte Normen, die dazu dienen, die Sexualität einzuschränken. Darüber hinaus müßten Sie auf alle Rauschmittel verzichten, auch auf Tee, Zigaretten, Alkohol, Marihuana, mit anderen Worten, auf alles, was eine berauschende Wirkung hat.

Reporter: Sonst noch etwas?

Śrīla Prabhupāda: Sie müßten auch aufhören, Fleisch, Fisch und Eier zu essen, und Sie dürften sich nicht mehr an Glücksspielen beteiligen. Solange Sie diese vier sündhaften Tätigkeiten nicht aufgeben, können Sie nicht eingeweiht werden.

Reporter: Wie viele Anhänger haben Sie auf der ganzen Welt?

Śrīla Prabhupāda: Bei etwas Echtem ist die Zahl der Anhänger für gewöhnlich sehr gering; bei etwas Wertlosem ist die Anhängerschaft groß. Trotzdem habe ich etwa fünftausend eingeweihte Schüler.

Reporter: Wächst die Bewegung für Kṛṣṇa-Bewußtsein?

Śrīla Prabhupāda: Ja, sie wächst, aber langsam. Der Grund sind die vielen Einschränkungen. Die Menschen möchten sich nicht einschränken lassen.

Reporter: Wo ist Ihre Anhängerzahl am größten?

Śrīla Prabhupāda: In den Vereinigten Staaten, Europa, Südamerika und Australien. Darüber hinaus gibt es natürlich in Indien Millionen von Menschen, die Kṛṣṇa-Bewußtsein praktizieren.

Reporter: Können Sie mir sagen, was das Ziel Ihrer Bewegung ist?

Śrīla Prabhupāda: Die Mission der Bewegung für Kṛṣṇa-Bewußtsein besteht darin, das ursprüngliche Bewußtsein der Menschen wiederzuerwecken. Zur Zeit ist unser Bewußtsein von verschiedenen falschen Identifikationen bedeckt. Der eine identifiziert sich damit, Engländer zu sein, ein anderer damit, Amerikaner zu sein. Aber eigentlich haben wir mit diesen äußeren Merkmalen nichts zu tun. Wir alle sind Teile Gottes, das ist unsere wahre Identität. Wenn jeder dieses Bewußtsein annimmt, werden sich alle Probleme der Welt lösen. So werden wir die äußeren Unterschiede vergessen können und erkennen, daß wir alle eins sind, und zwar in dem Sinne, daß wir alle spirituelle Seelen sind. Diese eine Gemeinsamkeit – die spirituelle Seele im Innern – verbindet uns alle, auch wenn jeder von uns in ein anderes äußeres Gewand gekleidet ist. Diese Erklärung finden wir in der *Bhagavad-gītā*.

Kṛṣṇa-Bewußtsein ist ein Läuterungsvorgang (*sarvopādhi-vinirmuktam*), der dazu dienen soll, die Menschen von allen falschen Identifikationen zu befreien (*tat-paratvena nirmalam*). Wenn unser Bewußtsein auf diese Weise geläutert worden ist, führen uns die Tätigkeiten, die wir mit geläuterten Sinnen verrichten, zur Vollkommenheit. Schließlich erreichen wir die vollendete Stufe des menschlichen Lebens. Kṛṣṇa-Bewußtsein ist sehr einfach zu praktizieren. Es ist nicht notwendig, ein großer Philosoph, Wissenschaftler oder dergleichen zu werden. Wir brauchen nur den heiligen Namen des Herrn zu lobpreisen und zu verstehen, daß der Herr selbst, Sein Name und Seine Eigenschaften absolut sind.

Kṛṣṇa-Bewußtsein ist eine Wissenschaft. Leider gibt es an den Universitäten keine Fakultät für das Studium dieser Wissenschaft. Wir rufen deshalb alle Menschen, denen das Wohl der Menschheit ernsthaft am Herzen liegt, dazu auf, die Bedeutung dieser Bewegung zu verstehen und, wenn möglich, an ihr teilzunehmen und mit ihr zusammenzuarbeiten. So können die Probleme der Welt gelöst werden, wie die *Bhagavad-gītā*, das wichtigste und maßgeblichste Buch spirituellen Wissens, bestätigt. Vielen von Ihnen ist die *Bhagavad-gītā* ein Begriff. Sie bildet die Grundlage unserer Bewegung. Unsere Bewegung steht im Einklang mit den Lehren aller großen indischen *ācāryas*, wie Rāmānujācārya, Madhvācārya, Śrī Caitanya und vieler anderer. Meine Damen und Herren, Sie alle sind Pressevertreter; daher bitte ich Sie, unsere Bewegung kennenzulernen und über sie, soweit es in Ihrer Macht steht, zum Wohl der Menschheit zu berichten.

Reporter: Glauben Sie, diese Bewegung sei der einzige Weg zur Gotteserkenntnis?

Śrīla Prabhupāda: Ja.

Reporter: Woher nehmen Sie diese Gewißheit?

Śrīla Prabhupāda: Von den Autoritäten und von Gott selbst, Kṛṣṇa. Kṛṣṇa sagt:

sarva-dharmān parityajya
mām ekaṁ śaraṇaṁ vraja
ahaṁ tvāṁ sarva-pāpebhyo
mokṣayiṣyāmi mā śucaḥ

„Gib alle Arten von Religion auf, und ergib dich einfach Mir! Ich werde dich von allen sündhaften Reaktionen befreien. Fürchte dich nicht!" [*Bhagavad-gītā* 18.66]

Reporter: Bedeutet das, daß man auch seine Familie aufgeben muß?

Śrīla Prabhupāda: Nein.

Reporter: Aber angenommen, ich möchte eingeweiht werden. Müßte ich dann nicht im Tempel leben?

Śrīla Prabhupāda: Nicht unbedingt.

Reporter: Ich kann zu Hause bleiben?

Śrīla Prabhupāda: O ja.

Reporter: Wie steht es mit der Arbeit? Müßte ich meinen Beruf aufgeben?

Śrīla Prabhupāda: Nein, Sie müssen nur Ihre schlechten Angewohnheiten aufgeben und den Hare-Kṛṣṇa-*mantra* auf solchen Gebetsperlen chanten – das ist alles.

Reporter: Müßte ich finanzielle Unterstützung leisten?

Śrīla Prabhupāda: Nein, das ist freiwillig. Wenn Sie etwas geben, schön. Und wenn Sie nichts geben, ist das auch in Ordnung. Wir sind von keiner finanziellen Unterstützung abhängig, sondern von Kṛṣṇa.

Reporter: Ich müßte überhaupt kein Geld geben?

Śrīla Prabhupāda: Nein.

Reporter: Ist das eines der Hauptmerkmale, die den echten *guru* vom falschen *guru* unterscheiden?

Śrīla Prabhupāda: Ja. Ein echter *guru* ist kein Geschäftsmann, sondern ein Stellvertreter Gottes. Der *guru* wiederholt nur Gottes Worte. Er sagt nichts anderes.

Reporter: Aber würden Sie erwarten, daß ein echter *guru*, sagen wir mal, in einem Rolls Royce fährt und in einer Suite in einem Luxushotel wohnt?

Śrīla Prabhupāda: Gelegentlich werden wir von einem Gastgeber in einem erstklassigen Hotel untergebracht, aber normalerweise bleiben wir in unseren Tempeln. Wir haben etwa hundert Tempel auf der ganzen Welt und brauchen nicht in Hotels abzusteigen.

Reporter: Das war nicht als Kritik gedacht. Ich wollte damit nur zu verstehen geben, daß ich Ihre Warnung für gerechtfertigt halte. Es gibt so viele Menschen, die spirituelles Leben suchen, aber gleichzeitig gibt es viele Scharlatane, die sich am „*guru*-Geschäft" bereichern wollen.

Śrīla Prabhupāda: Glauben Sie, daß spirituelles Leben bedeutet, freiwillig in Armut zu leben?

Reporter: Tja, ich weiß nicht.

Śrīla Prabhupāda: Ein in Armut lebender Mensch kann ein Erzmaterialist sein, während ein reicher Mann manchmal sehr spirituell ist. Spirituelles Leben ist nicht von Armut oder Reichtum abhängig. Es ist transzendental. Nehmen wir Arjuna als Beispiel. Arjuna stammte aus einer Königsfamilie, und dennoch war er ein reiner Geweihter des Herrn. In der *Bhagavad-gītā* (4.2) sagt Śrī Kṛṣṇa: *evaṁ paramparā-prāptam imaṁ rājarṣayo viduḥ*. „Diese höchste Wissenschaft wurde durch die Kette der Schülernachfolge weitergegeben, und die heiligen Könige erlernten sie auf diese Weise." In der Vergangenheit waren alle heiligen Könige mit der spirituellen Wissenschaft vertraut. Spirituelles Leben hängt also nicht von den äußeren materiellen Umständen ab. Egal ob man ein König oder ein Bettler ist, man kann spirituelles Leben verstehen. Die meisten Menschen wissen nicht, was spirituelles Leben ist, und üben deshalb unsachliche Kritik. Was würden Sie mir antworten, wenn ich Sie jetzt fragen würde, was spirituelles Leben bedeutet?

Reporter: Ich weiß nicht genau.

Śrīla Prabhupāda: Sie wissen also nicht genau, was spirituelles Leben ist, sagen aber trotzdem: „Es ist so und so." Zuerst sollten Sie in Erfahrung bringen, was spirituelles Leben wirklich bedeutet. Spirituelles Leben beginnt, wenn Sie verstehen, daß Sie nicht der Körper sind. Das ist der erste Schritt im spirituellen Leben. Indem Sie sich des Unterschieds zwischen Ihrem Selbst und Ihrem Körper bewußt werden, können Sie erkennen, daß Sie eine spirituelle Seele sind (*ahaṁ brahmāsmi*).

Reporter: Glauben Sie, dieses Wissen sollte Teil der Erziehung und Bildung sein?

Śrīla Prabhupāda: Ja. Als erstes sollte den Menschen beigebracht werden, was sie sind. Sind sie der Körper oder etwas anderes? Damit beginnen Bildung und Erziehung. Heute wird jeder dazu erzogen, sich mit seinem Körper zu identifizieren. Nur weil jemand zufällig einen amerikanischen Körper bekommen hat, denkt er: „Ich bin Amerikaner." Das ist genauso, als würden Sie denken: „Ich bin ein rotes

Hemd", nur weil Sie gerade ein rotes Hemd tragen. Sie sind kein rotes Hemd, Sie sind ein Mensch. Unser Körper läßt sich mit einem Hemd oder einem Mantel vergleichen, der die wahre Person, die spirituelle Seele, bedeckt. Wenn wir uns nur für das Hemd oder den Mantel in Form des Körpers halten, haben wir keine spirituelle Bildung.

Reporter: Denken Sie, diese Art von Wissen sollte an den Schulen gelehrt werden?

Śrīla Prabhupāda: Ja, an allen Schulen und Universitäten. Es gibt endlos viel Literatur zu diesem Thema, einen unglaublichen Wissensschatz. Die Führer der Gesellschaft sollten unbedingt beginnen, sich näher mit dieser Bewegung zu befassen.

Reporter: Sind jemals Leute zu Ihnen gekommen, die früher mit einem falschen *guru* zu tun hatten?

Śrīla Prabhupāda: Ja, viele.

Reporter: Hat ihr spirituelles Leben in irgendeiner Form durch die falschen *gurus* Schaden genommen?

Śrīla Prabhupāda: Nein, sie haben ehrlich nach etwas Spirituellem gesucht. Das zeichnete sie aus. Gott befindet Sich im Herzen eines jeden, und sobald jemand aufrichtig nach Ihm sucht, hilft Er ihm, einen echten *guru* zu finden.

Reporter: Haben echte *gurus* wie Sie jemals versucht, etwas gegen die falschen *gurus* zu unternehmen, um ihnen sozusagen das Handwerk zu legen?

Śrīla Prabhupāda: Nein, das ist nicht meine Aufgabe. Ich begann meine Bewegung, einfach indem ich den Hare-Kṛṣṇa-*mantra* sang. Ich sang in New York im Tompkins Square Park, und schon bald schlossen sich mir Anhänger an. So entwickelte sich nach und nach die Bewegung für Kṛṣṇa-Bewußtsein. Viele haben das Kṛṣṇa-Bewußtsein angenommen und viele nicht. All diejenigen, die besonders vom Glück begünstigt sind, haben sich uns angeschlossen.

Reporter: Haben Sie nicht das Gefühl, daß die Leute aufgrund der schlechten Erfahrungen, die sie mit falschen *gurus* gemacht haben, mißtrauisch geworden sind? Wenn Sie zu einem Zahnarzt gingen, der ein Pfuscher ist und Ihre Zähne ruiniert, hätten Sie vielleicht zum nächsten Zahnarzt auch kein Vertrauen mehr.

Śrīla Prabhupāda: Ja. Es ist nur natürlich, daß man mißtrauisch wird, wenn man betrogen worden ist. Aber einmal betrogen bedeutet nicht, daß man immer betrogen wird. Man muß jemanden finden, der echt ist und es ehrlich meint. Um zum Kṛṣṇa-Bewußtsein zu kommen, muß man entweder großes Glück haben oder gut über diese Wissenschaft Bescheid wissen. Aus der *Bhagavad-gītā* geht hervor, daß die echten Wahrheitssucher eine kleine Minderheit sind: *manuṣyāṇāṁ sahasreṣu kaścid yatati siddhaye*. Unter Millionen von Menschen gibt es vielleicht einen, der an spirituellem Leben interessiert ist. Der Durchschnittsmensch interessiert sich nur für Essen, Schlafen, Sexualität und seine eigene Sicherheit. Wie können wir also eine große Anhängerschaft erwarten? Es ist unverkennbar, daß die Menschen ihr Interesse an spirituellen Themen verloren haben. Und die meisten, die noch Interesse haben, werden von falschen Spiritualisten betrogen. Man kann eine Bewegung nicht allein aufgrund ihrer Mitgliederzahl bewerten. Wenn sie nur ein echtes Mitglied hat, ist sie ein Erfolg. Nicht die Quantität, sondern die Qualität zählt.

Reporter: Was glauben Sie, wie viele Menschen von falschen *gurus* irregeführt worden sind?

Śrīla Prabhupāda: Praktisch alle. [*Lachen.*] Es ist nicht möglich, die genaue Anzahl zu ermitteln.

Reporter: Das würde bedeuten, Tausende von Menschen...

Śrīla Prabhupāda: Millionen. Millionen sind betrogen worden, weil sie betrogen werden wollen. Gott ist allwissend. Er versteht unsere Wünsche. Er befindet Sich in unserem Herzen, und wer betrogen werden will, dem schickt Gott einen Betrüger.

Reporter: Kann jeder die Stufe der Vollkommenheit erreichen, von der Sie zuvor sprachen?

Śrīla Prabhupāda: Ja, in einer Sekunde. Jeder kann augenblicklich die Vollkommenheit erreichen – vorausgesetzt, er ist willens. Nur leider ist das niemand. In der *Bhagavad-gītā* [18.66] erklärt Kṛṣṇa: *sarva-dharmān parityajya mām ekaṁ śaraṇaṁ vraja.* „Ergib dich einfach Mir!" Aber wer ist bereit, sich Gott zu ergeben? Jeder sagt: „Warum soll ich mich Gott ergeben? Ich möchte unabhängig sein." Sich zu ergeben dauert nur eine Sekunde. Das ist alles. Aber niemand ist dazu bereit; da liegt das Problem.

Reporter: Sie sagen, daß eine Menge Leute betrogen werden wollen. Meinen Sie damit, daß viele Menschen nicht auf ihre weltlichen Freuden verzichten möchten, aber gleichzeitig spirituell sein wollen, indem sie einen *mantra* rezitieren oder eine Blume in der Hand halten?

Śrīla Prabhupāda: Ja. Das ist wie bei einem Patienten, der denkt: „Ich werde meine Krankheit behalten und gleichzeitig gesund werden." Das ist ein Widerspruch. Zunächst einmal muß man im spirituellen Leben geschult werden. Spirituelles Leben läßt sich nicht durch ein kurzes Gespräch verstehen. Es gibt viele Bücher über Philosophie und Theologie, aber die Menschen haben kein Interesse. Das ist das Hauptproblem. Das *Śrīmad-Bhāgavatam* zum Beispiel ist ein sehr umfangreiches Werk, und wenn Sie beginnen, dieses Buch zu lesen, kann es viele Tage dauern, bis Sie auch nur eine Zeile verstehen. Das *Bhāgavatam* beschreibt Gott, die Absolute Wahrheit, doch die Menschen machen sich nichts aus diesem Thema. Und wenn jemand zufällig ein wenig Interesse an spirituellem Leben zeigt, will er etwas mit Sofortwirkung, etwas, wofür man sich nicht besonders anstrengen muß. Deshalb wird er betrogen. Im Grunde ist das menschliche Leben dafür bestimmt, sich in Entsagung zu üben. So war es in der vedischen Zivilisation. In vedischer Zeit wurden die Jungen als *brahmacārīs* geschult. Bis zum fünfundzwanzigsten Lebensjahr waren keine sexuellen Beziehungen erlaubt. Wo findet man eine solche Erziehung heute? Ein *brahmacārī* ist ein Schüler, der in strengem Zölibat lebt und den Anordnungen seines *guru* im *guru-kula* [Schule des spirituellen Meisters] gehorcht. Heute wird an Schulen und Hochschulen von Anfang an Sexualkunde gelehrt, und zwölf- und dreizehnjährige Jungen und Mädchen haben sexuelle Beziehungen. Wie können solche Menschen ein spirituelles Leben führen? Spirituelles Leben bedeutet, freiwillig Entbehrungen auf sich zu nehmen, um Gotteserkenntnis zu erlangen. Deshalb bestehen wir darauf, daß unsere eingeweihten Schüler keinen unzulässigen Geschlechtsverkehr haben, kein Fleisch essen, an keinen Glücksspielen teilnehmen und keine Rauschmittel zu sich nehmen. Ohne diese Einschränkungen kann keine Art von „Yoga", „Meditation" oder sogenannter spiritueller Übung echt sein; solche Dinge sind nichts weiter als ein Handel zwischen Betrügern und Betrogenen.

Reporter: Vielen Dank!

Śrīla Prabhupāda: Hare Kṛṣṇa.

Die Bedeutung des spirituellen Meisters

Im Februar 1936 folgten in Bombay die Mitglieder einer angesehenen religiösen Gemeinschaft, der Gauḍīya Maṭha, mit Staunen und Anerkennung den eindringlichen und innigen Worten eines ihrer jungen Mitglieder, der zu Ehren seines spirituellen Meisters, Śrīla Bhaktisiddhānta Sarasvatī Gosvāmī, sprach. Drei Jahrzehnte später sollte der junge Redner der weltbekannte spirituelle Meister und Gründer der Bewegung für Kṛṣṇa-Bewußtsein werden. Śrīla Prabhupādas Rede macht deutlich, wie wichtig es ist, im spirituellen Leben von einem guru geleitet und unterwiesen zu werden.

sākṣād-dharitvena samasta-śāstrair
uktas tathā bhāvyata eva sadbhiḥ
kintu prabhor yaḥ priya eva tasya
vande guroḥ śrī-caraṇāravindam

„In den offenbarten Schriften heißt es, daß der spirituelle Meister mit demselben Respekt verehrt werden soll wie der Höchste Herr, und reine Geweihte des Herrn halten sich an diesen Grundsatz. Der spirituelle Meister ist der vertrauteste Diener des Herrn. Laßt uns daher den Lotosfüßen unseres spirituellen Meisters unsere achtungsvolle Ehrerbietung darbringen!“

Sehr geehrte Herren, im Namen der Mitglieder des Bombayer Zweiges der Gauḍīya Maṭha heiße ich Sie herzlich willkommen. Sie haben sich heute abend freundlicherweise zu uns gesellt, um gemeinsam mit uns den Lotosfüßen des Weltenlehrers und Ācāryadevas Ehre zu bezeugen. Ich spreche von meinem göttlichen Meister, Paramahaṁsa Parivrājakācārya Śrī Śrīmad Bhaktisiddhānta Sarasvatī Gosvāmī Mahārāja, dem Begründer dieser Gauḍīya-Mission und Präsidenten und *ācārya* der Śrī Śrī Viśva-vaiṣṇava Rāja-sabhā.

An jenem glücklichen Tag, heute vor zweiundsechzig Jahren, erschien der Ācāryadeva, dem Ruf Ṭhākura Bhaktivinodas folgend, in Śrī-kṣetra Jagannātha-dhāma in Purī.

Meine Herren, die Feier, die wir heute abend zu Ehren des Ācāryadeva vorbereitet haben, hat nichts mit Sektiererei zu tun, denn das fundamentale Prinzip des *gurudeva* oder *ācāryadeva* ist von universaler Gültigkeit. Wir dürfen keinen Unterschied machen zwischen meinem *guru*, Ihrem *guru* oder dem *guru* von irgend jemand anderem. Es gibt nur einen *guru*, der in einer Unzahl von Formen erscheint, um Sie, mich und alle anderen zu unterweisen.

Wie wir aus den authentischen Schriften erfahren, überbringt der *guru*, der *ācāryadeva*, die Botschaft der absoluten Welt, des transzendentalen Reiches des Absoluten Herrn, wo alles ohne Unterschied der Absoluten Wahrheit dient. Schon so oft haben wir gehört: *mahājano yena gataḥ sa panthāḥ* („Folge dem Pfad, den der vorangegangene *ācārya* beschritten hat!"), doch wir haben uns kaum bemüht, den wahren Sinn dieses *śloka* zu verstehen. Wenn wir diese Aussage genau studieren, wird uns klar, daß der *mahājana* letztlich einer ist und daß der Pfad zur transzendentalen Welt ebenfalls einer ist. In der *Muṇḍaka Upaniṣad* [1.2.12] heißt es:

tad-vijñānārthaṁ sa gurum evābhigacchet
samit-pāṇiḥ śrotriyaṁ brahma-niṣṭham

„Um die transzendentale Wissenschaft zu erlernen, muß man sich an einen echten spirituellen Meister in der Schülernachfolge wenden, der in der Absoluten Wahrheit gefestigt ist."

Hier bekommen wir also die Anweisung, daß man sich an den *guru* wenden muß, um transzendentales Wissen zu empfangen. Wenn es nur eine Absolute Wahrheit gibt, und darin sind wir uns wohl alle einig, kann es nicht zwei verschiedene Arten von *guru* geben. Der Ācārya-deva, zu dessen Ehren wir uns heute abend versammelt haben, ist nicht der *guru* einer sektiererischen Organisation, nicht einer von vielen verschiedenen Vertretern der Wahrheit. Nein, ganz im Gegenteil, er ist der *jagad-guru*, unser aller *guru*; der einzige Unterschied besteht darin, daß manche von ganzem Herzen seinen Willen befolgen, während andere ihm nicht direkt folgen.

Im *Śrīmad-Bhāgavatam* [11.17.27] heißt es:

ācāryaṁ māṁ vijānīyān
nāvamanyeta karhicit
na martya-buddhyāsūyeta
sarva-devamayo guruḥ

„Man sollte verstehen, daß der spirituelle Meister auf der gleichen Stufe steht wie Ich selbst", sprach der vielgepriesene Herr. „Niemand sollte den spirituellen Meister beneiden oder ihn für einen gewöhnlichen Menschen halten, denn der spirituelle Meister ist die Verkörperung aller Halbgötter."

Hier wird der *ācārya* also mit Gott selbst gleichgesetzt. Er hat mit den Angelegenheiten der materiellen Welt nichts zu tun. Er erscheint nicht in dieser Welt, um sich mit vergänglichen Dingen zu befassen, sondern nur, um die gefallenen, bedingten Seelen zu retten – die Seelen oder Lebewesen, die hier in die materielle Welt gekommen sind, um mit dem Geist und den fünf Sinnen zu genießen. Er erscheint, um uns das Licht der Veden zu offenbaren und die Segnung uneingeschränkter Freiheit zu gewähren, wonach wir uns bei jedem Schritt auf unserer Lebensreise sehnen sollten.

Gott verkündete das transzendentale Wissen der Veden zuerst Brahmā, dem Schöpfer des Universums. Brahmā gab es an Nārada weiter, Nārada an Vyāsadeva und Vyāsadeva an Madhva – so wurde das transzendentale Wissen in der Schülernachfolge von einem Schüler zum anderen weitergegeben, bis es schließlich zu Śrī Gaurāṅga, Śrī Kṛṣṇa Caitanya, gelangte, der die Rolle des Schülers und Nachfolgers Śrī Īśvara Purīs einnahm. Der gegenwärtige Ācāryadeva ist der zehnte spirituelle Meister in der Schülernachfolge seit Śrī Rūpa Gosvāmī, Śrī Caitanyas direktem Nachfolger, der die Botschaft dieser transzendentalen Tradition in vollem Umfang verkündete. Das Wissen, das wir von unserem Gurudeva empfangen, unterscheidet sich in nichts von dem, was Gott selbst und die *ācāryas* in der Nachfolge Brahmās lehrten. Wir ehren diesen glückbringenden Tag als Śrī Vyāsa-pūjā-tithi, weil der *ācārya* der lebende Stellvertreter Vyāsadevas ist, des göttlichen Verfassers der Veden, der *Purāṇas*, der *Bhagavad-gītā*, des *Mahābhārata* und des *Śrīmad-Bhāgavatam*.

Wer den göttlichen Klang, *śabda-brahma*, unter Berufung auf seine unvollkommene Sinneswahrnehmung willkürlich auslegt, kann kein wahrer spiritueller *guru* sein; denn ohne die richtige Schulung unter dem echten *ācārya* wird man mit Sicherheit in seiner Deutung von Vyāsadeva abweichen (wie es zum Beispiel die Māyāvādīs tun). Śrīla Vyāsadeva ist die höchste Autorität in der vedischen Offenbarung, und deshalb kann jemand, der unbefugte Interpretationen vornimmt, nicht als *guru* oder *ācārya* anerkannt werden, mag er materiell auch noch so gebildet sein. Im *Padma Purāṇa* heißt es:

sampradāya-vihīnā ye
mantrās te niṣphalā matāḥ

„Solange man nicht von einem echten spirituellen Meister in der Schülernachfolge eingeweiht worden ist, hat der *mantra*, den man empfangen hat, keine Wirkung."

Wer aber das transzendentale Wissen von einem echten Lehrer

in der Schülernachfolge übernommen hat und dem wahren *ācārya* die gebührende Achtung entgegenbringt, wird mit Sicherheit von dem offenbarten Wissen der Veden erleuchtet. Dem empirischen Forscher dagegen bleibt dieses Wissen für immer verschlossen. Die *Śvetāśvatara Upaniṣad* (6.23) erklärt:

yasya deve parā bhaktir
yathā deve tathā gurau
tasyaite kathitā hy arthāḥ
prakāśante mahātmanaḥ

„Nur jenen großen Seelen, die vorbehaltloses Vertrauen in den Herrn wie auch in den spirituellen Meister haben, wird die vollständige Bedeutung des vedischen Wissens von selbst offenbart."

Meine Herren, unser Wissen ist so dürftig, unsere Sinne sind so unvollkommen und die Quellen, aus denn wir unsere Informationen beziehen, sind so begrenzt, daß es uns nicht möglich ist, auch nur das geringste Wissen über die absolute Welt zu erwerben, ohne uns den Lotosfüßen Śrī Vyāsadevas oder seines echten Stellvertreters zu ergeben. Auf Schritt und Tritt werden wir durch unsere direkte Sinneswahrnehmung getäuscht. Auf diesem Wege bezogenes Wissen ist nur das Produkt oder die Erfindung unseres Geistes, der trügerisch, unstet und wankelmütig ist. Es gibt nichts, was wir mit Hilfe von Beobachtung und Experiment – einer Methode, die uns nur begrenzte und verzerrte Resultate liefert – über die transzendentale Sphäre in Erfahrung bringen können. Aber wir alle können aufmerksam dem transzendentalen Klang Gehör schenken, der durch das reine Medium Śrī Gurudevas oder Śrī Vyāsadevas unverfälscht aus jener Sphäre zu uns übertragen wird. Deshalb, meine Herren, sollten wir uns heute den Lotosfüßen des Stellvertreters Śrī Vyāsadevas ergeben, damit alle Meinungsverschiedenheiten, die ihren Ursprung in einer überheblichen Haltung haben, beseitigt werden. Hierzu heißt es in der *Śrī Gītā* (4.34):

tad viddhi praṇipātena
paripraśnena sevayā
upadekṣyanti te jñānaṁ
jñāninas tattva-darśinaḥ

„Wende dich einfach an einen weisen, echten spirituellen Meister! Ergib dich ihm und versuche dann, seine Botschaft zu verstehen, indem du ihm Fragen stellst und dienst. Solch ein weiser spiritueller Meister wird dich mit transzendentalem Wissen erleuchten, denn er hat die Absolute Wahrheit bereits erkannt."

Um das transzendentale Wissen zu empfangen, müssen wir uns voll Wißbegierde und in einer dienenden Haltung dem echten *ācārya* vorbehaltlos ergeben. Praktischer Dienst, der dem Absoluten unter Anleitung des *ācārya* dargebracht wird, ist das einzige Mittel, das uns befähigt, transzendentales Wissen zu verinnerlichen. Wir haben uns heute versammelt, um den Lotosfüßen des Ācāryadeva unsere demütigen Dienste zu erweisen und ihn zu ehren. Diese feierliche Zusammenkunft wird uns dazu verhelfen, das transzendentale Wissen in uns aufzunehmen, das er in seiner Güte allen Menschen ohne Unterschied überbringt.

Meine Herren, wir sind alle mehr oder weniger stolz auf unsere alte indische Kultur, doch das wahre Wesen dieser Kultur ist uns unbekannt. Auf die materiellen Errungenschaften des alten Indien können wir nicht stolz sein, denn materiell sind wir heute tausendmal fortgeschrittener als damals. Es heißt, daß wir jetzt im Zeitalter der Dunkelheit, im Kali-yuga, leben. Was ist der Grund für diese Dunkelheit? Diese Dunkelheit kann nicht darauf zurückzuführen sein, daß es uns an materiellem Wissen mangelt, denn davon haben wir jetzt mehr als früher. Und wenn schon nicht wir selbst, dann besitzen zumindest unsere Nachbarn materielles Wissen im Überfluß. Demzufolge hat die Dunkelheit des gegenwärtigen Zeitalters nichts mit einem Mangel an materiellem Fortschritt zu tun, sondern damit, daß wir das

Interesse an unserem spirituellen Fortschritt verloren haben. Spirituelles Leben ist das wichtigste Anliegen des Menschen und das Merkmal für die höchste Form menschlicher Zivilisation. Aus Flugzeugen Bomben abzuwerfen ist im Prinzip nicht fortschrittlicher als die primitive, unzivilisierte Methode, den Feind von einem Hügel mit großen Steinen zu bewerfen. Die Kunst, mit Maschinengewehren und Giftgas zu töten, macht uns keineswegs fortgeschrittener als die primitiven Barbaren, die stolz darauf waren, den Feind mit Pfeil und Bogen niederzustrecken. Auch verwöhnte Selbstgefälligkeit und Eigensucht sind nichts anderes als Ausdruck animalischer Intelligenz. Mit echter menschlicher Zivilisation hat dies alles nichts zu tun. Daher richtet die *Kaṭha Upaniṣad* [1.3.14] folgenden dringenden Appell an uns:

uttiṣṭhata jāgrata
prāpya varān nibodhata
kṣurasya dhārā niśitā duratyayā
durgaṁ pathas tat kavayo vadanti

„Bitte wacht auf und versucht zu verstehen, welch großartige Gelegenheit sich euch in der menschlichen Lebensform bietet! Der Pfad spiritueller Erkenntnis ist sehr schwierig; er ist scharf wie eines Messers Schneide. Das ist die Meinung großer Gelehrter in der transzendentalen Wissenschaft."

Während andere Kulturen noch im Schoße der Vorgeschichte ruhten, hatten also die Weisen Indiens schon eine andere Form der Zivilisation entwickelt, eine Zivilisation, die ihnen zur Selbsterkenntnis verhalf. Sie hatten entdeckt, daß wir keineswegs materielle Wesen, sondern ewige spirituelle und unzerstörbare Diener des Absoluten sind. Weil wir uns aber wider besseres Wissen dafür entschieden haben, uns uneingeschränkt mit dem gegenwärtigen materiellen Dasein zu identifizieren, haben sich unsere Leiden durch das unerbittliche Gesetz von Geburt und Tod und den daraus folgenden Krankheiten und Ängsten vervielfacht. Keine Art materiellen Glücks kann diese Leiden tatsächlich lindern, denn die materielle und die spirituelle Energie sind völlig voneinander verschieden. Es ist geradeso, als würde man einen Fisch aus dem Wasser nehmen, ihn ans Land bringen und ihm dann alle Arten von Genüssen anbieten, die dort zu finden sind. Die tödlichen Leiden des Fisches können nur dadurch gelindert werden, daß er wieder in seine natürliche Umgebung zurückgebracht wird. Spirituelle und materielle Natur sind zwei völlig gegensätzliche Dinge. Wir alle sind spirituelle Wesen. Wir können kein vollkommenes Glück erfahren – was an sich unser Geburtsrecht ist –, ganz gleich, wie sehr wie mit materiellen Mitteln danach streben. Vollkommenes Glück ist nur möglich, wenn wir wieder in unser natürliches Element zurückkehren: ins spirituelle Dasein. Das ist die unverwechselbare Botschaft unserer alten indischen Zivilisation; das ist die Botschaft der *Gītā*; das ist die Botschaft der Veden und der *Purāṇas*, und das ist die Botschaft aller echten *ācāryas* in der Nachfolge Śrī Caitanyas, einschließlich unseres gegenwärtigen Ācāryadevas.

Meine Herren, obwohl wir die erhabene Botschaft unseres Ācāryadevas, Oṁ Viṣṇupāda Paramahaṁsa Parivrājakācārya Śrī Śrīmad Bhaktisiddhānta Sarasvatī Gosvāmī Mahārāja, nur unvollkommen verstanden haben, können wir doch mit absoluter Gewißheit sagen, daß die göttlichen Worte aus seinem heiligen Munde das geeignete Heilmittel für die leidende Menschheit sind. Wir alle sollten ihm geduldig Gehör schenken. Wenn wir den transzendentalen Klang ohne unnötige Widerrede in uns aufnehmen, wird uns der *ācārya* mit Sicherheit barmherzig sein. Die Mission des *ācārya* besteht darin, uns in unsere eigentliche Heimat, in das Reich Gottes, zurückzuholen. Lassen Sie mich daher wiederholen, daß wir ihm mit Geduld zuhören sollten, daß wir ihm dem Grad unserer Überzeugung gemäß nacheifern sollten und daß wir uns vor seinen Lotosfüßen verneigen sollten, damit er uns von unserem gegenwärtigen grundlosen Unwillen befreie, dem Absoluten und allen Seelen zu dienen. Die *Gītā* lehrt uns, daß der *ātmā*, die Seele, selbst nach der Zerstörung des Körpers unversehrt bleibt. Die Seele bleibt immer gleich und verliert nie ihre jugendliche Frische. Feuer kann sie nicht verbrennen, Wasser kann sie nicht auflösen, die Luft kann sie nicht austrocknen, und das Schwert kann sie nicht töten. Sie ist immerwährend und ewig. Im *Śrīmad-Bhāgavatam* [10.84.13] heißt es:

yasyātma-buddhiḥ kuṇape tri-dhātuke
sva-dhīḥ kalatrādiṣu bhauma ijya-dhīḥ
yat-tīrtha-buddhiḥ salile na karhicij
janeṣv abhijñeṣu sa eva go-kharaḥ

„Wer den Körper, diesen mit drei Elementen (Galle, Schleim und Luft) gefüllten Sack, als sein Selbst ansieht; wer sehr an einer engen Beziehung zu Frau und Kindern hängt; wer sein Land als verehrenswert betrachtet; wer in den Wassern heiliger Pilgerorte badet, aber dort nicht die Heiligen aufsucht, die über wahres Wissen verfügen – der ist nicht besser als ein Esel oder eine Kuh."

Leider sind wir heutzutage alle zu Narren geworden, denn wir vernachlässigen unser wahres Wohl und verwechseln den materiellen Käfig mit dem Selbst. Wir richten unsere ganze Energie auf die sinnlose Sorge um den materiellen Käfig und vergessen dabei die im Käfig gefangene Seele. Der Käfig ist am Verderben des Vogels schuld; es ist also nicht die Aufgabe des Vogels, sich um das Wohl des Käfigs zu kümmern. Lassen Sie uns darüber tiefer nachdenken! Alle unsere Tätigkeiten sind jetzt darauf ausgerichtet, den Käfig instandzuhalten, und wir versuchen höchstens noch, in Form von Kunst und Literatur dem Geist ein wenig Nahrung zu geben. Aber dabei ist uns nicht bewußt, daß dieser Geist ebenfalls materiell ist, nur in einer subtileren Form. Das wird in der *Gītā* [7.4] bestätigt:

bhūmir āpo 'nalo vāyuḥ
khaṁ mano buddhir eva ca

ahaṅkāra itīyaṁ me
bhinnā prakṛtir aṣṭadhā

„Erde, Wasser, Feuer, Luft, Äther, Geist, Intelligenz und Ego sind Meine von Mir abgesonderten Energien."

Wir haben so gut wie keine Anstrengung unternommen, der vom Körper und vom Geist verschiedenen Seele Nahrung zu geben. Deshalb begehen wir alle im wahrsten Sinn des Wortes Selbstmord. Die Botschaft des Ācāryadeva soll uns dazu ermahnen, von dieser verkehrten Handlungsweise abzulassen. Lassen Sie uns daher vor seinen Lotosfüßen niederfallen und ihm für die vollkommene Barmherzigkeit und Güte danken, mit der er uns gesegnet hat!

Meine Herren, denken Sie nicht, mein Gurudeva wolle den Fortschritt der modernen Zivilisation ganz aufhalten – das wäre ein unmögliches Unterfangen. Lassen Sie uns von ihm vielmehr die Kunst erlernen, das Beste aus einem schlechten Geschäft zu machen, und lassen Sie uns die Bedeutsamkeit des menschlichen Lebens verstehen, das uns die Möglichkeit bietet, ein Höchstmaß an wahrer Erkenntnis zu erlangen. Die große Gelegenheit, die sich uns in diesem seltenen menschlichen Leben bietet, sollte nicht ungenützt bleiben. Im *Śrīmad-Bhāgavatam* [11.9.29] heißt es:

labdhvā sudurlabham idaṁ bahu-sambhavānte
mānuṣyam arthadam anityam apīha dhīraḥ
tūrṇaṁ yateta na pated anumṛtyu yāvan
niḥśreyasāya viṣayaḥ khalu sarvataḥ syāt

„Die menschliche Lebensform wird nach unzähligen Geburten erreicht, und auch wenn sie nicht von Dauer ist, bietet sie uns die größten Vorteile. Deshalb sollte ein besonnener und weitsichtiger Mensch unverzüglich damit beginnen, seine wahre Aufgabe im menschlichen Leben zu erfüllen und den größten Nutzen daraus zu ziehen, bevor der nächste Tod ihn ereilt. Er sollte Sinnenbefriedigung vermeiden, ist sie doch immer und überall erhältlich."

Lassen Sie uns unser menschliches Leben nicht für sinnloses Streben nach materiellem Genuß mißbrauchen oder, mit anderen Worten, nur für Essen, Schlafen, Verteidigung und sinnliche Gelüste. Die Botschaft des Ācāryadevas kommt in den Worten Śrī Rūpa Gosvāmīs zum Ausdruck:

anāsaktasya viṣayān
yathārham upayuñjataḥ
nirbandhaḥ kṛṣṇa-sambandhe
yuktaṁ vairāgyam ucyate

prāpañcikatayā buddhyā
hari-sambandhi-vastunaḥ
mumukṣubhiḥ parityāgo
vairāgyaṁ phalgu kathyate

„Wer nach den Prinzipien des Kṛṣṇa-Bewußtseins lebt, der, so heißt es, führt ein Leben völliger Entsagung. Er sollte nicht an Sinnenfreuden hängen und nur so viel annehmen, wie für die Erhaltung seines Körpers notwendig ist. Wer andererseits Dingen, die in Kṛṣṇas Dienst verwendet werden könnten, unter dem Vorwand entsagt, sie seien materiell, praktiziert keine vollständige Entsagung" [*Bhakti-rasāmṛta-sindhu* 1.2.255, 256].

Die Bedeutung dieser *ślokas* können wir nur begreifen, wenn wir im Leben unsere vernunftbegabte Seite, nicht unsere tierische Seite voll entfalten. Lassen Sie uns jetzt, da wir zu Füßen des Ācāryadeva sitzen, aus dieser transzendentalen Wissensquelle erfahren, wer wir sind, was das Universum ist, was Gott ist und wie unsere Beziehung zu Ihm aussieht. Die Botschaft Śrī Caitanyas ist eine Botschaft an alle Lebewesen, eine Botschaft von der Welt des Lebens. Śrī Caitanya war nichts daran gelegen, etwas an dieser Welt des Todes zu verbessern, die bezeichnenderweise Martyaloka genannt wird: die Welt, in der alles dem Tod geweiht ist. Er erschien vor 450 Jahren, um uns Kunde vom transzendentalen Universum zu bringen, wo alles ewig ist und im Dienst des Absoluten steht. Aber vor nicht allzu langer Zeit haben gewissenlose Menschen ein falsches Bild von Śrī Caitanya vermittelt, so daß Seine Lehren, welche die höchste Form von Philosophie verkörpern, irrtümlich als ein primitiver, anrüchiger Kult verstanden wurden. Es ist uns eine Freude, heute abend darauf hinzuweisen, daß unser Ācāryadeva uns in seiner ihm üblichen Güte vor dieser zutiefst herabwürdigenden Darstellung gerettet hat, und deshalb verneigen wir uns mit aller Demut vor seinen Lotosfüßen.

Meine Herren, in der modernen kultivierten (oder eher unkultivierten) Gesellschaft ist es zu einer Art Manie geworden, dem Höchsten Herrn nur unpersönliche Merkmale zuzuerkennen und Ihn lächerlich zu machen, indem man behauptet, Er habe keine Sinne, keine Gestalt, keinen Kopf und keine Beine, Er könne nichts tun und nichts genießen. An Vorstellungen dieser Art haben auch die modernen Gelehrten ihre Freude gefunden, da es ihnen an der richtigen Führung und an echter Einsicht in die spirituelle Welt mangelt. Diese Empiriker denken alle das Gleiche: Alle Genußobjekte sollten das Monopol der Menschen sein oder sogar nur einer bestimmten Klasse von Menschen, und der unpersönliche Gott sei nur dazu da, ihren eigensinnigen Unternehmungen zum Erfolg zu verhelfen. Wir sind froh, daß wir durch die Barmherzigkeit Seiner Göttlichen Gnade Paramahaṁsa Parivrājakācārya Bhaktisiddhānta Sarasvatī Gosvāmī Mahārāja von dieser schrecklichen Krankheit befreit worden sind. Er hat uns die Augen geöffnet, er ist unser ewiger Vater, unser ewiger Lehrer und unser ewiger Führer. Lassen Sie uns daher an diesem glückverheißenden Tag vor seinen Lotosfüßen niederfallen!

Meine Herren, obwohl wir von der Transzendenz nicht mehr wissen als unmündige Kinder, hat Seine Göttliche Gnade, mein Gurudeva, dennoch ein kleines Feuer in uns entfacht, um die unüberwindliche Dunkelheit empirischen Wissens zu vertreiben. Wir sind jetzt so weit in Sicherheit, daß keine noch so große Anzahl philosophischer Argumente seitens der empirischen Gedankenschulen uns auch nur einen

Zentimeter von unserem Entschluß abbringen kann, den Lotosfüßen Seiner Göttlichen Gnade ewig ergeben zu sein. Wir sind sogar bereit, die größten Gelehrten der Māyāvāda-Schule herauszufordern und zu beweisen, daß die erhabenen Lehren der Veden allein auf den Höchsten Herrn und Seine transzendentalen Spiele in Goloka verweisen. Hierzu finden wir in der *Chāndogya Upaniṣad* [8.13.1] klare Hinweise:

śyāmāc chavalaṁ prapadye
śavalāc chyāmaṁ prapadye

„Um die Barmherzigkeit Kṛṣṇas zu erlangen, ergebe ich mich Seiner Energie (Rādhā), und um die Barmherzigkeit Seiner Energie zu erlangen, ergebe ich mich Kṛṣṇa." Auch im *Ṛg Veda* [1.22.20-21] heißt es:

tad viṣṇoḥ paramaṁ padaṁ
sadā paśyanti sūrayaḥ
divīva cakṣur ātataṁ
viṣṇor yat paramaṁ padam

„Die Verehrung aller Halbgötter gilt den Lotosfüßen Śrī Viṣṇus, die wie die Sonne alle Dunkelheit vertreibt."

Die Absolute Wahrheit wird in der *Gītā*, die die wichtigsten Lehren der Veden verkörpert, so anschaulich und einfach erklärt, und doch wird sie von den größten Gelehrten der empirischen Schulen nicht verstanden, ja nicht einmal erahnt. Hierin liegt das Geheimnis der Śrī Vyāsa-pūjā. Wenn wir über die transzendentalen Spiele des Absoluten Gottes meditieren, fühlen wir uns stolz als Seine ewigen Diener, und wir werden von Freude erfaßt und tanzen voller Jubel. Gelobt sei mein göttlicher Meister, denn er hat in uns durch den unaufhörlichen Strom seiner Barmherzigkeit den Pulsschlag des ewigen Seins erweckt. Laßt uns seinen Lotosfüßen unsere Ehrerbietung erweisen!

Meine Herren, wäre er nicht vor uns erschienen, um uns aus der Knechtschaft der tiefen weltlichen Illusion zu befreien, wären wir sicherlich noch viele Leben und Äonen lang in dunkler, hilfloser Gefangenschaft verblieben. Wäre er nicht vor uns erschienen, hätten wir nicht die ewige Wahrheit der erhabenen Lehren Śrī Caitanyas verstehen können. Wäre er nicht vor uns erschienen, wäre uns die Bedeutung des ersten *śloka* der *Brahma-saṁhitā* verborgen geblieben:

īśvaraḥ paramaḥ kṛṣṇaḥ
sac-cid-ānanda-vigrahaḥ
anādir ādir govindaḥ
sarva-kāraṇa-kāraṇam

„Kṛṣṇa, der auch Govinda genannt wird, ist der Höchste Herr. Er hat einen ewigen, glückseligen, spirituellen Körper. Er ist der Ursprung von allem. Er hat keinen anderen Ursprung außer Sich selbst, denn Er ist die Ursache aller Ursachen."

Persönlich habe ich für die kommenden Millionen von Geburten auf meiner Lebensreise keine Hoffnung auf irgendeinen direkten Dienst, doch ich bin zuversichtlich, daß ich eines Tages aus dem Sumpf der Täuschung, in den ich jetzt so tief gesunken bin, befreit werde. Ich will daher mit aller Ernsthaftigkeit vor den Lotosfüßen meines göttlichen Meisters beten, daß er mir gestatte, das Los, das mir aufgrund meiner vergangenen Missetaten bestimmt ist, zu ertragen, daß er mir gleichzeitig aber auch die Fähigkeit verleihe, mich immer an eines zu erinnern: daß ich nichts weiter bin als ein unbedeutender Diener des Allmächtigen Absoluten Gottes. Diese Erkenntnis verdanke ich der unerschöpflichen Barmherzigkeit meines göttlichen Meisters. Mit aller mir zu Gebote stehenden Demut verneige ich mich deshalb vor seinen Lotosfüßen.

Das spirituelle Erbe Indiens

Śaṅkaras Meditation über die Bhagavad-gītā

Über die Jahrhunderte hinweg priesen Indiens größte Philosophen und Spiritualisten die Bhagavad-gītā als die Krönung der ewigen vedischen Weisheit. In feierlichen Versen lobpreist Śaṅkara, der berühmte Philosoph des 9. Jahrhunderts, die Gītā und ihren göttlichen Autor, Śrī Kṛṣṇa. Eigentlich ist Śaṅkara weithin als der bedeutendste Vertreter der Unpersönlichkeitslehre bekannt, doch hier offenbart er seine Hingabe an die ursprüngliche persönliche Gestalt Gottes: Śrī Kṛṣṇa.

VERS 1

O *Bhagavad-gītā*,
Deine achtzehn Kapitel
Übergießen den Menschen
Mit unsterblichem Nektar,
Mit der Weisheit des Absoluten.
O heilige *Gītā*,
Kṛṣṇa selbst, der Herr, sprach Dich,
Um Arjuna zu erleuchten.
Der ehrwürdige Weise Vyāsa dann
Kleidete Dich in das *Mahābhārata*.
O liebende Mutter,

Du befreist den Menschen
Aus dem Kreislauf der Wiedergeburt
Inmitten der Nacht dieser sterblichen Welt.
Über Dich meditiere ich.

VERS 2

Gepriesen seist du, o Vyāsa!
Du bist von erhabener Geisteskraft,
Mit Augen so groß
Wie die Blütenblätter
Des vollerblühten Lotos.
Du warst es,
Der diese Lampe der Weisheit entzündete,
Gefüllt mit dem Öl
Des *Mahābhārata*.

ERLÄUTERUNG

Aus materieller Sicht war Śrīpāda Śaṅkarācārya ein Unpersönlichkeitsphilosoph. Aber er bestritt niemals die Existenz der *sac-cid-ānanda-vigraha*, der ewigen, allwissenden und allglückseligen Gestalt des Herrn, die es schon vor der materiellen Schöpfung gab. Wenn er das Höchste Brahman als unpersönlich bezeichnete, meinte er damit, daß die *sac-cid-ānanda*-Gestalt des Herrn nicht mit einem materiellen Körper verwechselt werden sollte. Ganz am Anfang seines Kommentars zur *Gītā* erklärt er, daß Nārāyaṇa, der Höchste Herr, über der materiellen Schöpfung steht. Der Herr existierte schon vor der Schöpfung als transzendentale Persönlichkeit, und Er hat keine materielle Identität. Śrī Kṛṣṇa ist derselbe Höchste Herr, und Sein Körper hat mit einem materiellen Körper nichts gemein. Er kommt in Seiner ewigen spirituellen Gestalt herab, doch törichte Menschen begehen den Fehler, Seinen Körper mit dem ihren gleichzusetzen. Die Unpersönlichkeitsphilosophie wurde von Śaṅkara vor allem deshalb gelehrt, um die Narren, die Kṛṣṇa für einen gewöhnlichen Menschen aus Fleisch und Blut halten, eines Besseren zu belehren.

Niemand hätte ein Interesse daran, die *Gītā* zu lesen, wäre sie von einem gewöhnlichen Menschen gesprochen worden, und gewiß hätte Vyāsadeva sie erst gar nicht in das *Mahābhārata* mit aufgenommen. Den obigen Versen zufolge beschreibt das *Mahābhārata* die Geschichte der antiken Welt, und Vyāsadeva ist der Verfasser dieses großen Epos. Die *Bhagavad-gītā* ist mit Kṛṣṇa identisch. Weil Kṛṣṇa der Absolute Höchste Herr ist, besteht kein Unterschied zwischen Ihm und Seinen Worten. Die *Bhagavad-gītā* ist also ebenso verehrenswert wie Śrī Kṛṣṇa selbst, denn beide sind absolut. Wer die *Bhagavad-gītā* so hört, „wie sie ist", vernimmt im Grunde ihre Worte direkt aus dem Lotosmunde des Herrn. Aber gewisse Menschen, die man nur bedauern kann, behaupten, die *Gītā* sei zu antiquiert für den modernen Menschen, der Gott durch Spekulation oder Meditation finden möchte.

Vers 3

Dich preise ich, o Kṛṣṇa,
Denn Du bist die Zuflucht
Der meergeborenen Lakṣmī –
Und aller, die Zuflucht suchen
Bei Deinen Lotosfüßen.
Du bist wahrlich
Der wunscherfüllende Baum
Deiner Geweihten.
In der einen Hand hältst Du den Stab,
Mit dem die Kühe Du treibst,
Deine andere ist leicht erhoben –
Der Daumen berührt
Die Spitze des Zeigefingers
Als Zeichen göttlichen Wissens.

Gepriesen seist Du, o Höchster Herr,
Denn Du bist der Melker,
Der den Nektar der *Gītā* uns schenkt.

ERLÄUTERUNG

Śrīpāda Śaṅkarācārya sagt ausdrücklich: „Ihr Narren, verehrt einfach Govinda und die von Nārāyaṇa selbst gesprochene *Bhagavad-gītā*!" Aber die Narren können es nicht lassen, Nārāyaṇa durch ihre Forschungsarbeit ergründen zu wollen. Daher führen sie ein jämmerliches Leben und verschwenden nur ihre Zeit. Nārāyaṇa befindet Sich niemals in einer solch jämmerlichen Lage, und Er ist auch nicht *daridra* [verarmt]; vielmehr wird Er von der Glücksgöttin Lakṣmī und von allen anderen Lebewesen verehrt. Śaṅkara bezeichnete sich selbst als „Brahman", doch er erkennt Nārāyaṇa (Kṛṣṇa) als den Höchsten Herrn an, der über der materiellen Schöpfung steht. Er verehrt Kṛṣṇa als das Höchste Brahman (Parabrahman), denn Ihm (Kṛṣṇa) gebührt die Verehrung aller. Nur die Narren und Feinde Kṛṣṇas, die die wahre Bedeutung der *Bhagavad-gītā* nicht verstehen können (aber dennoch Kommentare über sie verfassen), sagen: „Es ist nicht Kṛṣṇa in Person, dem wir uns vorbehaltlos ergeben müssen, sondern das ungeborene, anfangslose Ewige, das durch Kṛṣṇa spricht." Während Śaṅkara, der größte aller Unpersönlichkeitsphilosophen, Kṛṣṇa und Kṛṣṇas Buch, der *Bhagavad-gītā*, die gebührende Achtung erweist, sagen solche Narren, wir bräuchten uns dem persönlichen Kṛṣṇa nicht zu ergeben. Solche mit Blindheit geschlagenen Menschen sind sich dessen nicht bewußt, daß Kṛṣṇa absolut ist und daß zwischen Seinem Inneren und Seinem Äußeren kein Unterschied besteht. Der Unterschied zwischen innen und außen wird nur in der dualistischen, materiellen Welt erfahren. In der absoluten Welt gibt es keinen solchen Unterschied, denn dort ist alles spirituell (*sac-cid-ānanda*), und Nārāyaṇa (Kṛṣṇa) gehört zur absoluten Welt. In der absoluten Welt gibt es nur die eigentliche Persönlichkeit, und Körper und Seele sind nicht voneinander verschieden.

Vers 4

Die *Upaniṣaden*
Sind wie eine Herde Kühe;
Śrī Kṛṣṇa, eines Kuhhirten Sohn,
Ist ihr Melker;
Arjuna ist das Kalb;
Der köstliche Nektar der *Gītā*
Ist die Milch,
Und der Weise trinkt sie
Mit geläutertem Geist.

ERLÄUTERUNG

Solange wir das Prinzip der spirituellen Vielfalt nicht verstehen, bleiben uns die transzendentalen Taten und Spiele des Herrn ein Geheimnis. In der *Brahma-saṁhitā* heißt es, daß Kṛṣṇas Name, Seine Gestalt, Seine Eigenschaften, Seine Spiele, Seine Gefährten und Sein persönliches Habe allesamt *ānanda-cinmaya-rasa* sind – kurzum, alles in Seiner transzendentalen Gemeinschaft besteht aus derselben spirituellen Glückseligkeit, demselben Wissen und derselben Ewigkeit wie Er selbst. Sein Name, Seine Gestalt usw. sind unbegrenzt, ganz im Gegensatz zur materiellen Welt, wo alles seine Grenzen hat. Wie es in der *Bhagavad-gītā* heißt, verspotten Ihn nur Narren; doch Śaṅkara, der größte Unpersönlichkeitsphilosoph, verehrt Ihn zusammen mit Seinen Kühen und Seinen Spielen als den Sohn Vasudevas und den Liebling Devakīs.

Vers 5

O Sohn Vasudevas,
Vernichter der Dämonen Kaṁsa und Cāṇūra,
O höchste Freude Mutter Devakīs.
O *guru* des Universums,

Lehrer der Welten,
Dich, o Kṛṣṇa, lobpreise ich.

ERLÄUTERUNG

Śaṅkara spricht Kṛṣṇa als den Sohn Vasudevas und Devakīs an. Heißt das, daß er einen gewöhnlichen Sterblichen verehrt? Nein. Er verehrt Kṛṣṇa, weil er weiß, daß Kṛṣṇas Geburt und all Seine Taten übernatürlich sind. Wie es in der *Bhagavad-gītā* (4.9) heißt, sind Kṛṣṇas Geburt und Seine Taten geheimnisvoll und transzendental, und deswegen können nur die Geweihten Kṛṣṇas sie vollkommen verstehen. Śaṅkara war kein solcher Narr, daß er Kṛṣṇa, den Sohn Devakīs und Vasudevas, für einen gewöhnlichen Menschen gehalten und Ihm gleichzeitig voller Hingabe seine Ehrerbietung dargebracht hätte. Laut *Bhagavad-gītā* kann man nur dann Befreiung erlangen und einen spirituellen Körper erhalten, der dem Kṛṣṇas gleicht, wenn man die transzendentale Geburt und die transzendentalen Taten Kṛṣṇas kennt. Es gibt fünf verschiedene Arten von Befreiung. Jemand, der in die spirituelle Aura Kṛṣṇas eingeht, in die sogenannte unpersönliche Brahman-Ausstrahlung, entwickelt seinen spirituellen Körper nicht vollständig. Wer aber sein spirituelles Dasein zur vollen Entfaltung bringt, wird ein Gefährte Nārāyaṇas oder Kṛṣṇas in der spirituellen Welt. Wer in das Reich Nārāyaṇas gelangt, bekommt eine spirituelle Gestalt, die der vierhändigen Gestalt Nārāyaṇas gleicht, und wer in das höchste spirituelle Reich – das Reich Kṛṣṇas, Goloka Vṛndāvana – eingeht, erlangt eine zweihändige spirituelle Gestalt, die der Kṛṣṇas gleicht. Als eine Inkarnation Śivas ist sich Śaṅkara all dieser spirituellen Dimensionen bewußt, doch offenbarte er sie seinen buddhistisch gesinnten Anhängern nicht, da die spirituelle Welt ihr Vorstellungsvermögen überstiegen hätte. Buddha predigte, das Endziel sei das Nichts. Wie hätten also seine Anhänger spirituelle Vielfalt verstehen können? Śaṅkara erklärte deshalb: *brahma satyaṁ jagan mithyā* – „Materielle Vielfalt ist nur Schein, spirituelle Vielfalt ist

Wirklichkeit". Im *Padma Purāṇa* findet sich Śivas Eingeständnis, daß er den Auftrag hatte, im Kali-yuga die Philosophie *māyās*, der Illusion, als eine Abart von Buddhas Philosophie der „Leere" zu predigen. Dies hatte ganz bestimmte Gründe, und er handelte auf Geheiß des Herrn. Er offenbarte jedoch seine wahren Gedanken, indem er den Menschen empfahl, Kṛṣṇa zu verehren, denn niemand kann allein durch gedankliche Spekulation in Form von Wortspielereien und grammatikalischen Spitzfindigkeiten gerettet werden. Śaṅkarācāryas Unterweisung lautete:

bhaja govindaṁ bhaja govindaṁ
bhaja govindaṁ mūḍha-mate
samprāpte sannihite kāle
na hi na hi rakṣati ḍukṛñ-karaṇe

„Ihr intellektuellen Narren, verehrt einfach Govinda, verehrt einfach Govinda, verehrt einfach Govinda! Eure Grammatikkenntnisse und Wortspielereien werden euch in der Stunde des Todes nicht retten."

Vers 6

In diesem furchterregenden Fluß,
Dem Schlachtfeld von Kurukṣetra,
Den die Pāṇḍavas siegreich überquerten,
Waren Bhīṣma und Droṇa die steilen Ufer,
Jayadratha des Flusses Wasser,
Der König von Gāndhāra die blauen Seerosen,
Śalya der Hai, Kṛpa die Strömung,
Karṇa die mächtigen Wogen,
Aśvatthāmā und Vikarṇa
Die schrecklichen Alligatoren
Und Duryodhana der starke Strudel –
Aber Du, o Kṛṣṇa, warst der Fährmann!

VERS 7

Möge der makellose Lotos des *Mahābhārata*,
Der auf den Wassern der Worte Vyāsas wächst
Und von dem die *Bhagavad-gītā*
Wie unwiderstehlich süßer Duft ausströmt,
Dessen Heldengeschichten
Blütenblättern gleichen –
Vollentfaltet durch die Worte Śrī Haris,
Der die Sünden des Kali-yuga zerstört –
Und an dem sich nektarsuchende Seelen laben,
Wie zahllose freudig schwärmende Bienen:
Möge dieser Lotos des *Mahābhārata*
Uns den höchsten Segen spenden!

VERS 8

Gepriesen sei Śrī Kṛṣṇa,
Die Verkörperung höchster Glückseligkeit,
Durch dessen Gnade und Mitleid
Stumme beredsam werden
Und Lahme Berge erklimmen –
Ihn preise ich!

ERLÄUTERUNG

Die törichten Anhänger ebenso törichter spekulierender Philosophen sehen keinen Sinn darin, Śrī Kṛṣṇa, der Verkörperung aller Glückseligkeit, Respekt zu bezeigen. Śaṅkara selbst verfaßte seine Lobgesänge auf Śrī Kṛṣṇa, damit einige seiner intelligenten Anhänger durch das Beispiel ihres großen Meisters dazu angeregt würden, die Dinge im richtigen Licht zu sehen. Trotzdem weigern sich viele starrsinnige Anhänger Śaṅkaras, Śrī Kṛṣṇa zu verehren, und führen statt dessen unschuldige Menschen in die Irre. Durch ihre Kommentare bringen sie materialistisches Gedankengut in die *Bhagavad-gītā* und verwirren die unschuldigen Leser, die damit der Möglichkeit beraubt werden, durch die Verherrlichung Śrī Kṛṣṇas, der Ursache aller Ursachen, Segen zu empfangen. Man kann der Menschheit keinen schlechteren Dienst erweisen, als den Sinn der *Gītā* so zu verdrehen, daß die Wissenschaft von Kṛṣṇa, das Kṛṣṇa-Bewußtsein, in Dunkelheit gehüllt wird.

Vers 9

Gepriesen sei Er, der Quell höchsten Lichts,
Den der Schöpfer Brahmā, den Varuṇa,
Indra, Rudra, Marut und alle göttlichen Wesen
Mit Hymnen lobpreisen,
Dessen Pracht und Herrlichkeit besungen wird
In den Versen der Veden,
Den die Sänger des *Sāma* besingen
Und dessen Ruhm die *Upaniṣaden*
Laut im Chor verkünden,
Den die *yogīs* sehen,
Vertieft in vollkommener Meditation,
Und dessen Grenzen die Scharen
Der Götter und Dämonen nicht kennen.
Heil Ihm, dem Höchsten Gott, Kṛṣṇa!
Ihn preisen wir! Ihn preisen wir! Ihn preisen wir!

ERLÄUTERUNG

Im neunten Vers seiner Meditation, einem Zitat aus dem *Śrīmad-Bhāgavatam*, deutet Śaṅkara an, daß jeder, auch er selbst, Kṛṣṇa verehren sollte. Er appelliert an die Materialisten, Unpersönlichkeitsphilosophen, spekulierenden Denker, Philosophen der „Leere" und alle anderen, denen die Bestrafung durch materielle Leiden bevorsteht: „Verherrlicht einfach Kṛṣṇa, der von Brahmā, Śiva, Varuṇa, Indra und allen anderen Halbgöttern verehrt wird!" Den Namen Viṣṇus erwähnt er jedoch nicht, denn Viṣṇu und Kṛṣṇa sind miteinander identisch. Sinn und Zweck der Veden und der *Upaniṣaden* ist es, dem Leser verstehen zu helfen, wie man sich Kṛṣṇa ergibt. Die *yogīs* versuchen, Ihn durch Meditation mit ihrem geistigen Auge zu schauen. Śaṅkara verkündet seine Lehren zum Wohl aller Halbgötter und Dämonen, die sich des höchsten Ziels nicht bewußt sind, und er rät besonders den Dämonen und Narren, seinem Beispiel zu folgen und Kṛṣṇa sowie Seinen Worten, der *Bhagavad-gītā*, Respekt zu bezeigen. Nur so wird den Dämonen geholfen sein, nicht dadurch, daß sie ihre unschuldigen Anhänger durch philosophische Spekulation oder sogenannte Meditation irreführen. Śaṅkara bringt seinen Lobpreis direkt Kṛṣṇa dar, geradeso als ob er den Narren, die nach Licht suchen, zeigen wollte: Hier ist ein Licht so hell wie die Sonne. Die tief gesunkenen Dämonen sind jedoch wie Eulen, die ihre Augen nicht öffnen wollen, weil sie das Sonnenlicht scheuen. Diese Eulen werden niemals ihre Augen aufmachen, um das erhabene Licht Kṛṣṇas und Seiner Worte in der *Bhagavad-gītā* zu sehen; aber dennoch werden sie mit ihren geschlossenen Eulenaugen Kommentare zur *Bhagavad-gītā* schreiben, um ihre unglückseligen Leser und Anhänger irrezuleiten. Śaṅkara aber enthüllt seinen uneinsichtigen Anhängern dieses Licht und zeigt ihnen, daß die *Bhagavad-gītā* und Kṛṣṇa die einzige Quelle des Lichts sind. Dies alles soll die aufrichtigen Wahrheitssucher dazu bewegen, Śrī Kṛṣṇa zu lobpreisen und sich Ihm ohne Vorbehalt zu ergeben. Das ist die höchste Vollkommenheit des Lebens, und das ist die höchste Unterweisung Śaṅkaras, des großen Gelehrten, der die buddhistische Philosophie der Leere aus Indien, dem Land des Wissens, vertrieb. *Oṁ tat sat.*

Kṛṣṇa-Bewußtsein: Hindu-Kult oder göttliche Kultur?

Es kommt vor, daß Inder, sowohl in Indien als auch außerhalb Indiens, denken, wir würden Hinduismus predigen, aber dem ist nicht so... Wer glaubt, wir predigen eine sektiererische Religion, der irrt sich. Nein, wir predigen einfach, wie man Gott lieben kann... Wir predigen nicht den sogenannten Hinduismus, vielmehr bieten wir eine spirituelle Kultur an, die alle Probleme des Lebens zu lösen vermag. Deshalb findet das Kṛṣṇa-Bewußtsein auf der ganzen Welt Anklang.

Häufig begegnet man der falschen Vorstellung, die Bewegung für Kṛṣṇa-Bewußtsein repräsentiere den Hinduismus. Kṛṣṇa-Bewußtsein ist jedoch auf keinen Fall eine Glaubensrichtung oder eine Religion, die versucht, andere Glaubensrichtungen oder Religionen zu bekämpfen. Es ist vielmehr eine bedeutende kulturelle Bewegung zum Nutzen der gesamten Menschheit und vertritt als solche keinen besonderen, nur für eine kleine Minderheit gültigen Glauben. Das Ziel dieser Bewegung ist es, alle Menschen zu lehren, wie sie Gott lieben können.

Es kommt vor, daß Inder, sowohl in Indien als auch außerhalb Indiens, denken, wir würden Hinduismus predigen, aber dem ist nicht so. Das Wort „Hindu" ist nirgendwo in der *Bhagavad-gītā* zu finden, ja es wird nirgends in der gesamten vedischen Literatur erwähnt. Der Begriff „Hindu" wurde von Mohammedanern geprägt, die in Nachbarländern Indiens wie Afghanistan, Belutschistan und Persien lebten. Die Nordwestgrenze Indiens bildet ein Fluß, der Sindhu . Da aber die Moslems das Wort „Sindhu" nicht richtig aussprechen konnten, nannten sie den Fluß statt dessen „Hindu", und den Bewohnern des Landes am jenseitigen Ufer des Flusses gaben sie den Namen „Hindus". Die Inder bezeichnen die Europäer in der vedischen Sprache als *mlecchas* oder *yavanas*. In ähnlicher Weise haben die Mohammedaner die Bezeichnung „Hindus" für die Inder eingeführt.

Indiens eigentliche Kultur wird in der *Bhagavad-gītā* beschrieben, wo es heißt, daß es gemäß den verschiedenen Eigenschaften oder Erscheinungsweisen der Natur verschiedene Menschen gibt, die man im allgemeinen in vier soziale und vier spirituelle Klassen unterteilt. Dieses System sozialer und spiritueller Unterteilungen nennt man *varṇāśrama-dharma*. Die vier *varṇas* (soziale Schichten) sind die *brāhmaṇas, kṣatriyas, vaiśyas und śūdras*. Zu den vier *āśramas* (spirituelle Lebensstufen) zählen *brahmacarya, gṛhastha, vānaprastha* und *sannyāsa*. Das *varṇāśrama*-System wird in der vedischen Literatur, vor allem in den *Purāṇas*, beschrieben. Diese Einrichtung der vedischen Kultur hatte es zum Ziel, jeden Menschen im Wissen über Kṛṣṇa, über Gott, zu unterrichten. Darin bestand der Sinn und Zweck der vedischen Zivilisation.

Śrī Caitanya Mahāprabhu fragte einmal den großen Gottgeweihten Rāmānanda Rāya: „Was ist die Grundlage menschlicher Zivilisation?" Rāmānanda Rāya antwortete, daß zivilisiertes menschliches Leben erst dann beginnt, wenn der Mensch dem *varṇāśrama-dharma*-System folgt. Ohne *varṇāśrama-dharma* kann von menschlicher Zivilisation keine Rede sein. Deshalb bemüht sich die Bewegung für Kṛṣṇa-Bewußtsein, dieses ideale Gesellschaftssystem einzuführen, das man Kṛṣṇa-Bewußtsein oder auch *daiva-varṇāśrama* (göttliche Kultur) nennt.

Heute folgt man in Indien nur noch einer pervertierten Form des *varṇāśrama*-Systems, und so kommt es, daß manche Leute allein aufgrund ihrer Abstammung aus einer *brāhmaṇa*-Familie (der höchsten

Gesellschaftsklasse) als *brāhmaṇas* anerkannt werden wollen. Aber dieser Anspruch wird von der *śāstra*, den Schriften, nicht bestätigt. Auch wenn die Vorfahren ihrem *gotra* (Familienstammbaum) nach *brāhmaṇas* gewesen sind, richtet sich wahres *varṇāśrama-dharma* immer nach den Eigenschaften, die eine Person tatsächlich besitzt, und nicht nach ihrer Herkunft oder Erbfolge. Deshalb predigen wir nicht das System, das die Hindus heute praktizieren, und vor allem distanzieren wir uns von all denjenigen, die von Śaṅkarācārya beeinflußt sind. Śaṅkarācārya nämlich verleugnete indirekt die Existenz Gottes, indem er lehrte, daß die Absolute Wahrheit unpersönlich sei.

Śaṅkarācārya kam mit einer besonderen Mission: Er erschien, um den Buddhismus zurückzudrängen und den Einfluß der vedischen Kultur wiederherzustellen. Unter der Schirmherrschaft Kaiser Aśokas hatte sich der Buddhismus vor 2600 Jahren praktisch über ganz Indien verbreitet. Wie wir aus der vedischen Literatur erfahren, war Buddha eine Inkarnation Kṛṣṇas, die mit einer besonderen Vollmacht ausgestattet war und eine besondere Aufgabe zu erfüllen hatte. Seine Glaubenslehren wurde in weiten Teilen Indiens angenommen, aber Buddha lehnte die Veden als Autorität ab. Die Verbreitung des Buddhismus führte dazu, daß die vedische Kultur aus Indien und auch aus anderen Ländern verschwand. Da es Śaṅkarācāryas einziges Ziel war, Buddhas Lehren aus Indien zu verbannen, führte er eine Philosophie ein, das man als Māyāvāda bezeichnet.

Strenggenommen ist die Māyāvāda-Philosophie atheistisch, denn man stellt sich dabei nur vor, daß es Gott gibt. Die Māyāvāda-Philosophie existiert schon seit unvordenklichen Zeiten. Die gegenwärtige Religion und Kultur Indiens basiert auf der Māyāvāda-Philosophie Śaṅkarācāryas, die einen Kompromiß mit der buddhistischen Philosophie darstellt. Der Māyāvāda-Philosophie zufolge gibt es letztendlich keinen Gott; existiert Er doch, so ist Er unpersönlich und alldurchdringend, und man kann Ihn sich daher in einer x-beliebigen Form vorstellen. Doch diese Schlußfolgerung findet keinen Rückhalt in der vedischen Literatur. Die vedischen Schriften beschreiben eine

Vielzahl von Halbgöttern, die man für verschiedene Zwecke verehren kann, aber immer wird der Persönliche Gott, Viṣṇu, als der höchste Herrscher anerkannt. Das ist die wahre vedische Kultur.

Die Philosophie des Kṛṣṇa-Bewußtseins bestreitet weder die Existenz Gottes noch die der Halbgötter, doch die Māyāvāda-Philosophie verneint beides. Sie lehrt, daß weder die Halbgötter noch Gott existieren. Für die Māyāvādīs existiert letzten Endes überhaupt nichts. Sie sagen, man könne sich jede beliebige höhere Wesenheit vorstellen, wie Viṣṇu, Durgā, Śiva oder den Sonnengott, also die Götter, die im allgemeinen in Indien verehrt werden. Doch die Māyāvāda-Philosophen erkennen die Existenz dieser Halbgötter nicht wirklich an. Sie erklären, man dürfe sich diese Götter vorstellen, weil es einem nicht möglich sei, seinen Geist auf das unpersönliche Brahman zu konzentrieren. Dieses System, das man *pañcopāsanā* nennt, wurde von Śaṅkarācārya neu eingeführt, doch wird es von der *Bhagavad-gītā* nicht bestätigt und ist deshalb nicht maßgebend.

Laut *Bhagavad-gītā* gibt es die Halbgötter wirklich, und wir finden auch Beschreibungen über sie in den Veden. Ihre Existenz läßt sich also nicht leugnen, doch sollten sie nicht so verstanden und verehrt werden, wie es Śaṅkarācārya lehrte. Die Verehrung der Halbgötter wird in der *Bhagavad-gītā* verurteilt. Die *Gītā* (7.20) erklärt eindeutig:

kāmais tais tair hṛta-jñānāḥ
prapadyante 'nya-devatāḥ
taṁ taṁ niyamam āsthāya
prakṛtyā niyatāḥ svayā

„Menschen, deren Geist durch materielle Wünsche verwirrt ist, ergeben sich Halbgöttern und folgen, jeder seiner eigenen Natur entsprechend, bestimmten Regeln und Vorschriften der Verehrung."

Śrī Kṛṣṇa sagt in der *Bhagavad-gītā* (2.44) weiter:

bhogaiśvarya-prasaktānāṁ
tayāpahṛta-cetasām

vyavasāyātmikā buddhiḥ
samādhau na vidhīyate

„Im Geist derer, die zu sehr an Sinnengenuß und materiellem Reichtum hängen und die durch solche Dinge verwirrt sind, kommt es nicht zum festen Entschluß, dem Höchsten Herrn in Hingabe zu dienen." Menschen, die sich an die Halbgötter wenden, werden als *hṛta-jñānāḥ* bezeichnet – „ihrer Vernunft beraubt". Darauf geht die *Bhagavad-gītā* (7.23) noch genauer ein:

antavat tu phalaṁ teṣāṁ
tad bhavaty alpa-medhasām
devān deva-yajo yānti
mad-bhaktā yānti mām api

„Menschen mit geringer Intelligenz verehren die Halbgötter, und die Früchte, die sie ernten, sind begrenzt und vergänglich. Die Verehrer der Halbgötter gelangen auf die Planeten der Halbgötter, doch Meine Geweihten kommen in Mein höchstes Reich."

Die Segnungen der Halbgötter sind vergänglich, denn materielle Dinge kann man nur in Verbindung mit dem vergänglichen materiellen Körper genießen. Materielle Annehmlichkeiten, seien sie einem durch moderne wissenschaftliche Methoden oder durch die Gunst der Halbgötter zuteil geworden, werden mit dem Ableben des Körpers ihr Ende finden. Spiritueller Fortschritt aber wird niemals aufhören.

Wer glaubt, wir predigten eine sektiererische Religion, der irrt sich. Wir predigen einfach, wie man Gott lieben kann. Es gibt viele Theorien über Gott. Der Atheist zum Beispiel wird niemals an Gott glauben. Atheisten wie der Nobelpreisträger Professor Jacques Monod erklären, alles sei Zufall (eine Theorie, die in Indien schon vor langer Zeit vertreten wurde, etwa von dem atheistischen Philosophen Cārvāka). Andere Denker, wie die *karma-mīmāṁsā*-Philosophen, glauben, daß gute und ehrliche Arbeit automatisch Früchte tragen wird, ohne daß man sich an Gott zu wenden braucht. Die Vertreter solcher Theorien rechtfertigen ihre Überzeugung mit dem Argument, daß ein Kranker geheilt wird, wenn er nur das richtige Medikament einnimmt. Unser Gegenargument lautet aber, daß ein Patient mitunter trotzdem stirbt, auch wenn er die beste Arznei verabreicht bekommt. Das Ergebnis ist nicht immer vorhersehbar. Das weist auf die Existenz einer höheren Autorität, *daiva-netreṇa*, eines Weltenlenkers, hin. Wie ist es sonst zu erklären, daß der Sohn eines reichen und frommen Mannes zu einem Hippie auf der Straße wird oder daß jemand, der sich im Schweiße seines Angesichts ein Vermögen erarbeitet hat, von seinem Arzt gesagt bekommt: „Jetzt dürfen Sie keine feste Nahrung mehr zu sich nehmen, sondern nur noch Haferschleim essen."?

Nach der *karma-mīmāṁsā*-Theorie bewegt sich die Welt, ohne daß letztlich die Hand Gottes dahintersteht. Solche Philosophien behaupten, die Triebfeder aller Handlungen sei Lust (*kāma-haitukam*). Aufgrund von Lust fühlt sich ein Mann zu einer Frau hingezogen; und wenn sich gerade die Gelegenheit bietet, kommt es zum Geschlechtsverkehr, und die Frau wird schwanger. Die Schwangerschaft war eigentlich nicht geplant, doch tritt sie als natürliche Folge der geschlechtlichen Vereinigung von Mann und Frau ein. Die atheistische Theorie, die im Sechzehnten Kapitel der *Bhagavad-gītā* als asurisch (dämonisch) bezeichnet wird, besagt, daß im Grunde alles auf diese Weise geschieht, nämlich durch Zufall und spontane Anziehung. Dieser dämonischen Denkweise nach ist auch der Gebrauch von Verhütungsmitteln gerechtfertigt.

In Wahrheit aber verbirgt sich hinter allem ein großer Plan – der vedische Plan. Die vedischen Schriften geben uns Richtlinien für die geschlechtliche Vereinigung von Mann und Frau, für die Zeugung von Kindern und den eigentlichen Zweck des Geschlechtslebens. Kṛṣṇa sagt in der *Bhagavad-gītā*, daß Geschlechtsverkehr, der im Einklang mit den vedischen Vorschriften steht, erlaubt ist und von Ihm gutgeheißen wird. Doch wahlloser Geschlechtsverkehr ist unzulässig. Wenn man aus einer spontanen Anwandlung sexueller Erregung Kinder zeugt, werden diese als *varṇa-saṅkara*, unerwünschte Bevölkerung, bezeichnet. So leben die niederen Tiere, aber dieses Verhalten ist unter der Würde des Menschen. Für den Menschen gibt es einen höheren Plan. Die Theorie, daß das menschliche Leben planlos verläuft und daß alles aus Zufall und materieller Notwendigkeit entsteht, erkennen wir nicht an.

Auch Śaṅkarācāryas Theorie, es gäbe keinen Gott, doch um Frieden und Ordnung in der Gesellschaft aufrechtzuerhalten, könne man einfach so weitermachen wie zuvor und sich eine beliebige Form Gottes vorstellen, beruht mehr oder minder auf dieser Vorstellung von Zufall und Notwendigkeit. Unser Weg jedoch ist völlig konträr, und er stützt sich auf die richtige Autorität. Kṛṣṇa empfiehlt das göttliche *varṇāśrama-dharma*, nicht das Kastensystem, wie es heute gehandhabt wird. Dieses moderne Kastensystem wird heute auch in Indien verurteilt, und zwar zu Recht, denn die Klassifizierung verschiedener Arten von Menschen nach ihrer Herkunft entspricht nicht dem gottgewollten, vedischen Kastensystem.

Es gibt die verschiedensten Berufsgruppen in der Gesellschaft: Manche Leute sind Ingenieure, andere Ärzte, Apotheker, Händler oder Unternehmer. Das Kriterium für die Zugehörigkeit zu einem dieser Berufe ist jedoch nicht die Geburt in einer bestimmten Familie, sondern die Qualifikation. Ein System, das die Kastenzugehörigkeit nach der Geburt festlegt, wird nirgendwo in den vedischen Schriften gebilligt, und wir befürworten es in keiner Weise. Wir haben nichts mit dem Kastensystem zu tun, das heute auch von der indischen Öffentlichkeit abgelehnt wird. Im Gegenteil, wir geben jedem die Möglichkeit, ein *brāhmaṇa* zu werden und so die höchste Stufe des Lebens zu erreichen.

Weil es zur Zeit an qualifizierten *brāhmaṇas* (spirituellen Vorbildern) und *kṣatriyas* (in der Staatsverwaltung tätigen Menschen) mangelt und weil die ganze Welt von *śūdras* (Arbeitern) regiert wird, gibt es in der

Gesellschaft eine Vielzahl von Problemen. Um in dieser Situation für Abhilfe zu sorgen, haben wir die Bewegung für Kṛṣṇa-Bewußtsein ins Leben gerufen. Wenn die *brāhmaṇa*-Klasse tatsächlich wieder etabliert ist, wird das Wohl der anderen Gesellschaftsschichten von selbst folgen, ebenso wie ein gut funktionierendes Gehirn gewährleistet, daß die anderen Teile des Körpers, wie die Arme, der Magen und die Beine, alle harmonisch zusammenarbeiten.

Das wichtigste Ziel unserer Bewegung ist es, die Menschen darin zu schulen, wie sie Gott lieben können. Auch Caitanya Mahāprabhu lehrte, daß die höchste Vollkommenheit des menschlichen Lebens darin besteht, Liebe zu Gott zu entwickeln. Die Bewegung für Kṛṣṇa-Bewußtsein hat mit dem Hinduismus oder irgendeiner anderen Glaubenslehre nichts zu tun. Kein Christ, der gesellschaftliches Ansehen genießt, wird daran interessiert sein, von seinem christlichen Glauben zum Hinduismus überzutreten, ebensowenig wie ein angesehener Hindu bereit sein wird, zum Christentum überzutreten. Die Religion wechseln in der Regel nur Menschen, die keinen Rang und Namen in der Gesellschaft haben, aber jeder ist an der Philosophie und Wissenschaft von Gott interessiert. Wir predigen nicht den sogenannten Hinduismus, vielmehr bieten wir eine spirituelle Kultur an, die alle Probleme des Lebens zu lösen vermag. Deshalb findet das Kṛṣṇa-Bewußtsein auf der ganzen Welt Anklang.

Kṛṣṇa und Christus

Kṛṣṇa oder Christus – der Name ist der gleiche

Im Juni 1974 unternehmen Śrīla Prabhupāda und einige seiner Schüler mit Pater Emmanuel Jungclaussen, einem Benediktiner-Mönch aus dem Kloster Niederalteich, einen Morgenspaziergang in der Nähe des ISKCON-Zentrums bei Frankfurt am Main. Als Pater Emmanuel Śrīla Prabhupādas rosenkranzähnliche Meditationskette aus Holzperlen bemerkt, erklärt er, daß er ebenfalls ein ständiges Gebet spricht: „Herr Jesus Christus, erbarme Dich meiner!" Es entwickelt sich das folgende Gespräch:

Śrīla Prabhupāda: Was bedeutet das Wort „Christus"?
Pater Emmanuel: „Christus" leitet sich von dem griechischen Wort „Christos", „der Gesalbte", her.
Śrīla Prabhupāda: „Christos" ist die griechische Version des Wortes „Kṛṣṇa".
Pater Emmanuel: Das ist sehr interessant.
Śrīla Prabhupāda: Wenn man in Indien Kṛṣṇa anruft, sagt man häufig: „Kṛṣṭa"! Das Sanskritwort „Kṛṣṭa" bedeutet „Anziehung". Sprechen wir also Gott als „Christus", „Kṛṣṭa" oder „Kṛṣṇa" an, meinen wir damit immer denselben allanziehenden Höchsten Herrn. Als Jesus sagte: „Vater unser im Himmel, geheiligt werde Dein Name!", war dieser Name Gottes „Kṛṣṭa" oder „Kṛṣṇa". Sehen Sie das auch so?
Pater Emmanuel: Ich glaube, Jesus hat uns als Sohn Gottes den wahren Namen Gottes offenbart: Christus. Wir können Gott „Vater"

nennen, doch wenn wir Gott mit Seinem eigentlichen Namen anrufen wollen, müssen wir „Christus“ sagen.
Śrīla Prabhupāda: Ja. „Christus“ ist lediglich eine Abwandlung von „Kṛṣṭa“, und „Kṛṣṭa“ ist nur eine andere Ausspracheform von „Kṛṣṇa“, dem Namen Gottes. Jesus hat gesagt, daß man den Namen Gottes lobpreisen soll; gestern jedoch behauptete ein Theologe, Gott habe keinen Namen und man dürfe Ihn nur Vater nennen. Der Sohn ruft seinen Vater zwar „Vater“, doch der Vater hat auch einen Namen. Ähnlich ist „Gott“ zwar der allgemeine Name des Höchsten Herrn, aber Er hat auch einen bestimmten Namen, nämlich „Kṛṣṇa“. Letztlich wenden Sie sich also an denselben Gott, ob Sie Ihn nun „Christus“, „Kṛṣṭa“ oder „Kṛṣṇa“ nennen.
Pater Emmanuel: Ja, wenn wir von Gottes eigentlichem Namen sprechen, müssen wir „Christos“ sagen. In unserer Religion glauben wir an die Dreifaltigkeit von Vater, Sohn und Heiligem Geist. Wir kennen den Namen Gottes nur durch Offenbarung, durch die Offenbarung des Sohnes Gottes. Jesus Christus offenbarte den Namen des Vaters, und deshalb betrachten wir „Christus“ als den offenbarten Namen Gottes.
Śrīla Prabhupāda: Ob „Kṛṣṇa“ oder „Christus“ spielt im Grunde keine Rolle, der Name ist der gleiche. Die Hauptsache ist, daß man die Anweisung der vedischen Schriften beherzigt. Diese empfehlen uns, in diesem Zeitalter den Namen Gottes anzurufen. Wir chanten einfach den *mahā-mantra*: Hare Kṛṣṇa, Hare Kṛṣṇa, Kṛṣṇa Kṛṣṇa, Hare Hare / Hare Rāma, Hare Rāma, Rāma Rāma, Hare Hare. „Rāma“ und „Kṛṣṇa“ sind Namen Gottes, und „Hare“ bezieht sich auf die Energie Gottes. Wenn wir den *mahā-mantra* sprechen, rufen wir also Gott zusammen mit Seiner Energie an. Gott hat zwei Energien, die spirituelle und die materielle Energie. Derzeit sind wir Sklaven der materiellen Energie. Deshalb beten wir zu Kṛṣṇa, Er möge so gütig sein, uns aus der Gewalt der materiellen Energie zu befreien und in den Dienst der spirituellen Energie zu stellen. Das ist unsere ganze Philosophie.

„Hare Kṛṣṇa" bedeutet: „O Energie Gottes, o Kṛṣṇa (Gott), bitte laßt mich Euch dienen!" Es entspricht unserer Natur, zu dienen. Irgendwie sind wir zu Dienern der materiellen Energie geworden, doch wenn wir statt dessen beginnen, der spirituellen Energie zu dienen, wird unser Leben vollkommen. Wer *bhakti-yoga* [hingebungsvoller Dienst] praktiziert, hört auf, sich als Hindu, Moslem, Christ oder was auch immer zu sehen, und dient einfach nur noch Gott. Wir haben Religionen geschaffen wie das Christentum, den Hinduismus und den Islam, aber erst wenn wir eine Religion zu praktizieren beginnen, in der äußere Bezeichnungen unwichtig sind, in der wir uns weder als Hindu noch als Christ, noch als Moslem verstehen, können wir von reiner Religion, von *bhakti* sprechen.

Pater Emmanuel: M*ukti*?

Śrīla Prabhupāda: Nein, *bhakti*. Wenn wir von *bhakti* sprechen, ist *mukti* [Befreiung vom Leid der materiellen Welt] mit inbegriffen. Ohne *bhakti* gibt es keine *mukti*; wer sich auf der Ebene von *bhakti* befindet, hat *mukti* bereits erreicht. Das erfahren wir aus der B*hagavad-gītā* [14.26]:

māṁ ca yo 'vyabhicāreṇa
bhakti-yogena sevate
sa guṇān samatītyaitān
brahma-bhūyāya kalpate

„Wer sich uneingeschränkt im hingebungsvollen Dienst betätigt und unter keinen Umständen abweicht, überwindet sogleich die Erscheinungsweisen der materiellen Natur und erreicht die Ebene des Brahmans."

Pater Emmanuel: Ist Brahman Kṛṣṇa?

Śrīla Prabhupāda: Kṛṣṇa ist Parabrahman. Brahman wird in drei Aspekten erkannt: als unpersönliches Brahman, als lokalisiertes Brahman, das heißt als Paramātmā im Herzen, und als persönliches Brahman. Kṛṣṇa ist das persönliche, das Höchste Brahman; denn Gott ist letztendlich eine Person, wie im *Śrīmad-Bhāgavatam* [1.2.11] bestätigt wird:

vadanti tat tattva-vidas
tattvaṁ yaj-jñānam advayam
brahmeti paramātmeti
bhagavān iti śabdyate

„Gelehrte Transzendentalisten, die die Absolute Wahrheit kennen, bezeichnen diese nichtdualistische Wesenheit als Brahman, Paramātmā und Bhagavān." Der Aspekt der Höchsten Persönlichkeit [Bhagavān] ist die höchste Stufe der Gotteserkenntnis. Gott besitzt sechs Merkmale in vollendeter Fülle: Er ist der Stärkste, der Reichste, der Schönste, der Berühmteste, der Weiseste und der Entsagungsvollste.

Pater Emmanuel: Ja, ich gebe Ihnen recht.

Śrīla Prabhupāda: Weil Gott absolut ist, sind Sein Name, Seine Gestalt und Seine Eigenschaften ebenfalls absolut, und es besteht zwischen Ihm und Seinem Namen, Seiner Gestalt und Seinen Eigenschaften kein Unterschied. Seinen Heiligen Namen zu chanten bedeutet daher, mit Ihm persönlich verbunden zu sein. Durch die Gemeinschaft Gottes nimmt man göttliche Eigenschaften an, und wenn man auf diese Weise völlig geläutert ist, wird man zu einem Gefährten des Höchsten Herrn.

Pater Emmanuel: Aber unser Verständnis vom Namen Gottes ist begrenzt.

Śrīla Prabhupāda: Ja. Wir sind begrenzt, aber Gott ist unbegrenzt, und weil Er unbegrenzt und absolut ist, hat Er unbegrenzt viele Namen, und jeder dieser Namen ist tatsächlich Gott. Seine Namen können wir in dem Maße verstehen, wie unser spirituelles Verständnis entwickelt ist.

Pater Emmanuel: Erlauben Sie mir eine Frage: Auch wir Christen predigen Liebe zu Gott, und wir versuchen, Liebe zu Gott zu finden und Ihm mit ganzem Herzen und ganzer Seele zu dienen. Worin besteht nun der Unterschied zwischen Ihrem Glauben und dem unseren, und warum senden Sie Ihre Schüler in westliche Länder, um Liebe zu Gott zu predigen, wenn doch bereits das Evangelium Jesu Christi die gleiche Botschaft verkündet?

Śrīla Prabhupāda: Wenn Sie gestatten, möchte ich bemerken, daß die Christen die Gebote Gottes nicht befolgen. Geben Sie mir recht?

Pater Emmanuel: Ja. Auf viele trifft das zu.

Śrīla Prabhupāda: Welchen Wert hat es dann, wenn die Christen von Gottesliebe sprechen? Was ist das für eine Liebe, wenn wir den Anweisungen Gottes nicht Folge leisten? Deshalb sind wir hierhergekommen, um zu lehren, was Liebe zu Gott wirklich bedeutet. Wer Gott liebt, der wird sich Seinen Anweisungen nicht widersetzen, und wer Ihm nicht gehorcht, dessen Liebe ist nicht echt.

Pater Emmanuel: Bedeutet dies, daß das Christentum seine Bräuche ändern muß, oder braucht es nur zu seinen Ursprüngen zurückzukehren?

Śrīla Prabhupāda: Unsere Kritik richtet sich nicht allein gegen das Christentum. Überall auf der Welt lieben die Menschen nicht Gott [engl.: God], sondern ihren Hund [engl.: dog]. Die Bewegung für Kṛṣṇa-Bewußtsein ist daher notwendig, um die Menschen darin zu unterrichten, wie sie ihre vergessene Liebe zu Gott wiedererwecken können. Nicht nur den Christen, sondern auch den Hindus, Moslems und allen anderen ist ein Vorwurf zu machen. Sie bekennen sich offiziell zum Christentum, Hinduismus oder Islam, aber sie gehorchen Gott nicht. Das ist das Problem.

Besucher: Können Sie genau sagen, inwiefern die Christen nicht gehorsam sind?

Śrīla Prabhupāda: Ja. Vor allem brechen sie das Gebot „Du sollst nicht töten!", indem sie Schlachthöfe betreiben. Geben Sie mir recht?

Pater Emmanuel: Wenn Sie mich persönlich fragen, ja.

Śrīla Prabhupāda: Gut! Wenn die Christen Gott lieben wollen, müssen sie also aufhören, Tiere zu töten.

Pater Emmanuel: Aber ist es nicht am wichtigsten . . .
Śrīla Prabhupāda: Wenn Sie bei einer Rechnung in einem einzigen Punkt einen Fehler machen, ist Ihre ganze Rechnung falsch. Egal, was Sie dann addieren oder subtrahieren, der Fehler bleibt in der Rechnung, und alles, was sich darauf aufbaut, ist ebenfalls falsch. Wir können nicht einfach den Teil der Schriften, der uns angenehm ist, akzeptieren und den Teil, der uns nicht paßt, ablehnen und gleichzeitig erwarten, das richtige Ergebnis zu bekommen. Ich gebe Ihnen ein Beispiel: Das Huhn legt mit dem Hinterteil Eier und frißt mit dem Schnabel. Der Bauer überlegt nun: „Der vordere Teil ist kostspielig, da er gefüttert werden muß. Ich schneide ihn lieber ab." Wenn aber der Kopf fehlt, gibt es keine Eier mehr, denn der Körper ist tot. Genauso wird es uns nicht zum Ziel führen, wenn wir den schwierigen Teil der Schriften ablehnen und den uns angenehmen Teil annehmen. Wir müssen die Gebote der Schriften so nehmen, wie sie sind, und nicht nur die befolgen, die uns passen. Mit Auslegungen wird uns nicht geholfen sein. Wenn schon das Gebot „Du sollst nicht töten!" nicht befolgt wird – wie kann sich da Liebe zu Gott entfalten?
Besucher: Nach der christlichen Lehre bezieht sich dieses Gebot nur auf die Menschen, nicht auf die Tiere.
Śrīla Prabhupāda: Das würde bedeuten, daß Christus nicht intelligent genug war, das richtige Wort zu gebrauchen, nämlich „morden". Man unterscheidet zwischen „morden" und „töten". Von „Mord" spricht man nur im Zusammenhang mit Menschen. Glauben Sie, Jesus war zu ungebildet, um den richtigen Ausdruck – morden anstatt töten – zu wählen? „Töten" bedeutet generell „Leben zerstören", und das beinhaltet vor allem auch das Töten von Tieren. Hätte Jesus nur das Töten von Menschen gemeint, hätte er einfach das Wort „morden" gebraucht.
Pater Emmanuel: Aber im Alten Testament bezieht sich das Gebot „Du sollst nicht töten!" auf Mord. Wenn Jesus sagte: „Du sollst nicht töten!", dann war dies noch in einem weiteren Sinne zu verstehen: Der

Mensch soll nicht nur seinen Nächsten nicht töten, sondern ihn auch liebevoll behandeln. Jesus sprach nie über die Beziehung des Menschen zu anderen Lebewesen, sondern immer nur über die Beziehung der Menschen untereinander. Er meinte dieses „Du sollst nicht töten!" auch im geistigen und seelischen Bereich: Man sollte niemanden beleidigen, verletzen oder schlecht behandeln und so fort.

Śrīla Prabhupāda: Uns geht es nicht darum, was in diesem oder jenem Testament steht, sondern nur um den Wortlaut der Gebote. Wenn Sie diesen Wortlaut nach Ihrem Gutdünken auslegen wollen, ist das Ihre Sache. Wir verstehen es so, wie es dasteht. „Du sollst nicht töten!" heißt: Die Christen sollen nicht töten. Sie mögen ihre eigene Deutung haben, um die gegenwärtige Handlungsweise zu rechtfertigen und an ihr festzuhalten, aber für uns ist der Sinn des Gebotes ganz klar, und wir brauchen es daher nicht zu interpretieren. Eine Deutung ist nötig, wenn eine Aussage unklar ist. Aber hier ist der Sinn eindeutig. „Du sollst nicht töten!" ist ein klares Gebot. Warum sollen wir es auslegen?

Pater Emmanuel: Ist das Essen von Pflanzen kein Töten?

Śrīla Prabhupāda: Die Vaiṣṇava-Philosophie lehrt, daß wir nicht einmal Pflanzen unnötig töten sollen. In der *Bhagavad-gītā* (9.26) sagt Kṛṣṇa:

patraṁ puṣpaṁ phalaṁ toyaṁ
yo me bhaktyā prayacchati
tad ahaṁ bhakty-upahṛtam
aśnāmi prayatātmanaḥ

„Wenn jemand Mir mit Liebe und Hingabe ein Blatt, eine Blume, eine Frucht oder ein wenig Wasser opfert, werde Ich es annehmen." Wir opfern Kṛṣṇa nur die Speisen, die Er wünscht, und essen dann die Überreste. Wenn das Opfern vegetarischer Nahrung eine Sünde wäre, dann wäre es Kṛṣṇas Sünde, nicht unsere. Aber Gott ist *apāpaviddha* – Reaktionen auf Sünden gibt es für Ihn nicht. Er ist wie die

Sonne, die so mächtig ist, daß sie sogar Urin reinigen kann, wozu wir nicht in der Lage sind. Kṛṣṇa läßt sich auch mit einem König vergleichen, der einen Mörder hängen lassen kann, aber selbst keiner Bestrafung unterworfen ist, weil er so mächtig ist. Das Essen von Speisen, die zuvor dem Herrn dargebracht wurden, läßt sich mit einem Soldaten vergleichen, der während des Krieges tötet. Ein Soldat, der auf Befehl seines Vorgesetzten den Feind tötet, bekommt einen Orden. Wenn derselbe Soldat aber aus eigenem Antrieb jemanden tötet, wird er bestraft. Wenn wir also nur *prasāda* (Speisen, die erst Kṛṣṇa geweiht wurden) essen, begehen wir keine Sünde. Das wird in der *Bhagavad-gītā* (3.13) bestätigt:

yajña-śiṣṭāśinaḥ santo
mucyante sarva-kilbiṣaiḥ
bhuñjate te tv aghaṁ pāpā
ye pacanty ātma-kāraṇāt

„Die Geweihten des Herrn werden von allen Arten der Sünde befreit, da sie nur Nahrung essen, die zuvor als Opfer dargebracht wurde. Andere, die Speisen für ihren eigenen Sinnengenuß zubereiten, essen wahrlich nur Sünde."

Pater Emmanuel: Und Kṛṣṇa kann nicht die Erlaubnis geben, Tiere zu essen?

Śrīla Prabhupāda: Doch – im Reich der Tiere! Ein zivilisierter, religiöser Mensch jedoch tötet und ißt keine Tiere. Wenn Sie aufhören, Tiere zu töten, und den Heiligen Namen „Christus" chanten, ist alles in bester Ordnung. Ich bin nicht gekommen, um Sie zu belehren, sondern um Sie zu bitten, den Namen Gottes zu lobpreisen. Auch die Bibel fordert Sie dazu auf. Lassen Sie uns also zusammenarbeiten und gemeinsam chanten, und wenn Sie etwas dagegen haben, den Namen „Kṛṣṇa" zu chanten, dann chanten Sie einfach „Christus" oder „Kṛṣṭa" – es bleibt sich gleich. Śrī Caitanya Mahāprabhu sagte: *nāmnām akāri bahudhā nija-sarva-śaktiḥ* – „Gott hat Millionen und Abermillionen von

Namen, und jedem dieser Namen wohnt dieselbe Kraft inne wie Gott selbst, denn zwischen Gott und Seinem Namen besteht kein Unterschied." Wenn man den Namen Gottes lobpreist, erreicht man selbst dann die spirituelle Ebene, wenn man noch äußerlichen Bezeichnungen wie „Ich bin Hindu", „Ich bin Christ" oder „Ich bin Moslem" verhaftet ist. Dabei macht es keinen Unterschied, welcher Schrift dieser Name entnommen wurde. Wir predigen, daß das menschliche Leben dazu bestimmt ist, Gott zu erkennen und zu lernen, wie man Ihn lieben kann. Das ist die eigentliche Aufgabe des Menschen. Ob Sie diese Aufgabe als Hindu, Christ oder Moslem erfüllen, ist einerlei – aber erfüllen Sie sie!

Pater Emmanuel: Ich gebe Ihnen recht.

Śrīla Prabhupāda [*zeigt auf eine Meditationskette aus* 108 *Perlen*]: Wir haben immer diese Gebetskette bei uns, so wie Sie Ihren Rosenkranz haben. Sie chanten – warum also chanten nicht auch die anderen Christen? Warum sollen sie diese Gelegenheit verpassen? Katzen und Hunde können nicht chanten, wir aber haben eine menschliche Zunge bekommen. Wenn wir die Heiligen Namen Gottes chanten, können wir nichts dabei verlieren; im Gegenteil, wir werden immens davon profitieren. Meine Schüler üben sich darin, ständig Hare Kṛṣṇa zu chanten. Sie könnten auch ins Kino gehen und viele andere Dinge tun, doch verzichten sie auf all das. Sie essen weder Fleisch noch Fisch, noch Eier, sie konsumieren keinerlei Rauschmittel, sie trinken nicht, sie rauchen nicht, sie nehmen nicht an Glücksspielen teil, sie spekulieren nicht, und sie haben keine unerlaubten sexuellen Beziehungen – aber sie chanten die Heiligen Namen Gottes. Wenn Sie mit uns zusammenarbeiten wollen, dann gehen Sie in die Kirche und chanten Sie „Christus", „Kṛṣṭa" oder „Kṛṣṇa". Spricht irgend etwas dagegen?

Pater Emmanuel: Eigentlich nicht. Ich für meinen Teil...

Śrīla Prabhupāda: Aber wir sprechen mit Ihnen als einem Vertreter der christlichen Kirche. Viele Kirchen sind geschlossen. Warum geben Sie sie nicht uns? Wir würden darin rund um die Uhr den

Heiligen Namen Gottes lobpreisen. Vielerorts haben wir Kirchen gekauft, die vorher so gut wie geschlossen waren, weil niemand sie besuchte. Ich habe in London Dutzende von Kirchen gesehen, die leerstanden oder für weltliche Zwecke genutzt wurden. In Los Angeles haben wir eine dieser Kirchen gekauft. Sie wurde zum Verkauf angeboten, weil niemand mehr kam. Aber wenn Sie jetzt dieselbe Kirche besuchen, werden Sie Tausende von Menschen vorfinden. Jeder intelligente Mensch kann in fünf Minuten verstehen, was Gott ist – das dauert keine fünf Stunden.

Pater Emmanuel: Ja, ich verstehe.

Śrīla Prabhupāda: Aber die Leute wollen nicht verstehen. Das ist das Problem.

Besucher: Ich glaube, wenn man Gott verstehen will, dann ist das keine Frage von Intelligenz, sondern von Demut.

Śrīla Prabhupāda: Demut bedeutet Intelligenz. „Die Demütigen und Bescheidenen werden in das Himmelreich eingehen", heißt es in der Bibel, nicht wahr? Aber die heutzutage populär gewordene Philosophie betrügerischer Schurken lautet, daß jeder Gott sei. Deshalb ist niemand demütig und bescheiden. Wie kann man diese Eigenschaften haben, wenn man sich für Gott hält? Daher lehre ich meine Schüler Demut und Bescheidenheit. Im Tempel und in der Gegenwart des spirituellen Meisters bringen sie stets ihre demütige Ehrerbietung dar und machen so raschen Fortschritt. Demut und Bescheidenheit führen sie schnell zu spiritueller Erkenntnis. In den vedischen Schriften heißt es: „Jedem, der festen Glauben an Gott und an Seinen Stellvertreter, den spirituellen Meister, hat, wird die Bedeutung der vedischen Schriften offenbart."

Pater Emmanuel: Aber sollte man diese Demut nicht auch gegenüber allen anderen an den Tag legen?

Śrīla Prabhupāda: Ja, aber es gibt gewöhnlichen und besonderen Respekt. Śrī Caitanya Mahāprabhu hat uns angewiesen, uns selbst einer Person gegenüber respektvoll zu verhalten, die uns respektlos behandelt. Man sollte für sich selbst keine Ehre erwarten, allen anderen aber stets Ehre erweisen. Aber Gott und Seinen reinen Geweihten gebührt besonderer Respekt.

Pater Emmanuel: Da gebe ich Ihnen von ganzem Herzen recht.

Śrīla Prabhupāda: Ich finde, die christlichen Priester sollten mit der Bewegung für Kṛṣṇa-Bewußtsein zusammenarbeiten. Sie sollten den Namen „Christus" oder „Christos" chanten und aufhören, das Schlachten von Tieren zu dulden. Das ist ganz im Sinne der Bibel, es ist nicht meine eigene Philosophie. Bitte handeln Sie alle so, und Sie werden sehen, wie sich die Weltsituation verändert!

Pater Emmanuel: Haben Sie vielen Dank!

Śrīla Prabhupāda: Hare Kṛṣṇa!

Christus, Christen und Kṛṣṇa

Śrīla Prabhupāda bezeichnet Jesus Christus als „den Sohn Gottes, den Stellvertreter Gottes... unseren guru... unseren spirituellen Meister", doch hält er nicht mit seiner Kritik an denjenigen zurück, die sich heute nur dem Namen nach zu Jesus bekennen.

Das *Śrīmad-Bhāgavatam* erklärt, daß jeder echte Prediger des Gottesbewußtseins die Eigenschaften *titikṣā* (Duldsamkeit) und *karuṇā* (Mitleid) haben muß. Jesus Christus vereinte in seinem Charakter diese beiden Eigenschaften. Er war so duldsam, daß er sogar am Kreuz niemanden verurteilte. Und er hatte so großes Mitleid, daß er zu Gott betete, Er möge denen vergeben, die ihm nach dem Leben trachteten. (Natürlich waren sie nicht imstande, ihn wirklich zu töten, aber sie dachten, sie könnten es, und begingen somit eine schwere Sünde.) Als Christus gekreuzigt wurde, betete er: „O Herr, vergib ihnen, denn sie wissen nicht, was sie tun!"

Ein Prediger des Gottesbewußtseins ist allen Lebewesen wohlgesinnt. Jesus Christus ist ein gutes Beispiel hierfür, denn er lehrte: „Du sollst nicht töten!" Aber die Christen legen dieses Gebot gern falsch aus. Sie glauben, die Tiere hätten keine Seele und deshalb könnten sie ungehindert Milliarden von unschuldigen Tieren in ihren Schlachthöfen töten. Es gibt zwar viele, die von sich behaupten, sie seien Christen, aber einen zu finden, der sich streng an die Gebote Christi hält, ist sehr schwer.

Ein Vaiṣṇava ist unglücklich, wenn er andere leiden sieht. Jesus Christus ließ sich sogar kreuzigen, um andere von ihrem Leid zu befreien. Aber seine Anhänger sind dermaßen undankbar, daß sie denken: „Jesus soll für uns leiden, und wir sündigen weiter." Sie lieben ihn so sehr, daß sie denken: „Mein lieber Christus, wir sind so schwach. Wir können nicht aufhören zu sündigen. Bitte, leide daher du für uns!"

Jesus Christus lehrte: „Du sollst nicht töten!", aber seine Anhänger denken: „Wir wollen dennoch töten!" und eröffnen große, moderne Schlachthöfe. „Sollten wir uns irgendeiner Sünde schuldig machen, wird Christus für uns leiden." Das ist eine höchst niederträchtige Rechtfertigung.

Christus ist fähig, die Leiden für die früheren Sünden seiner Nachfolger auf sich zu nehmen. Aber zunächst einmal müssen sie zur Vernunft kommen: „Warum soll ich Jesus Christus für meine Sünden leiden lassen? Ich sollte aufhören zu sündigen!"

Angenommen, ein Mann begeht einen Mord. Er ist der Lieblingssohn seines Vater und denkt deshalb: „Sollte mir eine Strafe auferlegt werden, kann mein Vater sie für mich verbüßen." Wird das vom Gesetz zugelassen werden? Wenn der Mörder verhaftet wird und sagt: „Nein, nein, Sie können mich freilassen und meinen Vater verhaften; ich bin sein Lieblingssohn" – wird die Polizei der Bitte dieses Narren nachkommen? Er war es, der den Mord beging, und trotzdem denkt er, sein Vater solle die Strafe verbüßen! Ist das ein vernünftiger Vorschlag? „Nein, *Sie* haben den Mord begangen; *Sie* müssen hängen." Wenn wir also sündhafte Handlungen begehen, müssen wir leiden, nicht Jesus Christus. Das ist Gottes Gesetz.

Jesus Christus war eine so große Persönlichkeit – der Sohn Gottes, der Stellvertreter Gottes. Sein Charakter war makellos, und doch wurde er gekreuzigt. Er wollte den Menschen Gottesbewußtsein überbringen, doch als Dank dafür kreuzigten sie ihn – so undankbar waren sie. Sie wußten seine Botschaft nicht zu schätzen. Aber wir würdigen ihn und erweisen ihm als dem Stellvertreter Gottes alle Ehre.

Natürlich war die Botschaft, die Christus predigte, der damaligen Zeit und dem Land angepaßt und auf eine bestimmte Gruppe von Menschen zugeschnitten. Doch er ist ohne jeden Zweifel der Stellvertreter Gottes. Deshalb verehren wir Jesus Christus und bezeigen ihm unsere Ehrerbietung.

Einmal kam in Melbourne eine Gruppe christlicher Priester zu mir zu Besuch. Sie fragten mich: „Wie stehen Sie zu Jesus Christus?" Ich antwortete ihnen: „Er ist unser *guru*. Er predigte Gottesbewußtsein, und deshalb ist er unser spiritueller Meister." Das hat die Priester sehr beeindruckt.

Im Grunde genommen muß jeder, der Gottes Herrlichkeit predigt, als *guru* anerkannt werden. Jesus Christus ist eine dieser großen Persönlichkeiten. Wir sollten ihn nicht für einen gewöhnlichen Menschen halten. Die Schriften sagen, daß jeder, der den spirituellen Meister für einen gewöhnlichen Menschen hält, eine höllische Mentalität besitzt. Wäre Jesus Christus ein gewöhnlicher Mensch gewesen, hätte er nicht Gottesbewußtsein verbreiten können.

Yoga im Zeitalter des Streites

Mantrameditation – Läuterung des Herzens

Die meisten Menschen haben ein eher oberflächliches Verständnis von yoga und Meditation und sind überrascht, wenn sie erfahren, daß beides der Läuterung des Herzens dienen soll. „Das Herz", erklärt Śrīla Prabhupāda, „ist wie ein Spiegel oder eine Kamera... Genau wie eine Kamera alle möglichen Bilder aufnimmt, nimmt unser Herz Tag und Nacht Bilder auf und speichert sie im Unterbewußtsein. All diese Bilder bedecken unser Herz. Wir wissen nicht, wann dies begonnen hat, aber soviel steht fest: Unsere wahre Identität ist verhüllt, weil wir mit Materie in Berührung sind. Aus diesem Grund heißt es: ceto-darpaṇa-mārjanam – ‚man muß sein Herz reinigen.'" Und wie? – Das erklärt uns Śrīla Prabhupāda in folgendem Vortrag aus dem Jahre 1969 (Conway Hall, London).

Das Thema des heutigen Vortrags ist unsere Beziehung zu Gott. Selbsterkenntnis bedeutet, sich dieser Beziehung bewußt zu werden. Die *saṅkīrtana*-Bewegung ist der einfachste Weg zur Selbsterkenntnis, denn sie läutert das Herz. Wir haben ein falsches Bild von unserer eigenen Identität, weil der Spiegel unseres Geistes von Staub bedeckt ist. In einem verstaubten Spiegel kann man sich nicht richtig sehen, nur in einem sauberen Spiegel ist dies möglich. Meditation ist also eine Technik zur Reinigung des Herzens. Meditation ist der Versuch, seine Beziehung zum Höchsten zu erkennen.

Zu allem, womit wir in Berührung kommen, haben wir eine Beziehung. Meine Beziehung zu dem Kissen, auf dem ich sitze, besteht darin, daß ich darauf sitze und daß das Kissen mich trägt. Sie alle haben Beziehungen. Sie sind Engländer oder Inder und haben eine Beziehung zu Ihren Landsleuten, zu Ihrer Familie, zu Ihren Freunden. Was aber ist unsere Beziehung zu Gott?

Bei einer Umfrage würden Sie feststellen, daß nur sehr wenige Menschen imstande sind, ihre Beziehung zu Gott zu definieren. Sie würden Antworten zu hören bekommen wie: „Was habe ich mit Gott im Sinn?", „Gott ist tot", „Ich glaube nicht an Gott, und erst recht habe ich keine Beziehung zu Ihm." Die Menschen können Gott nicht erkennen, weil ihr Herz durch Vorstellungen dieser Art verunreinigt ist. Zu allem haben wir eine Beziehung – warum versuchen wir dann nicht auch, unsere Beziehung zu Gott zu verstehen? Allen Geschöpfen in der materiellen Welt wird durch die drei Erscheinungsweisen der materiellen Natur die Sicht verhüllt, und deshalb können sie Gott nicht erkennen. Sie können Gott nicht verstehen, und sie wollen Ihn auch nicht verstehen. Aber Gott ist Realität. In England ist es morgens neblig, und deswegen kann man die Sonne hinter der Nebelwand nicht erkennen. Aber heißt das, daß es keine Sonne gibt? Sie können sie nicht sehen, weil Ihnen die Sicht genommen ist. Doch wenn Sie in einen anderen Erdteil telegrafieren, wird man Ihnen von dort antworten: „Ja, die Sonne ist hier. Wir können sie sehen. Sie strahlt ganz hell." Wenn Sie also die Existenz Gottes abstreiten oder Ihre Beziehung zu Ihm nicht erkennen können, dann heißt das nicht, daß es keinen Gott gibt, sondern daß es Ihnen an Wissen mangelt. Der Fehler liegt bei uns, nicht bei der Sonne. Die Sonne kann nicht verhüllt werden – weder vom Nebel noch von den Wolken, noch vom Dunst. Die Sonne ist ungeheuer groß. Sie ist um vieles größer als die Erde. Und eine Wolkendecke kann sich höchstens über zehn, zwanzig oder hundert Meilen erstrecken. Wie sollen also die Wolken die Sonne verhüllen können? Das ist nicht möglich. Die Wolken verhüllen nicht die Sonne, sie verhüllen nur unsere Augen. Wenn ein Kaninchen einem Raubtier begegnet und sich nicht verteidigen kann, schließt es einfach seine Augen und denkt: „Der Feind ist weg." In ähnlicher Weise verhüllt uns die äußere Energie Gottes die Sicht, und wir denken: „Gott ist tot."

Die Energien des Höchsten Herrn lassen sich gemäß dem *Viṣṇu Purāṇa* in drei Kategorien einteilen. Auch in den *Upaniṣaden* werden die Energien des Höchsten Herrn beschrieben: *parāsya śaktir vivdhaiva śrūyate* [*Śvetāśvatara Upaniṣad* 6.8]. *Śakti* bedeutet „Energie". Der Herr hat zahllose Energien, aber Er selbst, so heißt es in den Veden, braucht nichts zu tun. Wir müssen arbeiten, sonst können wir nicht existieren. Wir müssen essen, und wir möchten uns verschiedene Dinge leisten, aber warum sollte Gott arbeiten? Das hat Er nicht nötig. Man mag fragen, wie Er dann dieses Universum erschaffen hat. War das keine Arbeit? – Nein. – Wie ist es dann entstanden? – Seine zahllosen Energien sind so mächtig, daß sie wie von selbst walten, und zwar nach einem intelligenten Plan. Eine Blume wächst und blüht und entfaltet systematisch eine farbige Vielfalt – auf der einen Seite einen kleinen Fleck und auf der anderen Seite ebenfalls, etwas Weiß auf dieser Seite und etwas Weiß auf der anderen. Der Schmetterling stellt eine ähnlich kunstvolle Symmetrie zur Schau. Hier war offensichtlich ein Künstler am Werk, doch Seine schaffende Hand entzieht sich unserer Wahrnehmung. Wie das Ganze genau zustandekommt, ist uns unbegreiflich, aber die Energie des Herrn macht es möglich.

Nur mangelndes Wissen ist schuld daran, daß die Leute sagen, Gott sei tot, es gäbe keinen Gott und wir hätten keine Beziehung zu Ihm. Wer so denkt, gleicht jemandem, der von einem bösen Geist besessen ist. So wie ein Besessener allen möglichen Unsinn redet, sagen wir, wenn wir in den Bann der illusionierenden Energie Gottes geraten, Gott sei tot. Aber das ist nicht wahr. Deshalb brauchen wir das Chanten, um unser Herz zu reinigen. Chanten Sie einfach den Hare-Kṛṣṇa-*mantra*! Das ist nicht schwierig, und Sie können es überall tun: in Ihrer Familie oder in Ihrem Verein, zu Hause oder auf der Straße. So wird die Dunkelheit weichen, die jetzt Ihr Herz umgibt und Ihr

His Divine Grace
A.C. Bhaktivedanta Swami Prabhupāda

Gründer/Ācārya der Internationalen Gesellschaft für Krischna-Bewußtein

Pañca-tattva: *Śrī Caitanya Mahāprabhu mit Seinen engsten Beigesellten. So wie das öffentliche Singen des Hare-Kṛṣṇa-mantra vor 500 Jahren in Indien eingeführt wurde, verbreitet es sich noch heute auf der ganzen Welt.*

Die Beziehung zwischen dem spirituellen Meister und dem Schüler ist etwas sehr Ernstes, und in früheren Zeiten mußte ein Suchender oft lange Strecken zurücklegen und viele Entbehrungen auf sich nehmen, um einen echten guru zu finden.

Das Töten unschuldiger Tiere ist eine schwere Sünde, und Menschen, die in irgendeiner Form daran beteiligt sind, müssen mit entsprechenden Reaktionen rechnen, in diesem Leben wie im nächsten.

Fast unmerklich wechselt jeder Mensch während des Lebens ständig seinen Körper. Die Seele im Körper jedoch, die diesen Wandel beobachtet, ist unveränderlich und existiert sogar nach dem Tode weiter.

Die Verehrung Kṛṣṇas hat eine uralte Tradion. Beim jahrtausendealten Ratha-yātrā-Wagenfest in Puri, Indien, kommen alljährlich Millionen von Menschen zusammen, um Jagannātha, den „Herrn des Universums", zu sehen und durch das Chanten Seiner Heiligen Namen zu verherrlichen.

Als Śrīla Prabhupāda im Jahre 1965 im Auftrag seines spirituellen Meisters nach Amerika kam, war er völlig mittellos und allein. Er predigte zunächst in New York (hier im Tompkins Square Park, Oktober 1966), wo sich ihm nach einiger Zeit die ersten Anhänger anschlossen. Die Gemeinschaft wuchs und wurde später auf der ganzen Welt als die Internationale Gesellschaft für Krischna-Bewußtsein, oder die Hare-Kṛṣṇa-Bewegung, bekannt.

Der Name Kṛṣṇa bedeutet „allanziehend". Kṛṣṇa ist die Höchste Persönlichkeit Gottes. Seine transzendentale Gestalt ist ewig, glückselig und voller Wissen. Alles geht von Ihm aus; Er ist die Ursache aller Ursachen.

wahres Wesen verhüllt, und Sie werden Ihr ursprüngliches, naturgemäßes Wesen verstehen.

Śrī Caitanya Mahāprabhu empfahl: *ceto-darpaṇa-mārjanam*. *Mārjanam* bedeutet „reinigen" und *darpaṇam* „Spiegel". Das Herz ist wie ein Spiegel oder eine Kamera. Genau wie eine Kamera alle möglichen Bilder aufnimmt, nimmt unser Herz Tag und Nacht Bilder auf und speichert sie im Unterbewußtsein. Den Psychologen ist das bekannt. All diese Bilder bedecken unser Herz. Wir wissen nicht, wann dies begonnen hat, aber soviel steht fest: Unsere wahre Identität ist verhüllt, weil wir mit Materie in Berührung sind. Aus diesem Grund heißt es: *ceto-darpaṇa-mārjanam* – man muß sein Herz läutern. Es gibt verschiedene Methoden zur Läuterung des Herzens, wie etwa den *karma*-Pfad, den *jñāna*-Pfad, den *yoga*-Pfad und Meditation. Zwar werden all diese Läuterungsmethoden empfohlen, doch sind sie im gegenwärtigen Zeitalter nur sehr schwer auszuüben. Wer dem *karma*-Pfad folgt, läutert sein Herz durch fromme Werke, aber nur allmählich. Wer den Weg philosophischen Wissens (*jñāna*) gehen will, muß ein Gelehrter werden und viele Bücher lesen; er muß Professoren und Intellektuelle aufsuchen und viel nachsinnen. Zu guter Letzt muß er sich auf die Suche nach jemandem machen, der Erleuchtung erlangt hat. All das sind Aspekte des philosophischen Weges.

Auch Meditation wird empfohlen. Man sollte sich fragen: „Wer bin ich?" Denken Sie einmal tiefer darüber nach: Bin ich dieser Körper? – Nein. – Bin ich dieser Finger? – Nein. Es ist *mein* Finger. Das gleiche gilt für das Bein und alle anderen Gliedmaßen: Es ist mein Bein, es sind meine Gliedmaßen. Aber wo ist das „Ich"? Alles ist „mein", aber wo ist das „Ich"? Die Suche nach diesem „Ich" ist Meditation. Wahre Meditation bedeutet, alle Sinne auf diese Suche zu richten. Aber dieser Meditationsvorgang ist sehr schwierig. Man muß die Sinne bezwingen. Die Sinne drängen nach außen, aber wir müssen sie nach innen richten.

Zu diesem Zweck gibt es das acht Stufen umfassende *yoga*-System.

Als erstes muß man die Sinne beherrschen, indem man bestimmte Ge- und Verbote befolgt. Dann übt man verschiedene Sitzstellungen ein, die einem helfen sollen, sich besser zu konzentrieren. Eine gekrümmte Sitzhaltung ist der Konzentration abträglich – man muß aufrecht dasitzen. Als nächstes reguliert man seinen Atem, danach beginnt man mit der Meditation und versenkt sich schließlich in *samādhi*, Trance. Heute sind all diese Techniken allerdings nur sehr, sehr schwer durchführbar. Niemand kann sie ohne weiteres praktizieren. Was man heute unter *yoga* versteht, nämlich die Sitzstellungen und einige Atemübungen, ist nur ein kleiner Teil des ursprünglichen Systems, und damit allein kann man die Stufe der Vollkommenheit nicht erreichen. Der Pfad des *yoga* wird zwar von den vedischen Schriften befürwortet, doch ist es in diesem Zeitalter sehr mühsam, ihn zu beschreiten. Ebenso verhält es sich mit dem Wissenserwerb durch philosophische Spekulation: „Das ist Brahman, das ist nicht Brahman. Was ist Brahman? Was ist die spirituelle Seele?" Solche empirisch-philosophischen Erörterungen werden zwar empfohlen, doch sind sie im gegenwärtigen Zeitalter so gut wie nutzlos.

Deshalb empfehlen sowohl Śrī Caitanya Mahāprabhu wie auch die vedischen Schriften:

harer nāma harer nāma
harer nāmaiva kevalam
kalau nāsty eva nāsty eva
nāsty eva gatir anyathā

Kalau bedeutet „in diesem Zeitalter". Dreimal heißt es *nāsty eva*. *Eva* bedeutet „gewiß" und *nāsti* „nicht". „Gewiß nicht, gewiß nicht, gewiß nicht." Worauf bezieht sich nun dieses „gewiß nicht"? Man kann Selbsterkenntnis nicht durch *karma* erlangen – das ist das erste „gewiß nicht"; man kann sie nicht durch *jñāna* erlangen – das ist das zweite „gewiß nicht", und man kann sie nicht durch *yoga* erlangen – das ist das dritte „gewiß nicht". *Kalau nāsty eva nāsty eva nāsty eva gatir anyathā*. Im gegenwärtigen Zeitalter („*kalau*") kann man mit keiner dieser drei Methoden Erfolg haben, soviel ist sicher. Welche Methode wird dann empfohlen? *Harer nāma harer nāma harer nāmaiva kevalam*. Man soll einfach nur den Hare-Kṛṣṇa-*mantra* chanten. *Kevalam* bedeutet „nur". Chanten Sie einfach nur Hare Kṛṣṇa! Das ist die einfachste und zugleich erhabenste Methode. Das ist die praktische Empfehlung der Schriften. Bitte folgen Sie ihr! Es spielt keine Rolle, wer oder was Sie sind: Bitte chanten Sie! Sie brauchen kein Geld auszugeben, und Sie verlieren nichts dabei. Wir machen kein Geheimnis aus dem Chanten. Im Gegenteil, es ist für alle da. Und durch das Chanten reinigen Sie Ihr Herz.

In der materiellen Welt möchte niemand leiden, und doch gibt es Leid. Ganz unerwartet kommt es, wie ein Waldbrand, der ausbricht, ohne daß ihn jemand verschuldet hat. Niemand wünscht sich Kriege, und doch brechen sie aus. Niemand möchte Hungersnöte, und doch entstehen sie. Niemand wünscht sich Seuchen, und doch werden wir von ihnen heimgesucht. Niemand wünscht sich Kampf, Streit und Mißverständnisse, doch bleiben sie nicht aus. Warum? All diese Dinge überfallen uns gleich einem lodernden Waldbrand, und keine Feuerwehr kann ihn löschen. Unser sogenannter wissenschaftlicher Fortschritt kann die lichterlohen Flammen der Probleme nicht löschen. Das ist völlig unmöglich. So wenig wie man einen Waldbrand löschen kann, indem man ein Feuerwehrauto hinschickt oder viele Wassereimer herbeischafft, lassen sich die Probleme des Lebens auf materiellem Wege lösen.

Dafür gibt es viele Beispiele. Prahlāda Mahārāja sagt: „O Herr, der Vater und die Mutter sind nicht wirklich die Beschützer ihrer Kinder." Die Eltern sorgen für die Kinder – das ist ihre Pflicht –, aber wenn es wirklich darauf ankommt, sind sie nicht in der Lage, ihnen Schutz zu bieten. Wenn das Kind vom Gesetz der Natur abberufen wird, können sie es nicht verhindern. Ein Schiffsreisender mag sich in seiner komfortablen Kabine in Sicherheit wiegen, aber wie sicher ist er wirklich? Er kann trotzdem ertrinken. Ein großes Flugzeug fliegt am Himmel, die Passagiere sind ahnungslos – und plötzlich stürzt es ab. Nichts Materielles kann uns beschützen. Wer eine schwere Krankheit hat, kann einen qualifizierten Arzt rufen, der ihm gute Medikamente verschreibt, aber damit ist noch nicht garantiert, daß er überleben wird. Welche Garantie gibt es dann letzten Endes? Prahlāda Mahārāja sagt: „Mein Herr, wenn Du jemanden von Dir weist, gibt es nichts, was ihn beschützen kann."

Dem entspricht auch unsere praktische Erfahrung. Wie viele Mittel und Wege wir uns auch ausdenken, um die Probleme zu lösen, die uns die Gesetze der materiellen Natur in den Weg legen – es reicht alles nicht aus. Niemals werden dadurch alle Probleme gelöst, noch wird uns dadurch wirklich Erleichterung verschafft. So ist es nun einmal. Deshalb erklärt Kṛṣṇa in der *Bhagavad-gītā*: „*Māyā*, die äußere Energie, ist sehr, sehr mächtig. Es ist nahezu unmöglich, sie zu überwinden." Wie aber kann man sich dann überhaupt von der materiellen Natur befreien? Kṛṣṇa sagt: „Indem man sich einfach Mir ergibt, bleibt man von dem Angriff der materiellen Natur verschont." Das ist eine praktische Tatsache. Aus diesem Grund müssen wir unser Herz läutern und so unsere Beziehung zu Gott verstehen.

In der *Kaṭha Upaniṣad* heißt es: *nityo nityānāṁ cetanaś cetanānām*. Der Höchste Absolute Herr, die Absolute Wahrheit, ist ewig. Gott ist ewig, und auch wir sind ewig. Doch Gott, und darauf weisen uns die Veden ebenso hin, ist von allen Lebewesen das höchste. Gott ist nicht tot. Wenn Er nicht lebendig wäre, wie könnte diese Welt funktionieren? In der *Bhagavad-gītā* erklärt Kṛṣṇa, daß alles unter Seiner Aufsicht abläuft, und in der Bibel heißt es ebenfalls: „Und Gott schuf..." Das ist der wahre Sachverhalt, und nicht, daß am Anfang allen Seins ein Klumpen Materie war, aus dem sich dann alles entwickelt hat. Die Veden beschreiben die wirklichen Fakten, aber um das sehen zu können, müssen wir unsere Augen öffnen. *Ceto-darpaṇa-mārjanam*. Wir müssen unser Herz reinigen – nur dann werden wir imstande sein, den Sinn der Veden und der Worte Kṛṣṇas zu verstehen. Diese Läuterung des Herzens ist für uns eine Notwendigkeit. Wenn man einem Gelbsuchtkranken ein Stück Kandiszucker gibt, sagt er, es schmecke bitter. Aber Kandiszucker ist nicht bitter, sondern süß, und Zucker ist das empfohlene Heilmittel gegen Gelbsucht. Darin sind sich die moderne Wissenschaft und die vedischen Schriften einig. Der Gelbsüchtige kann von seinem Leiden kuriert werden, indem er große Mengen Kandiszucker zu sich nimmt. Und ist er schließlich geheilt, so stellt er fest: „Oh, das schmeckt ja süß!" Das Chanten von Hare Kṛṣṇa ist das Heilmittel gegen die Gelbsucht der modernen Zivilisation: die Gottlosigkeit. Am Anfang mag es bitter erscheinen, aber wenn man Fortschritte macht, erkennt man immer mehr, wie angenehm es eigentlich ist.

Sobald man seine eigene Identität und seine Beziehung zu Gott versteht, wird man glücklich. Wir müssen so viele Leiden über uns ergehen lassen, weil wir uns mit der materiellen Welt identifizieren. Das ist der Grund, warum wir unglücklich sind. Unsere Sorgen und Ängste sind darauf zurückzuführen, daß wir uns irrtümlicherweise als Teil der materiellen Welt betrachten. Wer sich für den Körper, diesen Sack aus Haut und Knochen, hält, gleicht einem Tier. Diese falsche Vorstellung wird aber beseitigt, wenn man Hare Kṛṣṇa chantet. Läuterung des Herzens bedeutet zu verstehen, daß man nicht in die materielle Welt gehört. *Ahaṁ brahmāsmi*: Ich bin spirituelle Seele. Solange man Indien, England oder Amerika für seine wahre Heimat hält, befindet man sich in Unwissenheit. Heute sind Sie ein Engländer, weil Sie in England geboren wurden, aber in Ihrem nächsten Leben kommen Sie vielleicht nicht in England zur Welt, sondern in Rußland oder China oder in irgendeinem anderen Land. Unter Umständen bekommen Sie gar keinen menschlichen Körper. Heute sind Sie vielleicht noch Nationalist, ein treuer Diener Ihres Landes, und morgen werden Sie womöglich erneut in diesem Land geboren – dann allerdings im Körper einer Kuh, die im Schlachthof endet.

Deshalb müssen wir unsere Identität genau kennen. In Wahrheit, sagt Caitanya Mahāprabhu, ist jedes Lebewesen ein ewiger Diener Gottes. Wer seine einzige Aufgabe darin sieht, nicht weltlichen Herren zu dienen, sondern Gott, der ist befreit. Sein Herz wird augenblicklich geläutert, und er erlangt Befreiung. Auf dieser Ebene haben alle Sorgen und Ängste dieser Welt ein Ende, denn man weiß: „Ich bin ein Diener Gottes. Gott wird mich beschützen. Warum sollte ich mir Sorgen machen?" Das ist auch die Haltung eines Kindes, das weiß, daß sich seine Eltern um es kümmern werden. Es ist frei von Angst. Sollte es versuchen, mit der Hand ins Feuer zu fassen, wird es von der Mutter gewarnt: „Halt! Finger weg!" Die Mutter wacht immer über das Kind. Warum setzen wir also nicht unser Vertrauen in Gott? Es ist eine Tatsache, daß wir unter Seinem Schutz stehen.

Die Leute gehen in die Kirche und beten: „Lieber Gott, gib uns unser täglich Brot!" Gäbe Er es uns nicht, könnten wir gar nicht leben. In den Veden heißt es, daß der eine Herr, das höchste Lebewesen, alles bereitstellt, was die anderen Lebewesen zum Leben brauchen. Gott versorgt jeden mit Nahrung. Wir Menschen haben unsere wirtschaftlichen Probleme, aber Vögel oder Säugetiere kennen keine solchen Sorgen. Es gibt 8.400.000 Arten von Lebewesen, und davon machen die Menschen nur einen winzigen Bestandteil aus. Doch wir haben das besondere Talent, uns das Leben kompliziert zu machen: Was sollen wir essen, wo sollen wir schlafen, wie sollen wir uns fortpflanzen, wie sollen wir uns verteidigen? Von diesen Problemen ist nur der Mensch betroffen – die Mehrzahl der Lebewesen, wie die Fische, die Pflanzen, die Insekten, die Vögel, die Säugetiere und so fort, bleiben davon unberührt. Auch sie sind Geschöpfe Gottes. Wir sollten nicht meinen, sie seien etwas anderes als wir. Es wäre ein Irrtum zu glauben, daß nur wir Menschen von Leben erfüllt seien und alle anderen Geschöpfe tote Materie seien. Und wer gibt ihnen Nahrung und Lebensraum? Gott. Die Pflanzen und Tiere gehen nicht ins Büro. Sie studieren nicht an der Universität, um eine Fachausbildung zu bekommen und dann Geld zu verdienen. Wie kommen sie also zu ihrem Essen? Gott versorgt sie. Ein Elefant braucht jeden Tag mehrere Zentner Nahrung – wer gibt sie ihm? Kümmern Sie sich etwa um die Tausende und Abertausende von Elefanten dieser Welt? Wer versorgt sie also?

Gott als seinen Erhalter anzuerkennen ist demnach besser als zu denken: „Gott ist tot. Warum sollen wir in die Kirche gehen und Ihn um Brot bitten?" Die *Bhagavad-gītā* nennt vier Arten von Menschen, die sich an Kṛṣṇa wenden: der Leidende, derjenige in Geldnot, der Wißbegierige und der Weise. Diese vier suchen Hilfe bei Gott. „Mein lieber Gott, ich habe Hunger – bitte gib mir mein tägliches Brot!" Ein solches Gebet ist gut. Wer sich auf diese Weise an Gott wendet, wird als *sukṛtinaḥ* bezeichnet. *Sukṛtī* bedeutet „fromm". Menschen, die zu Gott um Geld oder Nahrung beten, werden als fromm angesehen, weil sie sich mit ihrer Bitte an Gott wenden. Es gibt auch Menschen, die genau das Gegenteil sind, nämlich *duṣkṛtinaḥ*, gottlos. *Kṛtī* bedeutet „sehr verdienstvoll", aber das Wort *duṣkṛtī* bezeichnet einen Menschen, der seine Energie dafür einsetzt, Unheil zu stiften. Ein Beispiel ist die Erfindung der Atomwaffen. Ihr Erfinder hatte zweifellos Intelligenz, aber er mißbrauchte sie, um etwas Schreckliches zu schaffen. Besser man erfindet etwas, das dem Menschen Unsterblichkeit garantiert. Welchen Nutzen hat eine Erfindung, die Millionen von Menschen auf einmal umbringt? Wir werden heute oder morgen oder in hundert Jahren ohnehin sterben. Was hat die Wissenschaft also geleistet? Könnten die Wissenschaftler etwas erfinden, was den Menschen vor dem Sterben, dem Krankwerden und dem Altern bewahrt – das wäre eine Leistung. Doch die *duṣkṛtinas* wenden sich niemals an Gott, und sie unternehmen nie den Versuch, Gott zu verstehen. Folglich verschwenden sie ihre Energie für die falschen Ziele.

Die eingefleischten Materialisten, die ihre Beziehung zu Gott verleugnen, werden in der *Bhagavad-gītā* als *mūḍhas* bezeichnet. *Mūḍha* bedeutet „Esel". Diejenigen, die sehr hart arbeiten, um Geld zu verdienen, werden mit Eseln verglichen. Sie rackern sich unnötig ab, um

Tausende von Dollars zu verdienen, können aber trotzdem nicht mehr als vier *capātīs* pro Tag essen. Eine weitere Kategorie sind die sogenannten *narādhamas*, „die Niedrigsten der Menschheit". Die menschliche Lebensform ist für Gotteserkenntnis bestimmt, und jeder Mensch hat ein Anrecht darauf. Wer Brahman, Gott, versteht, gilt als *brāhmaṇa*. Wer aber das menschliche Leben nicht für Gotteserkenntnis nutzt, den stuft die *Bhagavad-gītā* als *narādhama* ein. In jeder Gesellschaft gibt es eine Form von Religion, die den Menschen zur Gotteserkenntnis verhelfen soll. Gleichgültig, ob wir die christliche, die mohammedanische oder die hinduistische Religion betrachten, sie alle sollen dazu dienen, Gott und unsere Beziehung zu Ihm zu verstehen. Das allein ist der Sinn von Religion und die Pflicht der Menschen, und eine Gesellschaft, die diese Pflicht vernachlässigt, ist keine menschliche, sondern eine tierische Gesellschaft. Tiere sind nicht fähig, Gott und ihre Beziehung zu Ihm zu verstehen. Sie interessieren sich einzig und allein für Essen, Schlafen, Verteidigung und Fortpflanzung. Wenn auch wir uns nur mit diesen Dingen befassen, stellt sich die Frage: Was sind wir eigentlich? – Tiere. Nach einer langen Wanderung durch 8.400.000 Lebensformen haben wir endlich die menschliche Lebensform erlangt. Wer sie dennoch nicht für Gotteserkenntnis nutzt, sondern nur zur Befriedigung seiner tierischen Triebe, gilt als *narādhama*. Schließlich gibt es noch eine weitere Kategorie: diejenigen, die auf ihr Wissen sehr stolz sind. Aber auf welches Wissen sind sie so stolz? „Es gibt keinen Gott. Ich bin Gott." Ihr wirkliches Wissen wurde ihnen von *māyā* gestohlen. Wenn sie Gott sind, wie kommt es dann, daß sie sich wie Hunde verhalten? Solche Menschen streiten die Existenz Gottes einfach ab, selbst wenn man noch so viele Gegenargumente vorbringt. Sie sind und bleiben Atheisten, und deshalb heißt es, daß sie ihres wahren Wissens beraubt sind. Wahres Wissen bedeutet Wissen über Gott und unsere Beziehung zu Ihm. Wenn jemand dieses Wissen nicht hat, läßt sich daraus schließen, daß ihn *māyā* seines Wissens beraubt hat.

Wenn wir unsere Beziehung zu Gott verstehen möchten, gibt es Bücher und Wissen, die uns dabei helfen. Warum sollten wir keinen Gebrauch davon machen? Bitte nutzen Sie also dieses Wissen, und versuchen Sie zu verstehen, was in der *Bhagavad-gītā* und allen anderen vedischen Schriften erklärt wird: Gott ist groß, und wir sind winzig klein, auch wenn wir die gleichen Eigenschaften haben wie Er. Die chemische Zusammensetzung des Ozeans und des winzigen Wassertropfens ist die gleiche, aber die Salzmenge im Wassertropfen und die im gesamten Ozean sind verschieden. Den Eigenschaften nach sind der Wassertropfen und der Ozean also gleich, aber der Menge nach sind sie verschieden. Gottes Macht ist unendlich, während die unsere beschränkt ist. Gott hat alles erschaffen, was existiert, während wir nur ein kleines Flugzeug bauen können, das vergleichsweise wie Kinderspielzeug anmutet. Gott hat die Macht, Millionen von Planeten zu schaffen und im All schweben zu lassen. Wir dagegen können noch nicht einmal einen Planeten erschaffen. Und selbst wenn uns dies gelänge – welchen Nutzen hätte es? Gott hat bereits Millionen von Planeten geschaffen. Auch wir verfügen über schöpferische Kraft, aber Gottes Kraft ist unvergleichlich größer. Es gibt Menschen, die von sich behaupten, sie seien Gott. Aber was haben sie denn so Außergewöhnliches getan, um ihre Worte zu beweisen? Sie befinden sich in Unwissenheit, denn ihr Wissen ist ihnen vom Zauber *māyās* gestohlen worden. Unsere Beziehung zu Gott ist dadurch bestimmt, daß Gott groß ist und wir winzig klein sind. In der *Bhagavad-gītā* erklärt Kṛṣṇa unmißverständlich: „Alle Lebewesen sind Meine Teile. Den Eigenschaften nach sind sie eins mit Mir, aber der Größe nach sind sie verschieden."

Wir können unmöglich etwas haben, was Gott nicht hat. Deshalb heißt es im *Vedānta-sūtra*, daß alle Eigenschaften, die wir haben, ursprünglich in Gott zu finden sind. Alles kommt von Ihm. Unsere Beziehung zu Gott besteht darin, daß wir als kleine, unscheinbare Wesen ewig Seine Diener sind. Auch in der materiellen Welt können wir sehen, daß ein Mensch einem anderen dient, der eine höhere Stellung innehat und ihm ein gutes Gehalt zahlen kann. Wir alle sind winzige Teile Gottes, und unsere einzige Pflicht und Aufgabe ist es deshalb, Gott zu dienen.

Eine Schraube in einer Maschine ist wertvoll, weil sie dem Funktionsablauf des gesamten Mechanismus dient. Wenn sie aber aus der Maschine entfernt wird oder schadhaft ist, besitzt sie keinen Wert mehr. Mein Finger ist Millionen von Dollars wert, solange er mit dem Körper verbunden ist und dem Körper dient. Aber welchen Wert hat ein amputierter Finger? Mit unserer Beziehung zu Gott verhält es sich ähnlich. Weil wir winzig kleine Teilchen von Ihm sind, sind wir verpflichtet, unsere Kräfte in Seinem Sinne einzusetzen und mit Ihm zusammenzuarbeiten. Sonst sind wir wertlos, abgeschnitten – ähnlich dem Finger, den der Arzt amputiert, weil er nicht mehr zu retten ist und den ganzen Körper vergiften würde. Wenn wir gottlos werden, sind wir von unserer Beziehung zu Gott abgeschnitten und leiden in der materiellen Welt. Sobald wir jedoch versuchen, wieder mit dem Höchsten Herrn in Verbindung zu treten, wird unsere Beziehung wiederbelebt.

Das Chanten des Hare-Kṛṣṇa-mahā-mantra

„Hare Kṛṣṇa" ist inzwischen für Millionen von Menschen rund um die Welt zu einem Begriff geworden, doch wer weiß schon, was es eigentlich bedeutet? Ist das Wiederholen des mantra lediglich eine Form von Autosuggestion? Ist es eine Art Weltflucht? Oder ist es eine echte Meditation, die uns tatsächlich zu höheren Bewußtseinsebenen erhebt? In diesem kurzen Essay, der einer Schallplattenaufnahme aus dem Jahre 1966 entnommen ist, erklärt Śrīla Prabhupāda die tiefere Bedeutung des Hare-Kṛṣṇa-mantra.

Die transzendentale Klangschwingung, die durch das Chanten von Hare Kṛṣṇa, Hare Kṛṣṇa, Kṛṣṇa Kṛṣṇa, Hare Hare / Hare Rāma, Hare Rāma, Rāma Rāma, Hare Hare erzeugt wird, ist die erhabenste Methode, unser transzendentales Bewußtsein wiederzubeleben. Wir alle sind spirituelle Seelen, und als solche sind wir ursprünglich Kṛṣṇabewußt. Doch weil wir uns seit unvordenklichen Zeiten in der materiellen Welt aufhalten, ist unser Bewußtsein nun durch den Kontakt mit der Materie getrübt. Die materielle Sphäre, in der wir jetzt leben, wird als *māyā*, Illusion, bezeichnet. *Māyā* bedeutet „das, was nicht ist". Und worin besteht diese Illusion? Jeder versucht, Herr der materiellen Natur zu sein, während er in Wirklichkeit unter der Gewalt ihrer strengen Gesetze steht. Wenn der Diener künstlich seinen allmächtigen Meister nachahmen möchte, gibt er sich einer Illusion hin. Wir wollen die Schätze der materiellen Natur ausbeuten, doch in Wirklichkeit werden wir immer mehr in ihre komplizierten Wechselwirkungen verstrickt. Obwohl wir große Anstrengungen unternehmen, uns die materielle Natur zu unterwerfen, werden wir immer mehr von ihr abhängig. Dieser illusorische Kampf gegen die materielle Natur hat ein Ende, sobald wir unser ewiges Kṛṣṇa-Bewußtsein wiederbeleben.

„Hare Kṛṣṇa, Hare Kṛṣṇa, Kṛṣṇa Kṛṣṇa, Hare Hare" ist die transzendentale Methode, dieses ursprüngliche, reine Bewußtsein wiederzuerwecken. Durch das Chanten dieser transzendentalen Klangschwingung können wir unser Herz von allen Ängsten und Zweifeln befreien, die einzig und allein von der falschen Vorstellung verursacht werden, wir seien die Herren der Schöpfung.

Kṛṣṇa-Bewußtsein ist keine künstliche Manipulation des Geistes. Dieses Bewußtsein ist die ursprüngliche, natürliche Energie des Lebewesens, und es wird wiederbelebt, sobald wir die transzendentale Klangschwingung des *mantra* hören. Das Chanten gilt als die einfachste Meditationsmethode und wird insbesondere für unsere heutige Zeit empfohlen. Wir können selbst erfahren, wie wir durch das Chanten des *mahā-mantra*, des großen Gesanges zur Befreiung, sofort transzendentale Ekstase verspüren, die von der spirituellen Dimension herabkommt. In der materialistischen Lebensauffassung ist der Mensch eifrig darum bemüht, seine Sinne zu genießen, als befände er sich auf einer niedrigeren Ebene, der Ebene von Tieren. Auf einer etwas höheren Ebene befaßt er sich mit mentaler Spekulation, um sich aus den Fesseln der Materie zu befreien. Ein wenig über der Ebene der Spekulation folgt die der Intelligenz. Auf dieser Ebene forscht man nach der höchsten Ursache aller Ursachen – in sich und außerhalb seiner selbst. Und wenn man tatsächlich zur Stufe spirituellen Wissens vordringt, nachdem man die sinnliche, die mentale und die intellektuelle Ebene hinter sich gelassen hat, befindet man sich auf der Ebene der Transzendenz. Das Chanten des Hare-Kṛṣṇa-*mantra* kommt von der spirituellen Ebene, und somit steht diese Klangschwingung über allen niedrigeren Bewußtseinsstufen. Es ist deshalb nicht erforderlich, die Sprache des *mantra* zu verstehen, und es bedarf auch keiner spekulativen oder intellektuellen Überlegungen, um den *mahā-mantra* zu chanten. Er wirkt von der spirituellen Ebene her. Jeder kann an diesem Chanten teilnehmen, ohne irgendwelche Voraussetzungen mitbringen zu müssen. Auf einer fortgeschritteneren Stufe wird natürlich erwartet, daß man aufgrund seines spirituellen Wissens keine Vergehen mehr begeht.

Am Anfang stellen sich vielleicht nicht gleich die acht Kennzeichen transzendentaler Ekstase ein: (1) Erstarren in Regungslosigkeit, (2) Schweißausbruch, (3) Sichaufrichten der Körperhaare, (4) Ersticken der Stimme, (5) Zittern, (6) Erblassen, (7) Weinen in Ekstase und (8) Trance. Wer sich jedoch eine Zeitlang im Chanten übt, gelangt ohne Zweifel direkt auf die spirituelle Ebene. Das erste Symptom dafür zeigt sich in dem Drang, beim Chanten des *mantra* zu tanzen. Wir sprechen hier aus eigener Erfahrung. Sogar ein Kind kann am Chanten und Tanzen teilnehmen. Wer zu stark am Materiellen haftet, der braucht natürlich etwas länger, bis er diese Stufe erreicht, doch selbst solch ein Materialist kann rasch auf die spirituelle Ebene erhoben werden. Die größte Wirkung hat der *mantra* auf die Zuhörer, wenn er von einem reinen Geweihten des Herrn mit Liebe gechantet wird. Daher sollte man den *mantra* aus seinem Munde hören. Derart liebevolles Chanten wird sofort seine Wirkung tun. Das Chanten von Nichtgottgeweihten sollte man soweit wie möglich meiden. Es ist wie Milch, die von den Lippen einer Schlange berührt wurde und deshalb wie Gift wirkt.

Das Wort Harā ist ein Name der Energie des Herrn, und die Worte Kṛṣṇa und Rāma sind Namen des Herrn selbst. Sowohl Kṛṣṇa als auch Rāma bedeuten „die höchste Freude", und Harā, im Vokativ Hare, bezieht sich auf die höchste Freudenenergie des Herrn, die uns hilft, den Herrn zu erreichen.

Die materielle Energie, *māyā* genannt, ist eine der vielen Energien des Herrn, und wir, die Lebewesen, sind ebenfalls eine Seiner Energien, nämlich die marginale Energie. Die Lebewesen sind der materiellen Energie übergeordnet. Wenn die marginale Energie mit der niederen, materiellen Energie in Berührung kommt, entsteht eine unvereinbare Situation. Aber wenn sie mit der höheren Energie, Harā, verbunden ist, befindet sie sich in ihrem glücklichen, normalen Zustand.

Die drei Worte „Hare", „Kṛṣṇa" und „Rāma" sind die transzendentalen Samen des *mahā-mantra*. Das Chanten ist ein spirituelles Rufen nach dem Herrn und Seiner Energie mit der Bitte, die bedingte Seele zu beschützen. Dieses Chanten ist genau wie das flehentliche Rufen eines Kindes nach seiner Mutter. Mutter Harā hilft dem Gottgeweihten, die Gnade des göttlichen Vaters zu erlangen, und der Herr offenbart Sich dem Geweihten, der den *mantra* aufrichtig chantet.

Im gegenwärtigen Zeitalter des Streites und der Heuchelei ist keine andere Methode spiritueller Erkenntnis so wirksam wie das Chanten des *mahā-mantra*: Hare Kṛṣṇa, Hare Kṛṣṇa, Kṛṣṇa Kṛṣṇa, Hare Hare / Hare Rāma, Hare Rāma, Rāma Rāma, Hare Hare.

Meditation und das innere Selbst

Kann Meditation unsere Alltagsprobleme lösen? Gibt es ein Leben nach dem Tod? Können uns Drogen zur Selbsterkenntnis verhelfen? Im Verlauf eines Besuches in Südafrika beantwortet Śrīla Prabhupāda *diese und andere Fragen, die ihm* Bill Faill *stellt, ein Journalist der Durbaner Zeitung* Natal Mercury.

Śrīla Prabhupāda: *Kṛṣṇa* ist ein Name Gottes und bedeutet „der Allanziehende". Wer nicht allanziehend ist, kann nicht Gott sein. Kṛṣṇa-Bewußtsein bedeutet also Gottesbewußtsein. Wir alle sind Teile Gottes und haben daher die gleichen Eigenschaften wie Er. Gott und die Lebewesen verhalten sich zueinander wie eine große Menge Gold zu einer kleinen.

Bill Faill: Könnte man auch sagen, wir sind so etwas wie Funken in einem Feuer?

Śrīla Prabhupāda: Ja. Sowohl die Flamme als auch die Funken sind Feuer, doch die Flamme ist viel größer als die winzigen Funken. Im Gegensatz zur Beziehung zwischen Funken und Flamme ist unsere Beziehung zu Gott ewig, auch wenn wir sie zur Zeit unter dem Einfluß der materiellen Energie vergessen haben. Nur dieses Vergessen ist schuld an unseren vielen Problemen. Glücklich werden wir daher nur, wenn wir unser ursprüngliches Gottesbewußtsein wiedererwecken. Das ist im wesentlichen der Inhalt des Kṛṣṇa-Bewußtseins. Es gibt keine bessere Methode, unser ursprüngliches Gottesbewußtsein wiederzuerwecken. Zwar gibt es verschiedene Wege zur Selbsterkenntnis, aber im gegenwärtigen Zeitalter, dem Kali-yuga, sind die

Menschen so tief gesunken, daß ihnen nur noch der einfache Vorgang des Kṛṣṇa-Bewußtseins helfen kann. Die Leute erhoffen sich heute vom materiellen Fortschritt die Lösung ihrer Probleme, aber vergeblich. Die wirkliche Lösung besteht darin, sein materielles Bewußtsein ganz aufzugeben, indem man Kṛṣṇa-bewußt wird. Gott ist ewig, und deshalb sind auch wir ewig. Doch im materiellen Bewußtsein identifizieren wir uns mit unserem vergänglichen Körper und müssen daher immer wieder von einem Körper zum nächsten wandern. Der Grund dafür ist unsere Unwissenheit. Eigentlich sind wir nicht unser Körper, sondern ein spiritueller Funke, ein winziger Teil Gottes.

Bill Faill: Dann ist also der Körper für die Seele wie ein Fahrzeug?

Śrīla Prabhupāda: Ja. Er ist wie ein Auto. So wie man in einem Auto von Ort zu Ort fährt, steuern wir im materiellen Leben mal diese Position an, mal jene, weil wir hoffen: „Dort werde ich glücklich sein." Aber nichts wird uns glücklich machen, solange wir uns nicht unserer wesensgemäßen Position bewußt werden und verstehen: „Ich bin ein Teil Gottes, und meine Bestimmung ist es, mit Ihm verbunden zu sein und allen Lebewesen zu helfen, indem ich nach Seinem Willen handle."

Die Stufe zivilisierten menschlichen Lebens erreicht man erst nach einer langwierigen Evolution durch 8.400.000 Lebensformen. Wenn wir also unser Leben nicht dazu benutzen, Gott, uns selbst und unsere Beziehung zu Ihm zu verstehen, sondern statt dessen wie die Katzen und Hunde dem Sinnengenuß nachlaufen, verschwenden wir unser Leben und verpassen eine große Gelegenheit. Die Bewegung für Kṛṣṇa-Bewußtsein will die Menschen darin unterrichten, wie sie das Beste aus ihrem Leben machen können, indem sie Gott und ihre Beziehung zu Ihm verstehen.

Bill Faill: Wenn wir aber aus diesem Leben nicht das Beste machen, bekommen wir dann in einem anderen Leben eine weitere Möglichkeit?

Śrīla Prabhupāda: Ja. Die Wünsche, die man zur Zeit des Todes hat, bestimmen den nächsten Körper. Es ist jedoch nicht sicher, daß man einen menschlichen Körper bekommt. Wie ich bereits erklärt habe, gibt es 8.400.000 verschiedene Lebensformen. Es ist möglich, in jeder von ihnen wiedergeboren zu werden; entscheidend dafür ist das Bewußtsein im Augenblick des Todes. Was wir zu diesem Zeitpunkt denken, ist davon abhängig, wie wir zu Lebzeiten handeln. Solange wir im materiellen Bewußtsein leben, werden unsere Handlungen von der materiellen Natur beherrscht, die in drei Erscheinungsweisen auftritt: Tugend, Leidenschaft und Unwissenheit. Diese Erscheinungsweisen lassen sich mit den drei Grundfarben (Gelb, Rot und Blau) vergleichen. Genau wie man aus Gelb, Rot und Blau Millionen von Farbtönen mischen kann, erzeugen Mischungen der Erscheinungsweisen die reiche Vielfalt von Lebensformen.

Um die Wiederholung von Geburt und Tod in verschiedenen Lebensformen zu beenden, müssen wir die materielle Natur überwinden und auf die Ebene reinen Bewußtseins kommen. Wer es aber versäumt, die transzendentale Wissenschaft des Kṛṣṇa-Bewußtseins zu erlernen, muß nach dem Tod in einen anderen Körper überwechseln. Dieser kann besser oder schlechter sein als der gegenwärtige Körper: Wer die Erscheinungsweise der Tugend kultiviert, wird zu den höheren Planetensystemen erhoben, wo die Lebensverhältnisse wesentlich besser sind. Wer unter dem Einfluß der Erscheinungsweise der Leidenschaft lebt, bleibt auf seiner gegenwärtigen Stufe stehen. Doch wer sich in der Erscheinungsweise der Unwissenheit befindet und sündhafte Handlungen begeht, die gegen die Gesetze der Natur verstoßen, der steigt in eine tierische oder pflanzliche Lebensform ab. Danach muß er wieder zur menschlichen Form aufsteigen, ein Prozeß, der Jahrmillionen in Anspruch nehmen kann. Deshalb muß man als Mensch verantwortlich handeln. Der Mensch muß die seltene Gelegenheit, die sich ihm in dieser Lebensform bietet, nutzen, um seine Beziehung zu Gott zu verstehen und dementsprechend zu handeln. Dann kann er dem Kreislauf von Geburt und Tod, der ihn

schon durch die verschiedensten Lebensformen geführt hat, entrinnen und nach Hause, zu Gott, zurückkehren.
Bill Faill: Glauben Sie, daß Meditation dem Menschen hilft?
Śrīla Prabhupāda: Die meisten Leute wissen nicht, was Meditation eigentlich bedeutet. Ihre Meditation ist nur eine Farce – ein Betrug sogenannter *svāmīs* und *yogīs*. Sie fragen mich, ob Meditation dem Menschen hilft, aber wissen Sie, was Meditation ist?
Bill Faill: Eine Beruhigung des Geistes, der Versuch, zum Mittelpunkt zu finden, ohne den Geist abweichen zu lassen.
Śrīla Prabhupāda: Und was ist der Mittelpunkt?
Bill Faill: Ich weiß nicht.
Śrīla Prabhupāda: Sehen Sie! Alle reden groß von Meditation, aber niemand weiß, was Meditation eigentlich ist. Diese Schwindler nehmen das Wort „Meditation" in den Mund, aber sie wissen nicht einmal, was der Inhalt der Meditation sein sollte. Sie machen nur fadenscheinige Sprüche.
Bill Faill: Ist Meditation nicht insofern wertvoll, als sie die Menschen dazu bringt, richtig zu denken?
Śrīla Prabahupāda: Nein. Echte Meditation bedeutet, einen Zustand zu erreichen, in dem der Geist von Gottesbewußtsein erfüllt ist. Aber wenn Sie nicht wissen, was Gott ist, wie können Sie dann meditieren? In der heutigen Zeit sind die Menschen zudem dermaßen aufgewühlt, daß sie sich nicht richtig konzentrieren können. Ich habe diese sogenannte Meditation selbst gesehen. Die meisten schlafen nur und schnarchen. Leider führen viele Schwindler im Namen von „Gottesbewußtsein" oder „Selbstverwirklichung" eigene Meditationsmethoden ein, ohne sich auf die autorisierten Bücher vedischen Wissens zu stützen. Das ist nichts als eine Form der Ausbeutung.
Bill Faill: Was halten Sie von Lehrern wie Uspenski und Gurdjieff? Seinerzeit überbrachten sie dem Westen eine Botschaft, die der Ihren ähnelt.
Śrīla Prabhupāda: Wir müßten ihre Lehren genauer untersuchen,

um herauszufinden, ob sie dem vedischen Maßstab genügen. Gottesbewußtsein ist eine Wissenschaft, genau wie Medizin oder jede andere Wissenschaft. Der Inhalt der Lehre kann nicht verschieden sein, nur weil sie von jemand anderem erklärt wird. Zwei und zwei ergibt immer vier, nicht manchmal fünf oder drei. Das ist Wissenschaft.

Bill Faill: Meinen Sie nicht, daß vielleicht auch andere die echte Methode gelehrt haben, um das Gottesbewußtsein wiederzuerwecken?

Śrīla Prabhupāda: Solange ich die jeweilige Lehre nicht im einzelnen studiert habe, ist es sehr schwierig, ein Urteil abzugeben. Es gibt so viele Schwindler.

Bill Faill: Die nur Geld wollen.

Śrīla Prabhupāda: Das ist ihr Hauptinteresse. Ihre Methode ist nicht autorisiert. Deshalb präsentieren wir die *Bhagavad-gītā*, wie sie ist – ohne jede eigene Auslegung. So will es die Tradition.

Bill Faill: Ja, wenn man anfängt, Dinge aus eigennützigen Motiven auszulegen, verändert man sie unweigerlich.

Śrīla Prabhupāda: Kṛṣṇa-Bewußtsein ist keine neue Erfindung, es ist uralt und folgt unverändert der vedischen Tradition. Man darf nichts abändern, denn dadurch geht die Kraft verloren. Diese Kraft läßt sich mit Elektrizität vergleichen: Um Strom zu erzeugen, muß man sich an die allgemeinen Vorschriften halten. Zum Beispiel muß man die Plus- und Minuspole richtig anschließen. Man kann einen Generator nicht auf x-beliebige Weise konstruieren und hoffen, daß er trotzdem Strom erzeugt. Im Kṛṣṇa-Bewußtsein ist es ähnlich: Es gibt eine vorgeschriebene Methode, Kṛṣṇa-bewußte Philosophie durch die Hilfe echter Meister zu verstehen. Wenn man sich an ihre Anweisungen hält, ist der Erfolg so gut wie sicher. Leider ist eine der gefährlichsten Krankheiten des modernen Menschen, daß er immer nur das tun will, wonach ihm der Sinn steht. Niemand will sich an das vorgegebene Verfahren halten, und deshalb bleibt der Erfolg aus, sowohl spirituell als auch materiell.

Bill Faill: Wächst die Bewegung für Kṛṣṇa-Bewußtsein?

Śrīla Prabhupāda: O ja, beträchtlich. Es wird Sie vielleicht überraschen, daß wir Hunderttausende von Büchern verkaufen. Wir haben etwa fünfzig Titel, die von vielen Bibliothekaren und Universitätsprofessoren sehr geschätzt werden, weil es bislang noch nichts Derartiges gab. Wir geben der Welt etwas Neues.

Bill Faill: Zum Kṛṣṇa-Bewußtsein scheint zu gehören, daß man sich den Kopf schert und safranfarbene Gewänder trägt. Wie kann der normale Bürger, der sich um seine Familie kümmern muß, Kṛṣṇa-Bewußtsein praktizieren?

Śrīla Prabhupāda: Die safranfarbenen Gewänder und der geschorene Kopf sind nicht unbedingt nötig, wenngleich sie für die geistige Einstellung förderlich sind. Ein Soldat zum Beispiel bekommt durch seine Uniform mehr Selbstvertrauen – sie gibt ihm das Gefühl, ein Soldat zu sein. Aber heißt das, daß er ohne Uniform nicht kämpfen kann? Bestimmt nicht. Gottesbewußtsein kann durch nichts aufgehalten werden. In jeder Situation kann man es wiedererwecken, doch bestimmte Umstände sind dabei förderlich. Deshalb schreiben wir eine bestimmte Lebensweise und gewisse Verhaltensregeln vor, wie etwa hinsichtlich der Kleidung und der Ernährung. Diese Dinge sind für das Praktizieren von Kṛṣṇa-Bewußtsein hilfreich, aber sie sind nicht das Wesentliche.

Bill Faill: Man kann also ein Anhänger des Kṛṣṇa-Bewußtseins sein und gleichzeitig weiter seinen Alltagspflichten nachgehen?

Śrīla Prabhupāda: Ja.

Bill Faill: Wie steht es mit Drogen? Können sie einem helfen, Gotteserkenntnis zu erlangen?

Śrīla Prabhupāda: Wenn Drogen zur Gotteserkenntnis führen könnten, wären sie mächtiger als Gott. Ist das nicht absurd? Drogen sind chemische Stoffe, also materiell. Wie kann einem etwas Materielles helfen, Gott zu erkennen, der absolut spirituell ist? Das ist ausgeschlossen. Wenn man Drogen nimmt, erfährt man höchstens eine Art von Rausch oder Halluzination – aber keine Gotteserkenntnis.

Bill Faill: Glauben Sie, daß die großen Mystiker vergangener Zeiten

den spirituellen Funken, von dem Sie am Anfang gesprochen haben, tatsächlich gesehen haben?
Śrīla Prabhupāda: Was meinen Sie mit „Mystiker"?
Bill Faill: Das ist einfach eine Bezeichnung für Menschen, die eine andere Dimension der Realität erfahren haben.
Śrīla Prabhupāda: Wir gebrauchen das Wort „Mystiker" nicht in diesem Sinne. Gotteserkenntnis – das ist für uns die Realität, und sie ist erfahrbar, sobald man die spirituelle Ebene erreicht. Solange wir eine körperliche Lebensauffassung haben, ist unser Bewußtsein auf Sinnengenuß ausgerichtet, denn der Körper besteht aus Sinnen. Wenn wir uns über die körperliche Ebene erheben und den Geist als das Zentrum der Sinnestätigkeiten erkennen, halten wir den Geist für die höchste Instanz. Das nennt man die mentale Ebene. Von der mentalen Ebene können wir zur intellektuellen Ebene aufsteigen und von der intellektuellen Ebene zur transzendentalen Ebene. Schließlich können wir uns sogar über die transzendentale Ebene erheben und auf die höchste, die spirituelle Ebene gelangen. Das sind die verschiedenen Stufen der Gotteserkenntnis. In diesem Zeitalter aber sind die Menschen so tief gesunken, daß die *śāstras* [heilige Schriften] mit Nachdruck empfehlen, sich direkt auf die spirituelle Ebene zu erheben, und zwar durch das Chanten der Heiligen Namen Gottes: Hare Kṛṣṇa, Hare Kṛṣṇa, Kṛṣṇa Kṛṣṇa, Hare Hare / Hare Rāma, Hare Rāma, Rāma Rāma, Hare Hare. Wenn wir dieses Chanten auf der spirituellen Ebene praktizieren, können wir unmittelbar unsere spirituelle Identität erkennen und sehr rasch Gotteserkenntnis erlangen.
Bill Faill: Heute sagen viele Leute, wir müßten eher nach innen schauen, um die Wahrheit zu finden, als nach außen, in die Welt der Sinne.
Śrīla Prabhupāda: Nach innen zu schauen bedeutet zu verstehen, daß man spirituelle Seele ist, nicht der materielle Körper. Solange man an der körperlichen Lebensauffassung festhält, kann von Innenschau keine Rede sein.

Als erstes müssen wir analysieren: Bin ich dieser Körper, oder bin ich etwas anderes *in* diesem Körper? Leider wird diese Frage an keiner Schule oder Universität behandelt. Jeder geht einfach davon aus, daß er der Körper ist. In diesem Land zum Beispiel meinen die Leute überall: „Ich bin Südafrikaner, die dort sind Inder, die sind dies, die sind das." Im Grunde denkt jeder auf der Welt so. Kṛṣṇa-Bewußtsein beginnt, wenn man diese vom Körperlichen bestimmte Denkweise überwunden hat.

Bill Faill: Der erste Schritt besteht also darin, die Gegenwart des spirituellen Funkens im Körper zu erkennen?

Śrīla Prabhupāda: Ja. Solange man diese einfache Tatsache nicht versteht, ist spiritueller Fortschritt undenkbar.

Bill Faill: Ist es damit getan, dies intellektuell zu verstehen?

Śrīla Prabhupāda: Am Anfang ja. Es gibt zwei Bereiche des Wissens: Theorie und Praxis. Zunächst muß man den theoretischen Teil der spirituellen Wissenschaft erlernen; handelt man dann auf der spirituellen Ebene, gelangt man im Laufe der Zeit zur praktischen Verwirklichung. Leider haben sich heute fast alle Menschen in der Dunkelheit der körperlichen Lebensauffassung verirrt. Die Bewegung für Kṛṣṇa-Bewußtsein ist deshalb sehr wichtig, denn sie kann zumindest die zivilisierten Menschen aus dieser Dunkelheit herausführen. Solange sich die Menschen in der körperlichen Lebensauffassung befinden, sind sie nicht besser als Tiere. „Ich bin ein Hund", „Ich bin eine Katze", „Ich bin eine Kuh." Tiere denken in diesen Kategorien. Sobald jemand vorbeikommt, fängt der Hund an zu bellen, denn er ist überzeugt: „Ich bin ein Wachhund und muß hier aufpassen." Wenn ich also mit der Mentalität eines Hundes einen Ausländer anbelle: „Warum sind Sie in dieses Land gekommen? Warum sind Sie in mein Revier eingedrungen?" – was ist dann der Unterschied zwischen mir und dem Hund?

Bill Faill: Da gibt es keinen Unterschied. – Um auf etwas anderes zu sprechen zu kommen: Ist es notwendig, bestimmten Eßgewohnheiten zu folgen, um spirituelles Leben zu praktizieren?

Śrīla Prabhupāda: Ja. Spirituelles Leben soll uns läutern, und dabei spielt auch das Essen eine große Rolle. Soviel ich weiß, sagte Bernard Shaw: „Du bist, was du ißt." Wie wahr! Unsere körperliche und geistige Verfassung richtet sich danach, wie und was wir essen. Deshalb empfehlen die *śāstras*, daß wir, um Kṛṣṇa-bewußt zu werden, die Überreste von Kṛṣṇas Speisen essen sollen. Wer die Essensreste eines Tuberkulosepatienten ißt, steckt sich mit Tuberkulose an. Und wer *kṛṣṇa-prasāda* ißt, wird mit Kṛṣṇa-Bewußtsein angesteckt. Deswegen bringen wir alle Speisen zuerst Kṛṣṇa dar, bevor wir essen. Das hilft uns, im Kṛṣṇa-Bewußtsein Fortschritt zu machen.
Bill Faill: Sie alle sind Vegetarier?
Śrīla Prabhupāda: Ja, denn Kṛṣṇa ist Vegetarier. Kṛṣṇa kann alles essen, weil Er Gott ist, doch in der *Bhagavad-gītā* [9.26] sagt Er: „Wenn jemand Mir mit Liebe und Hingabe ein Blatt, eine Blume, eine Frucht oder etwas Wasser opfert, werde Ich es annehmen." Er sagt nie: „Gebt Mir Fleisch und Wein!"
Bill Faill: Wie sieht es mit Tabak aus?
Śrīla Prabhupāda: Tabak ist auch ein Rauschmittel. Wir sind bereits genug von der körperlichen Lebensauffassung berauscht. Wenn wir uns noch mehr berauschen, ist es um uns geschehen.
Bill Faill: Sie meinen, Dinge wie Fleisch, Alkohol und Tabak verstärken nur das körperliche Bewußtsein?
Śrīla Prabhupāda: Ganz recht. Wenn Sie eine Krankheit haben und geheilt werden möchten, müssen Sie sich an den Rat eines Arztes halten. Wenn er Ihnen eine bestimmte Diät verordnet, müssen Sie sie befolgen. Unser Rezept gegen die körperliche Lebensauffassung lautet: Hare Kṛṣṇa chanten, Beschreibungen von Kṛṣṇas Taten und Spielen hören und *kṛṣṇa-prasāda* essen.

Lösungen für die sozialen Probleme unserer Zeit

Spirituelle Maßnahmen gegen Kriminalität

Jahr für Jahr geben Regierungen in aller Welt mehr Geld für die Verbrechensbekämpfung und -verhütung aus, doch trotz gezielter Anstrengungen steigt die Kriminalitätsrate beharrlich weiter. Im folgenden Gespräch vom Juli 1975 fragt Leutnant David Mozee, Pressereferent der Chicagoer Polizei, wie man die wachsende Kriminalität in den USA bekämpfen könne. Śrīla Prabhupāda schlägt eine erstaunlich einfache, aber praktische Lösung für das scheinbar unüberwindliche Problem vor.

Leutnant Mozee: Ich habe gehört, daß Sie einige Ideen haben, die uns bei der Verbrechensverhütung helfen könnten. Es wäre für mich sehr interessant, mehr darüber zu erfahren.

Śrīla Prabhupāda: Der Unterschied zwischen einem frommen Menschen und einem Verbrecher besteht darin, daß das Herz des einen rein, das des anderen schmutzig ist. Dieser Schmutz ist eine Art Krankheit, die in Form von unbeherrschter Lust und Gier das Herz des Kriminellen befallen hat. Heutzutage leidet der größte Teil der Menschen an dieser Krankheit, und deshalb nimmt die Kriminalität überhand. Wenn sich die Menschen von diesen Unreinheiten befreien, wird das Verbrechen verschwinden. Die einfachste Methode der Reinigung besteht darin, sich mit anderen zusammenzutun und gemeinsam die Heiligen Namen Gottes zu chanten. Das nennt man *saṅkīrtana* – und das ist die Grundlage unserer Bewegung für Kṛṣṇa-

Bewußtsein. Wenn Sie der Kriminalität ein Ende setzen wollen, müssen Sie also so viele Menschen wie möglich zum *saṅkīrtana* versammeln. Dieses gemeinsame Lobpreisen der Heiligen Namen Gottes wird alle Unreinheiten aus dem Herzen entfernen. Dann wird es keine Verbrechen mehr geben.

Leutnant Mozee: Was, denken Sie, ist der Unterschied zwischen der Kriminalität hier in den USA und der Kriminalität in Ihrem Land, Indien?

Śrīla Prabhupāda: Wie definieren Sie Kriminalität?

Leutnant Mozee: Jede Beeinträchtigung der Rechte einer Person durch eine andere.

Śrīla Prabhupāda: Ja. Wir haben dieselbe Definition. In den *Upaniṣaden* heißt es: *īśāvāsyam idaṁ sarvam*: „Alles gehört Gott." Jeder hat das Recht, seinen gottgegebenen Anteil zu nutzen, aber er darf sich nicht am Eigentum anderer vergreifen. Wer dies tut, wird zum Kriminellen. Genaugenommen besteht das erste Verbrechen darin, daß die Amerikaner denken, das Land Amerika gehöre ihnen. Vor 200 Jahren gehörte es ihnen noch nicht, aber dann strömten sie aus allen Teilen der Welt zusammen und beanspruchten es als ihren Besitz. Eigentlich ist es Gottes Land, und als solches gehört es allen, da wir alle Kinder Gottes sind; aber die meisten Menschen haben keine Vorstellung von Gott; sie sind fast alle gottlos. Deshalb sollte man die Menschen über Gott unterrichten. Die amerikanische Regierung hat das Motto: „Auf Gott vertrauen wir." Ist das richtig?

Leutnant Mozee: Ja.

Śrīla Prabhupāda: Aber wo wird Wissen über Gott vermittelt? Auf Gott zu vertrauen ist sehr gut, aber Vertrauen allein wird nicht von Dauer sein, wenn es nicht von exaktem Wissen über Gott gestützt wird. Man weiß wohl, daß man einen Vater hat, doch solange man ihn nicht kennt, ist dieses Wissen unvollkommen. Es mangelt an Bildung und Erziehung in der Wissenschaft von Gott.

Leutnant Mozee: Sind Sie der Ansicht, daß diese Art von Bildung nur hier in den Vereinigten Staaten fehlt?

Śrīla Prabhupāda: Nein, überall. Die Zeit, in der wir leben, heißt Kali-yuga, das Zeitalter der Gottlosigkeit. Es ist das Zeitalter der Uneinigkeit und des Streites, und die Herzen der Menschen sind voller Schmutz. Aber Gott ist so mächtig, daß wir geläutert werden, wenn wir Seinen heiligen Namen anrufen. Der Beweis dafür sind meine Schüler, die ihre Untugenden abgelegt haben. Das Chanten der Heiligen Namen ist die Grundlage unserer Bewegung. Unsere Tür steht jedem offen – wir machen keine Unterschiede. Jeder kann in unseren Tempel kommen, den Hare-Kṛṣṇa-*mantra* chanten, etwas *prasādam* [geweihte Speisen] als Stärkung zu sich nehmen und auf diese Weise allmählich geläutert werden. Wenn wir von den Behörden die nötigen Mittel bekämen, könnten wir im großen Rahmen *saṅkīrtana* abhalten und *prasādam* an die Leute verteilen. Dadurch würde sich ohne Zweifel die ganze Gesellschaft wandeln.

Leutnant Mozee: Wenn ich Sie richtig verstehe, sagen Sie, daß wir mehr Nachdruck auf eine Rückkehr zu religiösen Prinzipien legen sollten.

Śrīla Prabhupāda: Auf jeden Fall. Worin unterscheidet sich der Mensch vom Tier, wenn er keine religiösen Prinzipien befolgt? Der Mensch kann Religion verstehen, der Hund nicht. Wie kann man aber erwarten, daß in der Gesellschaft Frieden herrscht, wenn ihre Mitglieder auf der Stufe von Katzen und Hunden stehen? Wenn Sie ein Dutzend Hunde zusammen in ein Zimmer sperren, wie soll es dann möglich sein, in diesem Zimmer Frieden aufrechtzuerhalten? Ebenso kann man in der menschlichen Gesellschaft keinen Frieden erwarten, solange die Menschen die Mentalität von Hunden haben.

Leutnant Mozee: Wenn einige meiner Fragen respektlos klingen, dann nur, weil ich Ihre religiösen Anschauungen nicht vollständig verstehe. Ich möchte durchaus nicht respektlos sein.

Śrīla Prabhupāda: Nein, es geht hier gar nicht um meine religiösen Anschauungen. Ich zeige nur den Unterschied zwischen menschlichem und tierischem Leben auf. Für Tiere ist es völlig unmöglich, etwas über Gott zu erfahren, der Mensch jedoch kann das sehr wohl. Wenn man aber dem Menschen diese Möglichkeit nicht bietet, dann bleibt er auf der Ebene von Katzen und Hunden stehen. In einer Gesellschaft von Katzen und Hunden kann man keinen Frieden erwarten. Die Pflicht des Staates ist es also, dafür zu sorgen, daß die Bürger darin unterrichtet werden, wie sie gottesbewußt werden können. Sonst gibt es nichts als Probleme, denn ohne Gottesbewußtsein besteht zwischen einem Hund und einem Menschen kein Unterschied: Der Hund ißt, wir essen; der Hund schläft, wir schlafen; der Hund hat Geschlechtsverkehr, wir haben Geschlechtsverkehr; der Hund versucht, sich zu verteidigen, und wir versuchen ebenfalls, uns zu verteidigen. Das sind die Gemeinsamkeiten. Der einzige Unterschied ist nur, daß der Hund nicht lernen kann, seine Beziehung zu Gott zu verstehen.

Leutnant Mozee: Wäre nicht Frieden die Voraussetzung für eine Rückkehr zur Religion? Müssen wir nicht zuerst Frieden schaffen?

Śrīla Prabhupāda: Nein, nein. Da liegt das Problem. Heutzutage weiß niemand wirklich, was Religion bedeutet. Religion bedeutet, die Gesetze Gottes zu befolgen, genauso wie ein guter Staatsbürger zu sein bedeutet, die Gesetze der Regierung zu befolgen. Weil niemand Gott kennt, kennt niemand die Gesetze Gottes und die Bedeutung von Religion. Das ist heute die Situation in der Gesellschaft. Die Leute vergessen, was Religion eigentlich bedeutet, und halten sie nur für eine Art Glauben. Glaube kann auch blinder Glaube sein. Der Begriff „Glaube" beschreibt nicht das Wesen von Religion. Mit Religion sind die von Gott erlassenen Gesetze gemeint, und jeder, der diese Gesetze befolgt, ist religiös, gleichgültig, ob er Christ, Hindu oder Moslem ist.

Leutnant Mozee: Mit allem Respekt, ist es nicht so, daß wir in Indien, wo die religiösen Bräuche jahrhundertelang befolgt wurden, keine Rückkehr zum spirituellen Leben, sondern eine Abkehr davon beobachten können?

Śrīla Prabhupāda: Ja – aber schuld daran ist die schlechte Staatsführung. An sich ist die überwiegende Mehrheit der indischen Bevölkerung sehr gottesbewußt und versucht, die Gesetze Gottes zu befolgen. Hier im Westen glauben nicht einmal gebildete Hochschulprofessoren an Gott oder an ein Leben nach dem Tod. Aber in Indien glaubt selbst der ärmste Mann an Gott und an ein nächstes Leben. Er weiß, daß sündhaftes Handeln Leid bringt, frommes Handeln jedoch Wohlstand und Glück. Noch heute gehen Dorfbewohner zum Tempel, um eine Auseinandersetzung beizulegen, denn jeder weiß, daß es die Gegenpartei kaum wagen wird, im Angesicht der Bildgestalt Gottes zu lügen. So gesehen ist die indische Bevölkerung immer noch zu achtzig Prozent religiös. Das ist der besondere Vorteil einer Geburt in Indien, aber auch die besondere Verantwortung. Śrī Caitanya Mahāprabhu sagte:

bhārata-bhūmite haila manuṣya-janma yā'ra
janma sārthaka kari' kara para-upakāra
(*Caitanya-caritāmṛta, Ādi-līlā* 9.41)

„Jeder, der in Indien geboren wurde, sollte sein Leben vervollkommnen, indem er Kṛṣṇa-bewußt wird, und dann das Kṛṣṇa-Bewußtsein auf der ganzen Welt verbreiten."

Leutnant Mozee: Es gibt ein christliches Gleichnis, das besagt, daß eher ein Kamel durch ein Nadelöhr geht, als daß ein reicher Mann vor den Thron Gottes kommt. Glauben Sie, daß der Wohlstand der Vereinigten Staaten und anderer westlicher Länder ein Hindernis für spirituelles Bewußtsein ist?

Śrīla Prabhupāda: Zuviel Reichtum ist in der Tat ein Hindernis. Kṛṣṇa sagt in der *Bhagavad-gītā* (2.44):

bhogaiśvarya-prasaktānāṁ
tayāpahṛta-cetasām
vyavasāyātmikā buddhiḥ
samādhau na vidhīyate

Wer großen materiellen Reichtum besitzt, vergißt Gott. Deshalb ist zuviel materieller Wohlstand ein Nachteil, wenn man nach Gotteserkenntnis strebt. Es ist zwar kein zwingendes Gesetz, daß nur ein armer Mensch Gott erkennen kann, aber sehr reiche Leute haben im allgemeinen ausschließlich die Vermehrung ihres Vermögens im Sinn und können daher spirituelle Lehren nur schwer verstehen.

Leutnant Mozee: Die Anhänger des christlichen Glaubens hier in Amerika vertreten ähnliche Ansichten. Ich sehe keinen großen Unterschied zwischen den spirituellen Lehren der verschiedenen Religionen.

Śrīla Prabhupāda: Der wesentliche Inhalt aller Religionen ist der gleiche. Wir empfehlen jedem, zu welchem Glauben auch immer er sich bekennt, nach Gotteserkenntnis und Gottesliebe zu streben. Wir sagen den Christen nicht: „Das Christentum ist nicht gut. Sie müssen so werden wie wir." Unsere Bitte lautet: „Ob Christ, Moslem oder Hindu – versuchen Sie einfach, Gott zu verstehen und zu lieben!"

Leutnant Mozee: Wenn ich auf den ursprünglichen Grund meines Besuches zurückkommen dürfte: Welchen Ratschlag könnten Sie uns geben, um uns bei der Verbrechensbekämpfung zu unterstützen? Ich gebe zu, daß der allererste Schritt darin besteht, sich wieder auf Gott zu besinnen, wie Sie gesagt haben. Darüber gibt es keinen Zweifel. Aber können Sie uns nicht eine Sofortmaßnahme empfehlen, um den wachsenden Hang zur Kriminalität einzudämmen?

Śrīla Prabhupāda: Ja. Wie ich bereits zu Beginn unseres Gespräches andeutete, sollten Sie uns darin unterstützen, den Heiligen Namen Gottes zu chanten und *prasādam* zu verteilen. Das wird einen enormen Wandel in der Bevölkerung herbeiführen. Als ich aus Indien kam, war ich allein, und jetzt habe ich viele Anhänger. Was habe ich getan? Ich habe sie gebeten, sich hinzusetzen und den Hare-Kṛṣṇa-*mantra* zu chanten, und anschließend habe ich etwas *prasādam* verteilt. Die gleiche Methode, auf große Menschenmengen übertragen, würde in der Gesellschaft mit Sicherheit ein sehr angenehmes Klima schaffen.

Wir müßten nur von den Behörden die nötigen Mittel zur Verfügung gestellt bekommen.
Leutnant Mozee: Ich werde Ihre Bitte auf jeden Fall an meine Vorgesetzten weiterleiten. Würden Sie das Programm in einem reichen Viertel oder eher in einem ärmeren anlaufen lassen?
Śrīla Prabhupāda: Wir machen da keine Unterschiede. Jeder allgemein zugängliche Ort eignet sich bestens für *saṅkīrtana*. Die reichen Leute haben Gottesbewußtsein genauso nötig wie die armen. Jeder wird dadurch geläutert und profitiert davon. Glauben Sie, es gäbe nur in den ärmeren Gesellschaftsschichten Kriminalität?
Leutnant Mozee: Nein, aber ich wollte wissen, ob es einen günstigeren Einfluß hätte und die Gesellschaft mehr gestärkt würde, wenn das Programm in einer ärmeren statt in einer reichen Gegend durchgeführt würde.
Śrīla Prabhupāda: Unsere Behandlung ist für den spirituell erkrankten Menschen bestimmt. Wenn jemand an einer Krankheit leidet, unterscheidet man nicht zwischen arm und reich. Beide werden in dasselbe Krankenhaus eingeliefert. Genau wie das Krankenhaus an einem Ort gelegen sein sollte, den sowohl der arme wie der reiche Mann problemlos erreichen kann, so soll der Ort, an dem *saṅkīrtana* und *prasādam*-Verteilung stattfinden, für jedermann leicht zugänglich sein. Da alle an der Krankheit des Materialismus leiden, sollen alle ihren Nutzen daraus ziehen können.

Das Problem ist nur, daß der Reiche sich für vollkommen gesund hält, obwohl er der Kränkste von allen ist. Aber als Polizist wissen Sie ja am besten, daß es sowohl unter den Reichen als auch unter den Armen Kriminelle gibt. Der Vorgang des Chantens ist für jeden da, denn er reinigt das Herz, ganz gleich, ob jemand arm oder reich ist. Der einzige Weg, einen Menschen auf Dauer von seinem kriminellen Verhalten abzubringen, besteht darin, sein Herz zu wandeln. Bekanntlich werden viele Diebe immer wieder gefaßt und ins Gefängnis gesteckt. Sie wissen zwar, daß sie als Strafe für Diebstahl ins Gefängnis müssen, aber sie stehlen wie unter Zwang weiter, weil ihr Herz unrein ist. Ohne das Herz des Kriminellen zu läutern, kann man daher das Verbrechen nicht eindämmen. Es ist nicht damit getan, einfach die Gesetze zu verschärfen. Der Dieb und der Mörder kennen das Gesetz sehr genau, und doch werden sie aufgrund der Verunreinigung in ihrem Herzen immer wieder straffällig. Unsere Methode besteht deshalb darin, das Herz zu reinigen – *ceto darpaṇa mārjanaṁ*. Dadurch lassen sich alle Probleme der materiellen Welt lösen.

Leutnant Mozee: Das ist eine sehr schwierige Aufgabe.

Śrīla Prabhupāda: Es ist nicht schwierig. Laden Sie einfach jeden ein: „Kommt alle, chantet Hare Kṛṣṇa, tanzt und eßt reichlich das köstliche *prasādam*!" Was kann daran schwierig sein? Wir tun das bereits in unseren Zentren, und die Leute kommen. Aber weil unsere finanziellen Mittel sehr beschränkt sind, können wir es nur im kleinen Rahmen praktizieren. Jeder ist eingeladen, und immer mehr Leute besuchen unsere Zentren und werden Gottgeweihte. Aber wenn uns die Regierung die nötigen Mittel zur Verfügung stellen würde, könnten wir dieses Programm unbegrenzt ausdehnen. Die Regierung steht vor großen Schwierigkeiten. Die Frage lautet: „Kriminalität – was sind die Ursachen und was können wir dagegen tun?" Das Problem ist gewaltig. Warum würden sonst überall Stimmen laut, die nach einer Lösung rufen? Jeder Staat möchte die Kriminalität aus der Welt schaffen. Darin sind sich alle einig. Aber die Regierungen wissen nicht, wie sie vorgehen sollen. Wenn die Verantwortlichen uns anhören würden, könnten wir ihnen die Lösung präsentieren. Warum werden Verbrechen verübt? Weil die Menschen gottlos sind. Und was ist zu tun? Chanten Sie Hare Kṛṣṇa, und essen Sie *prasādam*! Wenn Sie möchten, können Sie sich unseren Vorgang zunutze machen. Wenn nicht, werden wir ihn einfach im kleinen Rahmen weiterführen. Wir sind wie ein armer Arzt mit einer kleinen Privatpraxis, der ein großes Krankenhaus eröffnen könnte, wenn man ihm die nötigen Mittel gäbe. Die Entscheidung liegt bei der Regierung. Wenn die führenden Politiker unserem Rat folgen und den Vorgang des *saṅkīrtana* aufnehmen, wird das Problem der Kriminalität gelöst sein.

Leutnant Mozee: Es gibt in den Vereinigten Staaten viele christliche Gemeinschaften, die die heilige Kommunion austeilen. Warum hilft das nicht? Warum läutert das nicht das Herz?

Śrīla Prabhupāda: Offengestanden fällt es mir schwer, auch nur einen echten Christen zu finden. Die sogenannten Christen befolgen die Gebote der Bibel nicht. Eines der zehn Gebote lautet: „Du sollst nicht töten!" Aber wo ist der Christ, der nicht tötet, der nicht das Fleisch der Kuh ißt? Das Chanten der Heiligen Namen und die Verteilung von *prasādam* wird Wirkung zeigen, wenn es von Menschen durchgeführt wird, die tatsächlich ein religiöses Leben führen. Meine Schüler sind darin geschult, die religiösen Prinzipien strikt einzuhalten, und deshalb unterscheidet sich ihr Chanten der Heiligen Namen von dem anderer. Sie chanten nicht einfach nur äußerlich, sondern haben in der Praxis die reinigende Kraft des Heiligen Namens erfahren.

Leutnant Mozee: Liegt nicht die Schwierigkeit darin, daß vielleicht ein kleiner Kreis von Priestern und Gottgeweihten den religiösen Prinzipien folgt, daß aber viele Glaubensangehörige abweichen und Probleme schaffen? Nehmen wir einmal an, die Hare-Kṛṣṇa-Bewegung wüchse zu einer riesigen Glaubensgemeinschaft an, so wie das Christentum. Hätten Sie dann nicht ein Problem mit Leuten, die sich zwar als Anhänger bezeichneten, es aber in Wirklichkeit nicht sind?

Śrīla Prabhupāda: Diese Möglichkeit besteht jederzeit, aber ich möchte lediglich hervorheben, daß man, wenn man kein echter Christ ist, mit seinem Predigen keine Wirkung erzielen wird. Und weil wir die religiösen Prinzipien strikt befolgen, wird unser Predigen nachhaltig zur Verbreitung von Gottesbewußtsein und zur Lösung des Kriminalitätsproblems beitragen.

Leutnant Mozee: Vielen Dank für Ihre Zeit. Ich werde diese Tonbandaufnahme meinen Vorgesetzten übergeben. Ich hoffe sehr, daß Ihre Ausführungen dort den gleichen Eindruck hinterlassen werden, wie dies bei mir der Fall ist.

Śrīla Prabhupāda: Vielen Dank.

Materielle und spirituelle Wohltätigkeit

Śrīla Prabhupāda schreibt in einem Briefwechsel mit dem Sekretär des Hilfsfonds-Komitees von Andhra Pradesh, Hyderabad: „Ich glaube daher, daß Ihren Bemühungen kein Erfolg beschieden sein wird, solange Sie lediglich durch Spendensammlungen Hilfe leisten wollen. Wir müssen den Höchsten Herrn erfreuen – das ist der Weg zum Erfolg. Hier zum Beispiel hat es, seitdem wir saṅkīrtana [gemeinsames Chanten von Hare Kṛṣṇa] abhalten, nach zweijähriger Trockenheit wieder zu regnen begonnen..."

Ehrwürdiger Swamiji,

Die Einwohner der Zwillingsstädte [Hyderabad und Secunderabad] freuen sich, Sie und Ihre geschätzten Anhänger begrüßen zu dürfen. Wie Ihnen wohl bekannt ist, wird über die Hälfte unseres Landes [Andhra Pradesh, ein Staat in Südindien] von einer schweren Dürre heimgesucht, da es in den vergangenen zwei Jahren nur wenig und in diesem Jahr überhaupt noch nicht geregnet hat. Bürger aus allen Gesellschaftsschichten und Berufsgruppen haben eine Freiwilligenorganisation gegründet, deren Ziel es ist, den Kampf der Regierung gegen die Katastrophe zu unterstützen. Die Mitglieder dieser Organisation haben die von der Trockenheit betroffenen Gebiete besucht. Die Lage ist erschütternd. Es gibt Dörfer, in denen im Umkreis von Meilen kein Wasser erhältlich ist. Weil es kein Futter gibt, müssen die Bauern ihr Vieh zu Niedrigstpreisen verkaufen. Streunende Rinder verenden massenweise, weil sie kein Futter und kein Wasser finden. Die Nahrungsmittelsituation ist ebenfalls höchst prekär. Wegen der hohen Getreidepreise können es sich arme Dorfbewohner nicht leisten, Getreide zu Marktpreisen zu kaufen. Die Folge: Mindestens fünf bis sechs Millionen Menschen haben kaum eine Mahlzeit am Tag. Viele stehen am Rande des Verhungerns. Die ganze Lage ist höchst mitleiderregend, und uns allen blutet das Herz.

Wir richten deshalb folgenden Appell an Sie: Bitte überlegen Sie, wie Ihre Gesellschaft mithelfen könnte, das unvorstellbare Elend dieser Millionen von armen Seelen zu lindern. Das Komitee des Hilfsfonds erlaubt sich vorzuschlagen, daß Mitglieder Ihrer Gesellschaft die *bhaktas* [Gottgeweihte], die zu Ihren Vorlesungen kommen, dazu auffordern, den Hilfsfonds von Andhra Pradesh mit ihrer Spende zu unterstützen.

Das Komitee ist bereit, Mitgliedern Ihrer Gesellschaft einige seiner Vertreter mitzuschicken, wo immer Sie an die hungernden Millionen im Staate *prasādam* verteilen möchten.

Da *mānava-sevā* [„Dienst am Mitmenschen"] *mādhava-sevā* [„Dienst an Gott"] ist, ist das Komitee zuversichtlich, daß schon eine kleine Bemühung seitens Ihrer geschätzten und für ihre Güte bekannten Gesellschaft mithelfen wird, die Not Tausender von Menschen zu lindern.

Im Dienste des Herrn, Ihr ergebener
T.L. Katidia,
Sekretär des Hilfsfonds-Komitees von Andhra Pradesh
Hyderabad, Indien

Sehr geehrter Herr Katidia!

Seien Sie mir herzlich gegrüßt! In Bezug auf Ihren Brief und Ihr Gesuch möchte ich Ihnen mitteilen, daß niemand glücklich sein kann, ohne den Höchsten Herrn zu erfreuen. Doch leider wissen die Menschen nicht, wer Gott ist und wie man Ihn erfreut. Unsere Bewegung für Kṛṣṇa-Bewußtsein sieht daher ihre Aufgabe darin, den Höchsten Herrn den Menschen näherzubringen. Im *Śrīmad-Bhāgavatam*, Siebter Canto, 6. Kapitel, heißt es: *tuṣṭe ca tatra kim alabhyam ananta ādye/kiṁ tair guṇa-vyatikarād iha ye sva-siddhāḥ.*

Dieser Vers besagt: Wenn wir zur Freude des Höchsten Herrn handeln, dienen wir dem Wohle aller, und dann gibt es keinen Mangel mehr. Weil die Menschen dieses Erfolgsgeheimnis nicht kennen, schmieden sie ihre eigenen, unabhängigen Pläne, die sie glücklich machen sollen. Es ist jedoch nicht möglich, auf diese Weise Glück zu finden. Auf Ihrem Briefkopf sehe ich die Namen vieler bedeutender Persönlichkeiten Ihres Landes, die daran interessiert sind, das Elend der Menschen zu lindern, aber sie alle sollten sich darüber im klaren sein, daß all ihre Bemühungen vergeblich sind, wenn sie nicht zur Freude des Höchsten Herrn bestimmt sind. Allein die Betreuung durch einen sachkundigen Arzt und die Einnahme von Medikamenten gewährleisten nicht das Überleben eines Kranken. Wenn dem so wäre, würde kein reicher Mann sterben. Vielmehr bedarf es dazu der Gunst Kṛṣṇas, des Höchsten Herrn.

Ich glaube daher, daß Ihren Bemühungen kein Erfolg beschieden sein wird, solange Sie lediglich durch Spendensammlungen Hilfe leisten wollen. Sie müssen den Höchsten Herrn erfreuen – das ist der Weg zum Erfolg. Hier zum Beispiel hat es, seitdem wir *saṅkīrtana* abhalten, nach zweijähriger Trockenheit wieder zu regnen begonnen. Als wir das letzte Mal in Delhi ein Hare-Kṛṣṇa-Festival veranstalteten, drohte unmittelbar die Kriegserklärung Pakistans. Ein Journalist fragte mich, wie ich die Lage einschätze, und ich sagte, ein Kampf sei aufgrund der aggressiven Haltung der Gegenseite unvermeidlich. Doch dank unserer *saṅkīrtana*-Bewegung ging Indien siegreich aus dem Kampf hervor. Und als wir in Kalkutta ein ähnliches Festival veranstalteten, legten sich die von den Naxaliten [Kommunisten] gestifteten Unruhen. Das sind alles Fakten. Durch die *saṅkīrtana*-Bewegung bekommen wir nicht nur alles, was wir zum Leben brauchen, sondern können am Ende sogar nach Hause, zu Gott, zurückkehren. Menschen von dämonischem Wesen können dies nicht verstehen, aber es ist eine Tatsache.

Daher bitte ich Sie alle, als führende Miglieder der Gesellschaft, sich unserer Bewegung anzuschließen. Keiner hat etwas dabei zu verlieren, wenn er den Hare-Kṛṣṇa-*mantra* chantet, aber der Gewinn ist groß. Wie es in der *Bhagavad-gītā* [3.21] heißt, folgen die gewöhnlichen Menschen dem Vorbild der führenden Persönlichkeiten:

yad yad ācarati śreṣṭhas
tat tad evetaro janaḥ
sa yat pramāṇaṁ kurute
lokas tad anuvartate

„Was immer ein bedeutender Mensch tut, dem folgen die gewöhnlichen Menschen nach. Und nach den Maßstäben, die er durch sein Beispiel setzt, richtet sich die ganze Welt."

Die *saṅkīrtana*-Bewegung des Kṛṣṇa-Bewußtseins ist sehr wichtig. Deshalb möchte ich über Sie an alle führenden Persönlichkeiten Indiens appellieren, diese Bewegung ernst zu nehmen und uns nach besten Kräften zu helfen, sie auf der ganzen Welt zu verbreiten. Das wird nicht nur in Indien, sondern auf der ganzen Welt für glückliche Lebensumstände sorgen.

In der Hoffnung, daß dieser Brief Sie bei guter Gesundheit erreicht, verbleibe ich

Ihr stets wohlmeinender Freund
A.C. *Bhaktivedanta Swami*

Wir erklären unsere Abhängigkeit von Gott

Im Jahre 1976 feierten die Vereinigten Staaten ihr 200-jähriges Bestehen. Im März des gleichen Jahres interviewen die Redakteure der Zeitschrift Back to Godhead *Śrīla Prabhupāda in Māyāpura (Indien). Im Verlaufe des Gesprächs setzt sich Śrīla Prabhupāda kritisch mit amerikanischen Leitsätzen auseinander, wie „Alle Menschen sind gleich", „Wir vertrauen auf Gott" und „Eine Nation unter Gott".*

Back to Godhead: Thomas Jefferson formulierte die Grundgedanken der Amerikanischen Revolution in der Unabhängigkeitserklärung. Die bedeutenden Männer, die das Dokument unterzeichneten, waren sich einig, daß es gewisse offenkundige, selbstverständliche Wahrheiten gibt, und die erste davon lautet, daß alle Menschen gleich geschaffen sind. Damit meinten sie, daß alle Menschen vor dem Gesetz gleich sind und ein gleiches Recht darauf haben, durch das Gesetz geschützt zu werden.

Śrīla Prabhupāda: Ja, in dieser Hinsicht sind alle Menschen gleich.

BTG: Die Unabhängigkeitserklärung spricht auch davon, daß alle Menschen von Gott mit bestimmten natürlichen Rechten ausgestattet sind, die ihnen nicht abgesprochen werden können. Dazu zählen das Recht auf Leben, das Recht auf Freiheit und...

Śrīla Prabhupāda: Aber die Tiere haben ebenfalls das Recht zu leben. Warum wird nicht auch ihnen dieses Recht zugesprochen? Die Hasen zum Beispiel führen ein friedliches Leben im Wald. Warum läßt es die Regierung zu, daß die Jäger sie abschießen?

BTG: Damals war nur von den Menschen die Rede.

Śrīla Prabhupāda: Dann ist das keine echte Philosophie. Die engherzige Haltung, nur meine Familie oder mein Bruder sei wichtig, aber alle anderen könne ich töten, ist kriminell. Stellen Sie sich vor, jemand tötet Ihren Vater, nur um seiner eigenen Familie einen Vorteil zu verschaffen. Ist das etwa Philosophie? Wahre Philosophie ist *suhṛdaṁ sarva-bhūtānām*: Man soll allen Lebewesen ein Freund sein. Das gilt selbstverständlich für alle Menschen, aber auch wenn jemand unnötigerweise ein Tier tötet, sollte man sofort protestieren: „Was treiben Sie da für einen Unsinn?"

BTG: Die Gründerväter Amerikas sagten, ein anderes Naturrecht sei das Recht auf Freiheit. Freiheit in dem Sinne, daß der Staat nicht das Recht hat, dem einzelnen vorzuschreiben, welchen Beruf er ergreifen muß.

Śrīla Prabhupāda: Einem unvollkommenen Staat sollte es nicht gestattet sein, den Menschen vorzuschreiben, was sie zu tun haben. Aber ein vollkommener Staat ist dazu befugt.

BTG: Das dritte Naturrecht lautet, daß jeder Mensch das Recht hat, nach Glück zu streben.

Śrīla Prabhupāda: Ja. Aber was mich glücklich macht, macht noch lange nicht andere glücklich. Viele essen gerne Fleisch; mir ist es zuwider. Wie kann es für alle den gleichen Maßstab des Glücks geben?

BTG: Sollte es dann jedem freistehen, nach seiner eigenen Fasson glücklich zu werden?

Śrīla Prabhupāda: Nein. Entsprechend seinen persönlichen Eigenschaften sollte es dem einzelnen vorgeschrieben sein, wie er glücklich werden kann. Die gesamte Gesellschaft muß in vier Gruppen unterteilt werden: in Menschen mit *brāhmaṇa*-Eigenschaften, Menschen mit *kṣatriya*-Eigenschaften, Menschen mit *vaiśya*-Eigenschaften und Menschen mit *śūdra*-Eigenschaften.* Jedem sollte die Möglichkeit geboten werden, entsprechend seiner natürlichen Veranlagung zu handeln. Einen Bullen kann man nicht die Arbeit eines Pferdes verrichten lassen und umgekehrt.

Heutzutage erhält praktisch jeder eine Hochschulausbildung. Aber was wird an diesen Hochschulen gelehrt? Größtenteils technisches Wissen, das zur Bildung der *śūdras* zählt. Wahre höhere Bildung ist das Studium der vedischen Weisheiten, und das ist Sache der *brāhmaṇas*. Wenn ausschließlich *śūdra*-Wissen gelehrt wird, führt das zum Chaos. Jeder sollte daraufhin geprüft werden, für welchen Bildungsweg er sich am besten eignet. Manche *śūdras* können eine technische Ausbildung erhalten, aber die meisten sollten auf Bauernhöfen arbeiten. Weil jeder in die Stadt zieht, um zu studieren, und sich dort einen höheren Verdienst verspricht, wird die Landwirtschaft vernachlässigt. Gegenwärtig herrscht Knappheit, weil sich niemand um die Erzeugung guter Nahrungsmittel kümmert. All diese Mißstände haben ihre Ursache in einer schlechten Staatsführung. Es ist die Pflicht des Staates, dafür zu sorgen, daß jeder gemäß seinen natürlichen Eigenschaften beschäftigt ist. Dann werden die Menschen glücklich sein.

BTG: Mit anderen Worten, wenn der Staat alle Menschen künstlich in eine bestimmte Klasse zwängt, kann es kein Glück geben.

Śrīla Prabhupāda: Nein. Das ist unnatürlich und verursacht nur Chaos.

BTG: Amerikas Gründerväter hatten mit Klassen schlechte Erfahrungen gemacht und mochten Klassenunterteilungen deshalb nicht. Vor

---

* *Brāhmaṇas* sind fromme Lehrer (und spirituelle Führer) der Gesellschaft; *kṣatriyas* sind im Militär oder in der Staatsverwaltung tätig; *vaiśyas* sind Bauern und Geschäftsleute, und *śūdras* sind Arbeiter.

der Revolution wurden die Amerikaner von Monarchen regiert, doch die Monarchen waren immer ungerecht und tyrannisch.

Śrīla Prabhupāda: Weil sie nicht zu heiligen Monarchen herangebildet wurden. In der vedischen Zivilisation wurden die Knaben von frühester Jugend an zu erstklassigen *brahmacārīs* [im Zölibat lebende Studenten] erzogen. Sie gingen zum *gurukula*, der Schule des spirituellen Meisters, und lernten Selbstbeherrschung, Sauberkeit, Wahrheitsliebe und viele andere heilige Eigenschaften. Die besten unter ihnen waren später dazu geeignet, das Land zu regieren.

Die Amerikanische Revolution ist nichts Besonderes. Überall revoltieren die Menschen, wenn sie unzufrieden sind. Das war in Amerika der Fall, das war in Frankreich der Fall, und das war in Rußland der Fall.

BTG: Die amerikanischen Revolutionäre sagten, das Volk habe das Recht, eine Regierung abzusetzen, wenn sie ihren Pflichten nicht ordnungsgemäß nachkomme.

Śrīla Prabhupāda: Ja. Wie im Falle Nixons: Sie setzten ihn ab, aber dafür kam ein anderer Nixon. Was hat das für einen Nutzen? Sie müssen lernen, wie man einen Nixon durch einen heiligen Staatsführer ersetzt. Weil die Leute aber nicht in der vedischen Kultur geschult wurden, werden sie weiterhin einen Nixon nach dem anderen wählen und niemals glücklich werden. Glücklich zu sein liegt durchaus im Bereich des Möglichen. Das Rezept dafür finden wir in der *Bhagavad-gītā*. Zuerst muß uns bewußt werden, daß das Land Gott gehört. Warum beanspruchen die Amerikaner das Land als ihr Eigentum? Als die ersten Siedler nach Amerika kamen, sagten sie: „Dieses Land gehört Gott; deshalb haben wir das Recht, hier zu leben.“ Warum erlauben sie dann heute nicht auch anderen, das Land zu besiedeln? Was ist ihre philosophische Rechtfertigung? Es gibt so viele überbevölkerte Länder. Die amerikanische Regierung sollte diesen Menschen gestatten, nach Amerika zu kommen, und ihnen die Möglichkeit geben, das Land zu bestellen und Getreide anzubauen. Warum tun sie das nicht?

Mit Gewalt haben sie das Land anderer in Besitz genommen, und mit Gewalt halten sie andere davon ab, einzureisen. Welche Philosophie dient dafür als Grundlage?

BTG: Keine.

Śrīla Prabhupāda: Schurkerei ist ihre Philosophie. Erst eignen sie sich mit Gewalt fremdes Eigentum an, und dann erlassen sie ein Gesetz, daß sich niemand gewaltsam fremdes Eigentum aneignen darf. Mit anderen Worten, sie sind Diebe. Man kann nicht Gottes Söhne davon abhalten, Gottes Eigentum zu benutzen. Amerika und die anderen Länder der Vereinten Nationen sollten sich einigen, daß überall dort, wo genug Land zur Verfügung steht, der Boden von den Menschen zur Erzeugung von Nahrungsmitteln genutzt werden darf. Die Regierung könnte zum Beispiel Leute aus übervölkerten Ländern nach Amerika einladen und ihnen Land geben, damit sie Nahrungsmittel produzieren können. Das Resultat wäre großartig. Aber werden sie das tun? Nein. Was ist dann aber ihre Philosophie? Schurkerei – „Zuerst bringe ich das Land mit Gewalt an mich, und dann werde ich niemandem erlauben, hierherzukommen."

BTG: Ein amerikanischer Wahlspruch lautet: Eine Nation unter Gott.

Śrīla Prabhupāda: Ja, das ist Kṛṣṇa-Bewußtsein. Es sollte eine Nation unter Gott geben, eine Weltregierung unter Gott. Alles gehört Gott, und wir alle sind seine Söhne. Diese Philosophie brauchen wir.

BTG: Aber in Amerika haben die Menschen große Angst vor einer zentralistischen Regierung, denn sie glauben, eine starke Regierung werde immer in eine Diktatur ausarten.

Śrīla Prabhupāda: Wenn die Führer richtig geschult sind, kann es keine Diktatur geben.

BTG: Aber eine der Prämissen der amerikanischen Staatsideologie lautet, daß ein Führer unweigerlich korrupt wird, wenn er zuviel Macht besitzt.

Śrīla Prabhupāda: Er muß so geschult werden, daß er nicht korrupt werden kann.

BTG: Wie sieht diese Schulung aus?

Śrīla Prabhupāda: Diese Schulung erfolgt durch den *varṇāśrama-dharma.** Nur wenn die Gesellschaft entsprechend den verschiedenen Eigenschaften der Menschen unterteilt und jeder in dem Verständnis erzogen wird, daß alles Gott gehört und in Seinem Dienste benutzt werden soll, kann es wirklich „eine Nation unter Gott" geben.

BTG: Aber führt es nicht zu Neid, wenn die Gesellschaft in verschiedene Gruppen unterteilt ist?

Śrīla Prabhupāda: Nein. Genau wie die verschiedenen Teile meines Körpers zusammenarbeiten, so kann die Gesellschaft verschiedene Teile haben, die alle auf das gleiche Ziel hinarbeiten. Meine Hand und mein Bein sind zwei verschiedene Gliedmaßen, aber wenn ich der Hand sage: „Bring ein Glas Wasser", wird das Bein dabei helfen. Das Bein ist ebenso notwendig wie die Hand.

BTG: Aber in der westlichen Welt haben wir die Arbeiterklasse und die Klasse der Kapitalisten, und die beiden liegen ständig miteinander im Kampf.

Śrīla Prabhupāda: Es muß Kapitalisten geben, und es muß Arbeiter geben.

BTG: Aber sie bekämpfen einander.

Śrīla Prabhupāda: Weil sie keine richtige Ausbildung erhalten haben und weil kein gemeinsames Ziel sie vereint. Die Hand und das Bein erfüllen unterschiedliche Funktionen, aber sie verfolgen beide das gemeinsame Ziel, den Körper zu erhalten. Wenn man also das Ziel findet, das sowohl die Kapitalisten als auch die Arbeiter gemeinsam verfolgen können, wird es keinen Kampf mehr geben. Aber wenn man das gemeinsame Ziel nicht kennt, wird der Kampf immer weitergehen.

BTG: Revolution?

---

* Unterteilung der Gesellschaft in vier Gesellschaftsschichten und vier spirituelle Lebensstufen gemäß den natürlichen Eigenschaften der Menschen.

Śrīla Prabhupāda: Ja.
BTG: Das wichtigste ist also, das gemeinsame Ziel zu finden, das alle Menschen vereint?
Śrīla Prabhupāda: Ja. In unserer Gesellschaft für Kṛṣṇa-Bewußtsein zum Beispiel holen sich meine Schüler in allen Fragen bei mir Rat, weil ich ihnen das gemeinsame Ziel vor Augen stellen kann. Sonst würde es Streit geben. Die Regierung sollte den Sinn des Lebens – das gemeinsame Ziel – sehr genau kennen und die Leute anleiten, auf das gemeinsame Ziel hinzuarbeiten. Dann wird jeder glücklich sein, und es wird Frieden herrschen. Aber wenn Gauner wie Nixon gewählt werden, läßt sich das gemeinsame Ziel niemals finden. Jeder Halunke kann durch irgendwelche Tricks Stimmen gewinnen und dann zum Staatsoberhaupt werden. Die Kandidaten bestechen, betrügen und machen falsche Wahlversprechungen. Es ist ihnen jedes Mittel recht, um Stimmen zu gewinnen und das höchste Amt im Staat an sich zu reißen. Dieses System ist schlecht.
BTG: Wer soll aber die Gesellschaft regieren, wenn die Politiker nicht vom Volk gewählt werden?
Śrīla Prabhupāda: Man braucht *brāhmaṇas, kṣatriyas, vaiśyas* und *śūdras.* Wenn man ein Haus baut, braucht man dazu Architekten, keine Straßenfeger. Im *varṇāśrama*-System ist es nur den *kṣatriyas* gestattet zu regieren. Und die gesetzgebende Versammlung, der Senat, darf nur von qualifizierten *brāhmaṇas* besetzt sein. Heute sitzt der Metzger im Senat. Doch was weiß er schon über die Verabschiedung von Gesetzen? Er ist ein Metzger, doch durch Wählerstimmen ist er zum Senator geworden. Durch die Vox Populi zieht heute selbst ein Metzger ins Parlament ein und beteiligt sich an der Gesetzgebung. Alles hängt von der richtigen Bildung und Erziehung ab. In unserer Bewegung für Kṛṣṇa-Bewußtsein handeln wir nach diesem Prinzip, aber in der Politik wird es vergessen. Es kann nicht nur eine Klasse geben. Das ist Unsinn. Unterschiedlich veranlagte Menschen müssen mit unterschiedlichen Tätigkeiten betraut werden. Wenn wir uns auf

diese Kunst nicht verstehen, werden wir Schiffbruch erleiden, denn ohne Arbeitsteilung wird es Chaos geben. Die Pflichten des Königs werden ausführlich im *Śrīmad-Bhāgavatam* beschrieben. Die verschiedenen Gesellschaftsklassen sollten so wie die verschiedenen Körperteile zusammenarbeiten. Jedes Teil übt eine andere Funktion aus, aber sie alle arbeiten auf ein gemeinsames Ziel hin, nämlich den Körper gesund zu erhalten.

BTG: Worin besteht die wichtigste Pflicht der Regierung?

Śrīla Prabhupāda: Gottes Willen zu erkennen und sicherzustellen, daß die Allgemeinheit danach handelt. Das ist der Schlüssel zum Glück. Wie können die Menschen glücklich werden, wenn sie falschen Zielen nachjagen? Die Pflicht der Regierung ist es also, dafür zu sorgen, daß jeder das richtige Ziel anstrebt. Das Ziel ist es, Gott zu erkennen und nach Seinen Anweisungen zu handeln. Aber wenn die Staatsführer selbst nicht an die Allmacht Gottes glauben und nicht wissen, was Gott möchte und von uns erwartet, wie kann es dann eine gute Regierung geben? Die Führer sind irregeleitet, und sie leiten andere in die Irre. Das ist der chaotische Zustand in der Welt von heute.

BTG: In den Vereinigten Staaten ist es Tradition, daß Kirche und Staat getrennt sind.

Śrīla Prabhupāda: Ich spreche nicht von der Kirche. Darum geht es gar nicht. Entscheidend ist nur, daß die Staatsführer die Existenz eines Höchsten Herrschers anerkennen. Wie können sie die bestreiten? Alles, was in der Natur vor sich geht, geschieht unter der Aufsicht des Höchsten Herrn. Die Machthaber dieser Welt sind nicht fähig, die Natur zu beherrschen. Warum erkennen sie also nicht an, daß es einen Höchsten Herrscher geben muß? Das ist das große Manko in der Gesellschaft. Alles weist auf die Existenz eines Höchsten Herrschers hin, und die Führer wissen das auch, aber trotzdem leugnen sie Seine Existenz.

BTG: Aber angenommen, die Regierung ist atheistisch...

Śrīla Prabhupāda: Dann kann es keine gute Regierung sein. Die Amerikaner sagen, sie würden auf Gott vertrauen. Aber wenn sie die Wissenschaft von Gott nicht kennen, existiert dieses Vertrauen nur in ihrer Einbildung. Man muß sich erst einmal ernsthaft mit der Wissenschaft von Gott befassen, bevor man sein Vertrauen in Ihn setzen kann. Die meisten Leute hier wissen gar nicht, was Gott ist – aber wir wissen es, und deshalb ist unser Gottvertrauen echt.

Die Menschen entwerfen ihre eigene Staatsform und begehen damit einen großen Fehler, denn auf diese Weise werden sie niemals Erfolg haben. Sie sind unvollkommen, und solange sie daran festhalten, ihre eigenen Wege zu beschreiten, werden sie unvollkommen bleiben. Es wird eine Revolution nach der anderen geben, und Friede wird in weiter Ferne sein.

BTG: Wer legt die religiösen Prinzipien fest, denen die Menschen folgen sollen?

Śrīla Prabhupāda: Gott, denn Gott ist vollkommen. Nur Er kann das tun. Den Veden zufolge ist Gott der Gebieter aller Lebewesen (*nityo nityānāṁ cetanaś cetanānām*). Wir unterscheiden uns von Ihm, denn Er ist in jeder Hinsicht vollkommen und wir nicht. Wir sind winzig klein. Wir haben zwar die gleichen Eigenschaften wie Gott, aber nur in einem sehr geringen Maße. Deshalb ist auch unser Wissen sehr beschränkt: Wir können zwar einen Jumbo-Jet bauen, aber keine Mücke. Den Körper der Mücke, der ebenfalls ein „Flugzeug" ist, hat Gott geschaffen. Darin liegt der Unterschied zwischen Gott und uns: Wir haben zwar Wissen, aber es ist nicht so vollkommen wie das Wissen Gottes. Die Staatsoberhäupter müssen also bei Gott Rat suchen; dann können sie die Staatsgeschäfte auf vollkommene Weise führen.

BTG: Hat Gott auch definiert, wie die vollkommene Regierung aussieht?

Śrīla Prabhupāda: O ja. In der vedischen Zeit regierten die *kṣatriyas*. Wenn ein Krieg ausbrach, war der König der erste, der in den Kampf zog – wie George Washington, der auch persönlich auf dem

Schlachtfeld kämpfte. Aber was für ein Präsident ist heutzutage an der Macht? Wenn ein Krieg ausbricht, sitzt er an einem absolut sicheren Ort und gibt seine Befehle per Telefon. Er ist für das Präsidentenamt untauglich. Wenn es zum Krieg kommt, sollte der Präsident der erste sein, der in die Schlacht zieht, und den Kampf anführen.

BTG: Wie kann der Mensch, der klein und unvollkommen ist, Gottes vollkommene Weisungen in die Tat umsetzen und eine vollkommene Regierung bilden?

Śrīla Prabhupāda: Nehmen wir ein Beispiel: Meine Schüler mögen unvollkommen sein, aber weil sie meinen Weisungen folgen, werden sie vollkommen. Sie haben mich als ihren Führer angenommen, und ich akzeptiere Gott als meinen Führer. Auf diese Weise kann die Gesellschaft auf vollkommene Weise regiert werden.

BTG: Eine gute Regierung muß also zuallererst den Höchsten Herrn als das wahre Regierungsoberhaupt anerkennen.

Śrīla Prabhupāda: Es ist nicht möglich, sich direkt von Gott führen zu lassen. Man muß die Diener Gottes, die *brāhmaṇas* oder Vaiṣṇavas [Geweihte des Herrn], als Führer annehmen. Die Regierung besteht aus *kṣatriyas*, aus Angehörigen der zweiten Klasse. Die *kṣatriyas* sollten sich von den *brāhmaṇas* oder Vaiṣṇavas beraten lassen und deren Ratschläge bei der Gesetzgebung berücksichtigen. Die *vaiśyas* sollten die Befehle der *kṣatriyas* in die Tat umsetzen, und die *śūdras* sollten im Dienste der drei oberen Klassen tätig sein. Dann wird die Gesellschaft vollkommen sein.

Die Friedensformel

Gegen Ende des Jahres 1966 gingen viele Amerikaner auf die Straße, um gegen den Vietnamkrieg zu protestieren. Zu dieser Zeit veröffentlichte Śrīla Prabhupāda ein Flugblatt, das seine Anhänger und Sympathisanten in großer Zahl in New York und später auch in San Francisco, Montreal und anderen Städten verteilten. Seine „Friedensformel" warf ein völlig neues Licht auf die Kriegsfrage...

Der große Fehler in der modernen Zivilisation besteht darin, daß die Menschen fremdes Eigentum widerrechtlich als ihr eigenes beanspruchen und dadurch unnötig die Naturgesetze verletzen. Diese Gesetze sind unerbittlich. Niemand kann sie ungestraft übertreten. Nur wer Kṛṣṇa-bewußt ist, kann die strengen Naturgesetze ohne Schwierigkeiten überwinden und glücklich und friedlich in dieser Welt leben.

So wie jeder Staat durch Gesetze geschützt wird, wird der Staat des Universums, von dem die Erde nur einen verschwindend kleinen Teil ausmacht, durch die Gesetze der Natur geschützt. Die materielle Natur ist eine der vielfältigen Energien Gottes, des eigentlichen Besitzers aller Dinge. Der Planet Erde ist daher das Eigentum Gottes, doch wir, die Lebewesen, insbesondere die sogenannten zivilisierten Menschen, beanspruchen Gottes Eigentum als das unsere und unterliegen somit als einzelne wie auch als Nation einer falschen Vorstellung. Wenn wir Frieden wollen, müssen wir diese falsche Vorstellung aus der Welt schaffen. Dieser illegitime Besitzanspruch des Menschen ist teilweise oder sogar ausschließlich der Grund für alle Störungen des friedlichen Zusammenlebens auf der Erde.

Angeblich zivilisierte Menschen erheben Besitzanspruch auf das Eigentum Gottes, weil sie verblendet und gottlos geworden sind. In einer gottlosen Gesellschaft ist es nicht möglich, in Glück und Frieden zu leben. In der *Bhagavad-gītā* erklärt Śrī Kṛṣṇa, daß alle Handlungen der Lebewesen eigentlich zu Seiner Freude bestimmt sind und daß Er ihr wohlmeinender Freund und der Höchste Herr aller Universen ist. Sobald die Menschen diese Tatsache als die Friedensformel annehmen, wird Frieden herrschen.

Wenn Sie sich wirklich Frieden wünschen, müssen Sie daher sowohl individuell als auch kollektiv Ihr Bewußtsein in Kṛṣṇa-Bewußtsein umwandeln, indem Sie einfach die Heiligen Namen Gottes chanten. Das ist eine anerkannte und erprobte Methode, um auf der Welt Frieden zu schaffen. Wir empfehlen daher jedem, den Hare-Kṛṣṇa-*mahā-mantra* zu chanten und dadurch Kṛṣṇa-bewußt zu werden: Hare Kṛṣṇa, Hare Kṛṣṇa, Kṛṣṇa Kṛṣṇa, Hare Hare / Hare Rāma, Hare Rāma, Rāma Rāma, Hare Hare.

Das Chanten ist praktisch, einfach und erhaben. Vor vierhundertachtzig Jahren wurde es von Śrī Caitanya in Indien eingeführt, und jetzt steht es auch Ihnen hier zur Verfügung. Praktizieren Sie diese einfache Methode, erkennen Sie Ihr wahres Wesen durch das Studium der *Bhagavad-gītā wie sie ist*, und erwecken Sie Ihre verlorene Beziehung zu Kṛṣṇa (Gott) wieder! Weltweiter Frieden und Wohlstand werden die unmittelbare Folge sein.

Die kleine Welt der modernen Wissenschaft

Während einer Reihe von Morgenspaziergängen im April 1973 am Strand des Pazifischen Ozeans in der Nähe von Los Angeles diskutiert Śrīla Prabhupāda mit seinen Schülern, darunter einem Doktor der Chemie, über die moderne Wissenschaft und ihre Hohenpriester. Mit philosophischer Tiefe, gesundem Menschenverstand und entwaffnender Offenheit entlarvt er den anmaßenden Dogmatismus und die mangelnde Logik hinter den allgemein anerkannten wissenschaftlichen Theorien über den Ursprung des Lebens: „Ihre Behauptung, sie würden bald beweisen, daß das Leben chemischen Ursprungs sei, ist dasselbe, wie wenn man mit einem vordatierten Scheck bezahlt… Die Wissenschaftler können in ihren Laboratorien noch nicht einmal einen Grashalm erzeugen, aber dennoch behaupten sie, daß Leben aus Materie entstehe. Warum stellt niemand diesen Unsinn in Frage? Wir können beweisen, daß Leben von Leben kommt."

Śrīla Prabhupāda: Die gesamte Welt der Naturwissenschaft und Technik baut auf der falschen Vorstellung auf, Leben sei aus Materie entstanden. Wir können es nicht zulassen, daß diese unsinnige Theorie nicht in Frage gestellt wird. Leben entsteht nicht aus Materie; vielmehr wird Materie aus Leben erzeugt. Dies ist keine Theorie; es ist eine Tatsache. Da die Wissenschaftler von falschen Annahmen ausgehen, sind all ihre Berechnungen und Schlußfolgerungen falsch, und die Menschheit muß darunter leiden. Die Menschen werden erst dann glücklich sein, wenn all diese falschen Theorien der heutigen

Wissenschaft aufgedeckt und korrigiert sind. Wir müssen die Wissenschaftler herausfordern und sie widerlegen – sonst werden sie die ganze Gesellschaft in die Irre führen.

Jeder materielle Körper durchläuft sechs Phasen: Geburt, Wachstum, Erhaltung, Erzeugung von Nebenprodukten, Verfall und Tod. Das Leben *im* materiellen Körper jedoch, die spirituelle Seele, ist ewig. Die spirituelle Seele ist keinen solchen Wandlungen unterworfen. Es scheint nur so, als entstehe und vergehe das Leben; in Wirklichkeit jedoch ist es unberührt von diesen sechs Phasen, die der materielle Körper durchläuft. Am Ende, wenn der Körper nicht mehr am Leben erhalten werden kann, stirbt er, und die Seele geht in einen neuen Körper ein. Genauso wie wir alte und abgetragene Kleider ablegen, werden wir eines Tages unseren alt und nutzlos gewordenen Körper aufgeben und in einen neuen Körper eingehen.

Kṛṣṇa sagt in der *Bhagavad-gītā* [2.13]: *dehino 'smin yathā dehe kaumāraṁ yauvanaṁ jarā / tathā dehāntara-prāptiḥ* – „Ebenso wie die verkörperte Seele im gegenwärtigen Leben allmählich verschiedene Körperformen durchläuft – von der Kindheit zur Jugend und dann zum Alter –, wechselt die Seele nach dem Tode in einen anderen Körper über." Und einige Verse weiter heißt es [2.18]: *antavanta ime dehā nityasyoktāḥ śarīriṇaḥ*. „Nur der materielle Körper des unzerstörbaren, ewigen Lebewesens ist der Vernichtung ausgesetzt." Der materielle Körper ist vergänglich, aber das Leben im Körper ist *nitya*, ewig.

Nach Aussage der Veden ist die Seele im Körper atomisch klein, so klein wie der zehntausendste Teil einer Haarspitze. Aber nur aufgrund dieses spirituellen Energieteilchens funktioniert unser Körper. Das winzige spirituelle Energieteilchen befindet sich im Körper genau wie ein Pilot im Flugzeug. Nur deshalb bewegt sich der Körper und fliegt das Flugzeug. Ist das so schwierig zu verstehen?

Ein Mensch mag sich für kerngesund halten, aber warum ist er so gesund und kräftig? Doch nur, weil der spirituelle Funke im Körper gegenwärtig ist. Sobald dieser spirituelle Funke den Körper verläßt, verschwinden Stärke und Lebenskraft, und die Geier kommen, um den Körper aufzufressen. Da die Wissenschaftler behaupten, Materie sei die Ursache und der Ursprung des Lebens, fordern wir sie auf, zumindest einen toten Menschen durch Einspritzen der nötigen Chemikalien wieder zum Leben zu erwecken. Aber dazu sind sie nicht fähig.

Dr. Singh: Weil die Wissenschaftler die spirituelle Seele nicht sehen können, sagen sie, es sei zweifelhaft, ob es so etwas wie eine Seele überhaupt gebe.

Śrīla Prabhupāda: Wie können sie erwarten, daß die Seele sichtbar ist? Sie ist viel zu klein, als daß wir sie mit unseren Augen sehen könnten. Wer hat ein so gutes Sehvermögen?

Dr. Singh: Trotzdem wollen sie die Seele irgendwie wahrnehmen.

Śrīla Prabhupāda: Wenn man jemandem eine mikroskopische Menge eines tödlichen Giftes einspritzt, stirbt er auf der Stelle. Niemand sieht, wo das Gift ist oder wie es den Körper angreift, aber dennoch wirkt es.

In der *Bhagavad-gītā* [2.17] heißt es, daß aufgrund der Gegenwart dieses einen winzigen Teilchens, genannt Seele, der gesamte Körper funktioniert. Wenn ich mich steche, fühle ich es sogleich, weil mein Bewußtsein den ganzen Körper durchdringt. Doch sobald die Seele diesen Körper verläßt, was im Moment des Todes der Fall ist, kann man denselben Körper dahernehmen und in Stücke schneiden, und niemand wird dagegen protestieren. Ist es so schwierig, diese einfache Tatsache zu verstehen? Ist das nicht ein genügender Hinweis auf die Gegenwart der Seele?

Dr. Singh: Das ist die Seele, aber wie steht es mit Gott?

Śrīla Prabhupāda: Laßt uns erst einmal die Seele verstehen! Die Seele ist ein kleiner Gott, ein Teil Gottes. Wenn man den Teil versteht, kann man auch das Ganze verstehen.

Das hier ist Materie. [Deutet mit seinem Stock auf einen abgestorbenen Baum.] Früher wuchsen auf diesem Baum Blätter und Zweige, aber jetzt nicht mehr. Wie würden die Wissenschaftler das erklären?

Karandhara dāsa: Ihre Antwort wäre, daß sich die chemische Zusammensetzung des Baumes verändert hat.

Śrīla Prabhupāda: Um diese Theorie zu beweisen, müßten sie mit all ihrem fortschrittlichen Wissen doch in der Lage sein, dem Baum die richtigen Chemikalien einzuspritzen, so daß er wieder Zweige und Blätter hervorbringen kann.

Brahmānanda Swami: Wissenschaft bedeutet, daß man auch in der Lage sein muß, seine Theorie zu beweisen. Sie sollten uns in ihren Laboratorien zeigen, wie aus einer Verbindung von chemischen Stoffen Leben entsteht.

Śrīla Prabhupāda: Ja. Der wissenschaftliche Vorgang besteht aus Beobachtung, Hypothese und Beweis – dann erst ist er vollständig. Aber es gibt kein Experiment, durch das die Wissenschaftler beweisen könnten, daß Leben aus Materie entsteht. Sie stellen einfach eine Beobachtung an und geben dann irgendeinen Unsinn von sich.

Sie behaupten, chemische Stoffe seien die Ursache des Lebens. Aber alle chemischen Stoffe, die da waren, als der Baum noch lebte, sind immer noch vorhanden. Es befindet sich auch noch Leben im Baum, denn er dient Millionen von Mikroben als Lebensgrundlage. Niemand kann also behaupten, dem Körper des Baumes fehle es an Energie zum Leben.

Dr. Singh: Was aber ist mit der Lebensenergie des Baumes selbst geschehen?

Śrīla Prabhupāda: Das ist der springende Punkt. Die Lebenskraft gehört zu einem bestimmten Lebewesen, und das Lebewesen, das sich in diesem Baum befand, hat ihn nun verlassen. Das ist die einzig vernünftige Erklärung, denn all die chemischen Verbindungen, die notwendig sind, um Leben zu ermöglichen, sind immer noch vorhanden, aber trotzdem ist der Baum tot.

Ein anderes Beispiel: Wenn ich eine Wohnung verlasse, in der ich eine gewisse Zeit gelebt habe, bin zwar ich fort, aber viele andere Lebewesen bleiben zurück, so zum Beispiel Ameisen und Spinnen.

Es stimmt also nicht, daß die Wohnung kein Leben mehr beherbergen kann, nur weil *ich* ausgezogen bin. Es gibt so viele Lebewesen, die weiterhin dort leben; nur ich, ein einzelnes Lebewesen, bin gegangen. Die chemischen Stoffe im Baum können mit der Wohnung verglichen werden – sie bilden einfach das Medium für die Aktivitäten der individuellen Lebenskraft, der Seele. Die Wissenschaftler werden also nie imstande sein, in ihren Chemielabors Leben zu erzeugen.

Die sogenannten Wissenschaftler behaupten, daß Leben aus chemischen Verbindungen entstehe. Die eigentliche Frage jedoch lautet: „Woher kommen die chemischen Verbindungen?" Sie entstehen aus Leben, und dies bedeutet, daß Leben mystische Kräfte aufweist. Ein Orangenbaum zum Beispiel bringt viele Orangen hervor, und jede Orange enthält verschiedenste chemische Verbindungen, wie zum Beispiel Zitronensäure. Woher kommen diese Stoffe? Doch offensichtlich vom Leben, das sich im Baum befindet. Die Frage nach dem Ursprung der chemischen Stoffe stellen sich die Wissenschaftler nie. Ihre Forschungen beginnen bei den chemischen Stoffen, aber sie können nicht sagen, woher diese kommen. Sie kommen vom höchsten Leben – Gott. Wir sehen, daß jeder lebende Körper viele chemische Verbindungen erzeugt, und so können wir verstehen, daß das Höchste Leben, der Höchste Herr, alle chemischen Stoffe erzeugt, die wir in der Atmosphäre, im Wasser, in den Menschen, in den Tieren, in der Erde usw. wiederfinden. Deshalb sprechen wir von mystischer Kraft. Solange wir nicht akzeptieren, daß der Höchste Herr über solche mystischen Kräfte verfügt, läßt sich die Frage nach dem Ursprung des Lebens nicht beantworten.

Dr. Singh: Die Wissenschaftler werden sagen, daß sie nicht an mystische Kräfte glauben können.

Śrīla Prabhupāda: Aber dann müssen sie erklären, was der Ursprung der chemischen Stoffe ist. Jeder kann sehen, daß ein gewöhnlicher Baum viele chemische Verbindungen erzeugt. Das läßt sich nicht abstreiten. Aber wie tut er das? Da die Wissenschaftler darauf keine Antwort haben, müssen sie akzeptieren, daß die Lebensenergie mystische Kraft besitzt. Wir können ja nicht einmal erklären, wie ein Fingernagel wächst; schon das übersteigt unser Denkvermögen. Mit anderen Worten, der Fingernagel wächst durch eine unerklärliche Kraft, *acintya-śakti*. Wenn also bereits ein gewöhnlicher Mensch *acintya-śakti* besitzt, können wir uns kaum vorstellen, wieviel *acintya-śakti* Gott besitzen muß!

Der Unterschied zwischen Gott und uns besteht darin, daß wir zwar die gleichen Kräfte haben wie Gott, aber nicht im selben Ausmaß. Wir erzeugen nur eine kleine Menge chemischer Stoffe, wohingegen Gott unvorstellbare Mengen erzeugt. Wenn wir schwitzen, erzeugen wir nur ein paar Schweißtropfen, doch Gott hat die Kraft, ganze Meere zu erschaffen. Wenn man einen Tropfen Wasser aus dem Meer untersucht, dann weiß man, welche Eigenschaften das Wasser des gesamten Meeres hat. In ähnlicher Weise kann man beginnen, Gott zu verstehen, wenn man die Lebewesen studiert, denn die Lebewesen sind Teile Gottes. Gott birgt unvorstellbare mystische Kräfte in Sich, und diese mystischen Kräfte arbeiten so reibungslos und flink wie eine elektrische Maschine. Mit Strom kann man die verschiedensten Maschinen betreiben, die so klug konstruiert sind, daß man lediglich einen Knopf zu drücken braucht – und die ganze Arbeit wird von selbst verrichtet. Ebenso brauchte Gott nur zu sagen: „Es werde!", und die Welt wurde erschaffen. So gesehen ist das Wirken der Natur nicht sehr schwer zu verstehen. Gott verfügt über solch wunderbare Kräfte, daß die Schöpfung auf Seinen Befehl sogleich stattfindet.

Brahmānanda Swami: Die Wissenschaftler erkennen weder Gott noch *acintya-śakti* als real an.

Śrīla Prabhupāda: Sie sind eben Schurken. Gott existiert, und Seine *acintya-śakti* existiert ebenfalls.

Karandhara dāsa: Die Wissenschaftler sagen, Leben sei durch chemische Reaktionen entstanden.

Śrīla Prabhupāda: Und ich entgegne ihnen: „Wenn das Leben nur aus chemischen Verbindungen entstand und wenn eure Wissenschaft so großartig ist, warum schafft ihr dann nicht Leben in euren Laboratorien?"

Karandhara dāsa: Sie sagen, daß sie in Zukunft Leben schaffen werden.

Śrīla Prabhupāda: Warum in Zukunft? Wenn die Wissenschaftler den Vorgang kennen, um Leben zu schaffen, wieso schaffen sie es dann nicht jetzt? Wenn das Leben biochemischen Ursprungs ist und wenn Biologen und Chemiker so fortgeschritten sind, warum können sie dann nicht in ihren Laboratorien Leben erzeugen? Immer wenn man auf diesen kritischen Punkt zu sprechen kommt, antworten sie: „In Zukunft werden wir dazu in der Lage sein." Warum erst in der Zukunft? Das ist Unsinn. Trau keiner Zukunft, wie rosig sie auch erscheinen mag! Ihr ganzer Fortschritt ist wertlos, und ihre Behauptungen sind absurd.

Karandhara dāsa: Sie sagen, sie stünden „kurz davor", Leben zu schaffen.

Śrīla Prabhupāda: Das heißt auch nichts anderes als „in der Zukunft"! Die Wissenschaftler müssen zugeben, daß sie den Ursprung des Lebens noch immer nicht kennen. Ihre Behauptung, sie könnten in der Zukunft Leben schaffen, zeigt, daß ihr Wissen gegenwärtig unvollkommen ist. Es ist so, als biete man jemandem einen vordatierten Scheck an. Angenommen, ich schulde jemandem zehntausend Dollar und sage: Ich werde Ihnen die ganze Summe mit diesem vordatierten Scheck bezahlen. Sind Sie damit einverstanden? Wenn der Betreffende intelligent ist, wird er entgegnen: Geben Sie mir wenigstens fünf Dollar in bar, damit ich etwas Greifbares in der Hand habe. Die Wissenschaftler können in ihren Laboratorien noch nicht einmal einen Grashalm erzeugen, aber dennoch beharren sie darauf, daß Leben aus Materie entstünde. Warum stellt niemand diesen Unsinn in Frage?

Wir können beweisen, daß Leben von Leben kommt. Hier ist der

Beweis: Wenn ein Mann ein Kind zeugt, leben sowohl der Vater als auch das Kind. Aber wo ist der Beweis der Wissenschaftler, daß Leben von Materie kommt? Wir können beweisen, daß Leben von Leben kommt, und wir können ebenso beweisen, daß Kṛṣṇa der Ursprung allen Lebens ist. Aber welchen Beweis gibt es dafür, daß jemals ein toter Stein ein Kind geboren hat? Die Wissenschaftler können nicht beweisen, daß Leben von Materie kommt. Diesen Beweis heben sie sich für die Zukunft auf.

Karandhara dāsa: „Wissenschaftliche Objektivität" bedeutet für sie, nur das zu untersuchen, was sie direkt wahrnehmen können.

Śrīla Prabhupāda: Dann leiden sie am „Dr.-Frosch-Syndrom". Es gab einmal einen Frosch, der sein ganzes Leben in einem Brunnen lebte. Eines Tages kam ein Freund vorbeigehüpft und erzählte ihm vom Atlantischen Ozean. Dr. Frosch fragte seinen Freund: „Atlantischer Ozean? Was ist das?" „Das ist ein riesengroßes Gewässer", antwortete der Freund. „Wie groß denn?" fragte Dr. Frosch. „Ist er zweimal so groß wie mein Brunnen?" „Nein, viel, viel größer", entgegnete sein Freund. „Aber wieviel mal größer? Zehnmal so groß?"

So rechnete der Frosch weiter. Aber wird es jemals möglich sein, auf diese Weise die Tiefe und Weite des gewaltigen Ozeans zu ermessen? Unsere Fähigkeiten, Erfahrungen und gedanklichen Spekulationen sind immer begrenzt. Der Frosch sieht alles nur in Beziehung zu seinem Brunnen. Er ist unfähig, anders zu denken. Ebenso bewerten die Wissenschaftler die Absolute Wahrheit, die Ursache aller Ursachen, mit ihren unvollkommenen Sinnen und Gedanken, und daher geraten sie zwangsläufig in Verwirrung.

Der grundlegende Fehler der Wissenschaftler besteht darin, daß sie ihre Theorien mit der induktiven Methode erarbeiten. Wenn ein Wissenschaftler mit dieser induktiven Methode zum Beispiel herausfinden wollte, ob der Mensch sterblich ist, müßte er jeden einzelnen Menschen untersuchen, um sicherzugehen, daß es niemanden gibt, der unsterblich ist. Der Wissenschaftler müßte sagen: „Ich kann die

Theorie, daß alle Menschen sterblich sind, nicht gelten lassen. Es wäre möglich, daß einige Menschen unsterblich sind, denn ich habe noch nicht jeden Menschen untersucht. Wie kann ich also davon ausgehen, daß alle Menschen sterblich sind?" Das ist die induktive Methode. Die deduktive Methode hingegen bedeutet, vom Vater, vom Lehrer oder vom *guru* zu hören, daß der Mensch sterblich ist, und es als Wahrheit anzunehmen.

Dr. Singh: Es gibt also einen aufsteigenden und einen absteigenden Vorgang, sich Wissen anzueignen?

Śrīla Prabhupāda: Ja. Doch der aufsteigende Vorgang wird nie erfolgreich sein, denn er beruht auf den Informationen, die wir mit unseren unvollkommenen Sinnen sammeln. Deshalb vertrauen wir dem absteigenden Vorgang.

Gott kann man nicht über den aufsteigenden Pfad erkennen. Deshalb wird Er *adhokṣaja* genannt, „durch direkte Sinneswahrnehmung nicht erkennbar". Die Wissenschaftler sagen, es gäbe keinen Gott, weil sie versuchen, Ihn durch direkte Sinneswahrnehmung zu verstehen. Aber Er ist *adhokṣaja*! Die Wissenschaftler wissen nichts über Gott, weil ihnen der Vorgang der Gotteserkenntnis unbekannt ist. Um die transzendentale Wissenschaft zu verstehen, muß man sich an einen echten spirituellen Meister wenden, ihm in ergebener Haltung zuhören und ihm dienen. Dies erklärt Śrī Kṛṣṇa in der *Bhagavad-gītā* (4.34): *tad viddhi praṇipātena paripraśnena sevayā.*

Dr. Singh: Es gibt eine wissenschaftliche Zeitschrift mit dem Titel *Nature*. Man findet darin Artikel über die verschiedensten Aspekte der Natur, wie Pflanzen und Tiere. Aber Gott wird darin nie erwähnt.

Śrīla Prabhupāda: Es ist schon richtig, daß Pflanzen von der Natur geschaffen werden. Aber die nächste Frage, die wir uns stellen müssen, lautet: „Wer hat die Natur geschaffen?" Diese Frage zeugt von wahrer Intelligenz.

Dr. Singh: Die Wissenschaftler machen sich darüber keine Gedanken.

Śrīla Prabhupāda: Dann fehlt es ihnen an Intelligenz. Sobald von

Natur die Rede ist, sollte die nächste Frage sein: „Wessen Natur?" Natur bedeutet Energie, und wenn wir von Energie sprechen, müssen wir uns nach dem Ursprung dieser Energie erkundigen. Bei elektrischer Energie zum Beispiel ist die Energiequelle das Kraftwerk. Der Strom kommt nicht von selbst zu uns. Wir müssen zuerst ein Kraftwerk bauen und einen Generator in Betrieb setzen. Ebensowenig funktioniert die Natur von selbst. Aus den Veden erfahren wir, daß die materielle Natur von Kṛṣṇa gesteuert wird.

Dr. Singh: Willst du damit sagen, daß die Wissenschaft mit ihrer Forschung nicht beim Ursprung einsetzt, sondern erst später?

Śrīla Prabhupāda: Ja, genau. Die Wissenschaftler kennen den wahren Ursprung nicht. Sie gehen von einem bestimmten Entwicklungsstadium aus; aber wie ist es dazu gekommen? Das wissen sie trotz ihrer Forschung nicht. Sie müssen zugeben, daß Gott die ursprüngliche Quelle aller Dinge ist. Er verfügt über alle mystischen Kräfte, und alles geht von Ihm aus. In der *Bhagavad-gītā* (10.8) sagt Er selbst: *ahaṁ sarvasya prabhavo mattaḥ sarvaṁ pravartate.* „Ich bin der Ursprung aller spirituellen und materiellen Welten. Alles geht von Mir aus." Unsere Überzeugungen gründen sich nicht auf blinden Glauben, sondern auf wahre Wissenschaft. Materie entsteht aus Leben, und das Leben ist der Ursprung unbegrenzter Mengen materieller Energie. Darin besteht das große Geheimnis der Schöpfung.

Die naturwissenschaftliche Forschung läßt sich mit der Sāṅkhya-Philosophie vergleichen, bei der eine Analyse der materiellen Welt anhand der in ihr vorkommenden Elemente vorgenommen wird. *Sāṅkhya* bedeutet wörtlich „zählen". Gewissermaßen sind auch wir Sāṅkhya-Philosophen, denn wir unterscheiden ebenfalls zwischen verschiedenen materiellen Elementen: Erde, Wasser, Feuer, Luft, Äther und außerdem die feinstofflichen Elemente Geist, Intelligenz und falsches Ego. Über das falsche Ego hinaus gelangt man mit dieser materiellen Analyse allerdings nicht. Kṛṣṇa jedoch erklärt, daß es tatsächlich etwas über dem Ego gibt, nämlich die Lebenskraft, die spirituelle Seele.

Das ist es, was die Wissenschaftler nicht wissen. Sie denken, Leben sei einfach eine Kombination materieller Elemente, doch Kṛṣṇa widerspricht dieser Auffassung in der *Bhagavad-gītā* [7.5]:

apareyam itas tv anyāṁ
prakṛtiṁ viddhi me parām
jīva-bhūtāṁ mahā-bāho
yayedaṁ dhāryate jagat

„Neben diesen materiellen, niederen Energien, o starkarmiger Arjuna, gibt es eine andere Energie, Meine höhere Energie. Sie umfaßt die Lebewesen, die die Reichtümer der materiellen, niederen Natur ausbeuten." Im vorhergehenden Vers beschreibt Kṛṣṇa Seine materiellen Energien:

bhūmir āpo 'nalo vāyuḥ
khaṁ mano buddhir eva ca
ahaṅkāra itīyaṁ me
bhinnā prakṛtir aṣṭadhā

„Erde, Wasser, Feuer, Luft, Äther, Geist, Intelligenz und falsches Ego: diese acht Elemente bilden Meine von Mir abgesonderten, materiellen Energien." [*Bg.* 7.4]

Hier erklärt Kṛṣṇa, daß *vāyu* (Luft; Gas) von Ihm kommt. Feiner als *vāyu* ist *kham* (Äther), feiner als Äther ist Geist, feiner als Geist ist Intelligenz, und noch feiner als die Intelligenz ist die Seele. Aber davon haben die Wissenschaftler keine Kenntnis. Sie sind sich nur der grobstofflichen Materie bewußt. Sie sprechen von Gasen, aber wissen sie, woher die Gase gekommen sind?

Dr. Singh: Darauf haben sie keine Antwort.

Śrīla Prabhupāda: Aber wir haben eine Antwort. Wir wissen, daß Gas aus *kham* (Äther) entsteht, Äther aus Geist, Geist aus Intelligenz, und die Intelligenz kommt von Kṛṣṇas höherer Energie, der Seele.

Dr. Singh: Befaßt sich die Sāṅkhya-Philosophie sowohl mit der niederen als auch mit der höheren Energie?

Śrīla Prabhupāda: Nein. Die Sāṅkhya-Philosophen befassen sich nicht mit der höheren Energie. Sie untersuchen ausschließlich die materiellen Elemente, genauso wie die heutigen Wissenschaftler. Weder die Wissenschaftler noch die Sāṅkhya-Philosophen wissen, daß es eine spirituelle Seele gibt. Sie analysieren lediglich Kṛṣṇas materielle Energie.

Dr. Singh: Sie analysieren einfach die materiellen Elemente, die für die Erschaffung des Kosmos verantwortlich sind?

Śrīla Prabhupāda: Die materiellen Elemente können aus eigener Kraft nichts erschaffen! Nur die Seele hat die Fähigkeit, etwas zu erschaffen. Leben kann nicht aus Materie geschaffen werden, und Materie kann sich nicht selbst schaffen. Der Mensch kann Wasserstoff und Sauerstoff zusammenmischen und daraus Wasser herstellen. Die Materie selbst hat jedoch keine solche schöpferische Kraft. Wenn man einen Behälter mit Wasserstoff neben einen Behälter mit Sauerstoff stellt, werden sich diese beiden Elemente dann ohne Zutun des Menschen verbinden?

Dr. Singh: Nein...

Śrīla Prabhupāda: Natürlich nicht. Die Mithilfe der höheren Energie ist unbedingt erforderlich. Wasserstoff und Sauerstoff gehören zu Kṛṣṇas niederer Energie. Nur wenn die höhere Energie, also du, das Lebewesen, sie zusammenbringt, werden sie zu Wasser.

Niedere Energie kann nur in Verbindung mit höherer Energie in Aktion treten. Das Meer hier [auf den Pazifik weisend] ist ruhig und glatt, aber wenn die höhere Kraft, die Luft, das Wasser aufwühlt, entstehen hohe Wellen. Der Ozean kann sich nicht von selbst bewegen, sondern nur, wenn die höhere Kraft auf ihn einwirkt. Auch hinter der Luft steht eine übergeordnete Kraft, und darüber wieder eine höhere und wieder eine höhere, bis wir schließlich zu Kṛṣṇa kommen, der allerhöchsten Kraft. Das ist wahre Forschung.

Ein Beispiel: Ein Zug setzt sich in Bewegung, indem der Lokführer die Lokomotive anfahren läßt, die den ersten Waggon zieht, der seinerseits einen Waggon zieht und immer so weiter. Der Zug kommt also ins Rollen, weil ein Lebewesen, nämlich der Lokführer, den ersten Handgriff getan hat. Ebenso verhält es sich mit der Schöpfung: Kṛṣṇa löst die erste Bewegung aus, von der alle nachfolgenden Bewegungen ausgehen. Auf diese Weise wird der gesamte Kosmos erschaffen. Das wird in der *Bhagavad-gītā* (9.10) erklärt: *mayādhyakṣeṇa prakṛtiḥ sūyate sa-carācaram* – „Die materielle Natur waltet unter meiner Führung, o Sohn Kuntīs, und bringt alle sich bewegenden und sich nicht bewegenden Wesen hervor." Und im Vierzehnten Kapitel (14.4) sagt Kṛṣṇa:

sarva-yoniṣu kaunteya
mūrtayaḥ sambhavanti yāḥ
tāsāṁ brahma mahad yonir
ahaṁ bīja-pradaḥ pitā

„Wisse, o Sohn Kuntīs, daß Ich der samengebende Vater aller Lebensformen bin, die in der materiellen Welt geboren werden." Wenn wir zum Beispiel den Samen für einen Banyanbaum säen, entsteht daraus schließlich ein riesiger Baum, der erneut Millionen von Samen hervorbringt. Jeder dieser Samen kann wiederum einen Baum mit Millionen neuer Samen hervorbringen, und das geht immer so weiter. Kṛṣṇa ist aber derjenige, der den ersten Samen geschaffen hat: der ursprüngliche samengebende Vater.

Leider betrachten die Wissenschaftler immer nur die unmittelbare Ursache; die mittelbare, tiefere Ursache können sie nicht wahrnehmen. Kṛṣṇa wird in den Veden als *sarva-kāraṇa-kāraṇam* bezeichnet, „die Ursache aller Ursachen". Wenn man die Ursache aller Ursachen versteht, versteht man alles. *Yasmin vijñāte sarvam evaṁ vijñātaṁ bhavati*: „Wer die ursprüngliche Ursache kennt, kennt automatisch alle darauffolgenden, untergeordneten Ursachen." Zwar suchen auch die Wissenschaftler nach der ursprünglichen Ursache, aber wenn sie aus den Veden, die vollkommenes Wissen enthalten, von der ursprünglichen Ursache erfahren, akzeptieren sie ihre Existenz nicht. Sie beharren auf ihrem einseitigen, unvollkommenen Wissen.

Dr. Singh: Die Wissenschaftler sorgen sich um unsere Energievorräte, und jetzt arbeiten sie daran, die Sonnenenergie für Kochen, Beleuchtung und verschiedene andere Zwecke nutzbar zu machen. Sie hoffen, auf die Sonnenenergie zurückgreifen zu können, wenn alle anderen Energiequellen erschöpft sind.

Śrīla Prabhupāda: Das ist nichts Neues. Jeder weiß, daß man aus dem Holz eines Baumes Feuer gewinnen kann, denn der Baum speichert die Sonnenenergie. Die Wissenschaftler sind unbedeutende Geschöpfe, doch sie sind sehr stolz. Wir rechnen es ihnen nicht als Verdienst an, daß sie etwas sagen, was jeder weiß. Einen frisch gefällten Baum kann man nicht gleich verbrennen. Das Holz muß erst in der Sonne trocknen. Wenn es die Energie der Sonne in sich aufgenommen hat, kann man damit ein Feuer machen. Im Grunde ist es die Energie der Sonne, die alles erhält. Doch die Wissenschaftler wissen nicht, woher die Sonnenenergie kommt. In der *Bhagavad-gītā* [15.12] erklärt Kṛṣṇa:

yad āditya-gataṁ tejo
jagad bhāsayate 'khilam
yac candramasi yac cāgnau
tat tejo viddhi māmakam

„Das Licht der Sonne, das die Dunkelheit der ganzen Welt vertreibt, kommt von Mir, und auch das Licht des Mondes und das Licht des Feuers kommen von Mir."

An einer anderen Stelle sagt Kṛṣṇa: *jyotiṣāṁ ravir aṁśumān*. „Von den Lichtern bin Ich die strahlende Sonne" [*Bg*. 10.21]. Und im Elften Kapitel der *Bhagavad-gītā* preist Arjuna Śrī Kṛṣṇa mit den Worten:

śaśi-sūrya-netram. „Die Sonne und der Mond sind zwei Deiner großen, unbegrenzten Augen." Dieses Wissen findet sich in der *Bhagavad-gītā*, doch durch ihre eigenen Spekulationen können die Wissenschaftler nicht zu solchen Erkenntnissen gelangen.

Dr. Singh: Nein, das ist nicht möglich.

Śrīla Prabhupāda: Und worin besteht ihr Wissen? Selbst wenn man alle Sandkörner der Erde zählen könnte, wäre man noch nicht in der Lage, Gott zu verstehen – so sagen es die Schriften. All diese materiellen Berechnungen und Messungen bedeuten nicht, daß man die Fähigkeit hat, den Unbegrenzten zu verstehen. Und die Wissenschaftler sind nicht einmal in der Lage, alle materiellen Dinge zu erfassen. Warum sind sie dann auf ihre Fähigkeiten so stolz? Ihr Wissen ist begrenzt, wie das aller Lebewesen. Aber für Kṛṣṇa gilt das nicht. Das Wissen, das wir von Kṛṣṇa empfangen, ist vollkommen. Aus den Schriften erfahren wir, daß im Meer 900.000 Lebensformen existieren. Die Auskunft der Schriften ist genau, weil sie von Kṛṣṇa kommt. Kṛṣṇa selbst sagt: „Als der Höchste Herr weiß Ich alles, was in der Vergangenheit geschah, alles, was in der Gegenwart geschieht, und alles, was sich künftig noch ereignen wird" [*Bg.* 7.26].

Dr. Singh: Wir müssen also Wissen von demjenigen annehmen, der über das höchste Wissen verfügt.

Śrīla Prabhupāda: Um vollkommenes Wissen zu erlangen, müssen wir uns an eine höhergestellte Persönlichkeit, einen *guru*, wenden. Man kann versuchen, sich Wissen anzueignen, indem man zu Hause Bücher liest, doch viel besser kann man lernen, wenn man eine Universität besucht, wo man von einem Professor Wissen vermittelt bekommt. In gleicher Weise müssen wir uns an einen *guru* wenden. Wenn wir uns allerdings einen falschen *guru* aussuchen, ist unser Wissen natürlich ebenfalls falsch. Doch wenn unser *guru* vollkommen ist, ist auch unser Wissen vollkommen. Wir erkennen Kṛṣṇa als unseren *guru* an. Weil Er vollkommenes Wissen besitzt, ist auch unser Wissen vollkommen. Wir selbst brauchen nicht unbedingt vollkommen zu sein, doch wenn wir von der vollkommenen Person Wissen empfangen, ist unser Wissen ebenfalls vollkommen. Wir können nicht behaupten, wir wüßten von den 900.000 Lebensformen im Ozean, weil wir den ganzen Ozean erforscht hätten. Vielmehr sagen wir, daß wir diese Auskunft aus den Schriften bekommen und daß sie deshalb vollkommen ist. Das ist die vedische Methode, sich Wissen anzueignen.

Auch wenn die Wissenschaftler noch so viel Forschungsarbeit betreiben und noch so viel Anerkennung dafür ernten, werden ihre Sinne immer unvollkommen bleiben, und deshalb werden sie nie über vollkommenes Wissen verfügen. Wie groß ist der Nutzen unserer Augen? Ohne das Licht der Sonne sind wir so gut wie blind, und ohne die Zuhilfenahme eines Mikroskops können wir sehr kleine Dinge nicht erkennen. Unsere Augen sind unvollkommen, und die Instrumente, die wir mit ihrer Hilfe konstruiert haben, sind ebenfalls unvollkommen. Wie sollte es also möglich sein, vollkommenes Wissen zu erlangen? Der Mensch ist begrenzt und folglich auch sein Wissen. Ein Kind weiß vielleicht, daß zwei und zwei vier ist, aber wenn es von höherer Mathematik spricht, nehmen wir es nicht ernst. Die Sinne, durch die ein Wissenschaftler Wissen erwirbt, sind begrenzt und unvollkommen; deshalb ist sein Wissen ebenfalls begrenzt und unvollkommen. In seiner Unwissenheit mag er behaupten, alles zu wissen, doch das ist einfach lächerlich.

Ein Blinder kann zwar einen anderen Blinden führen, aber was hilft das den beiden, wenn sie in einen Graben fallen? Die Gesetze der Natur fesseln uns an Händen und Füßen, und doch glauben diese Narren, sie könnten nach Belieben spekulieren. Das ist Illusion. Obwohl sie den verschiedensten Naturgesetzen unterworfen sind, halten sie sich für frei. Sobald nur eine Wolke am Himmel aufzieht, können sie die Sonne nicht mehr sehen. Wie groß ist also unser Sehvermögen? Nur wenn uns die Gesetze der Natur die Möglichkeit geben, sind wir imstande, etwas zu sehen. Sogar Experimente können wir nur unter bestimmten Bedingungen anstellen, und wenn die Bedingungen nicht günstig sind, scheitert das Experiment. Warum sind wir also auf unser experimentelles Wissen so stolz?

Wozu brauchen wir überhaupt Experimente? Alles ist bereits vorhanden. Gott hat uns die Sonne gegeben, damit wir ihr Licht und ihre Energie nutzen können. Was braucht man sonst noch zu wissen? So viele Äpfel fallen von den Bäumen. Warum ist es noch notwendig, das Gesetz der Schwerkraft zu erklären? Im Grunde mangelt es den Wissenschaftlern an gesundem Menschenverstand. Ihnen geht es nur um sogenannte „wissenschaftliche Erklärungen". Sie sagen, das Gesetz der Schwerkraft wirke nur unter bestimmten Bedingungen, doch wer hat diese Bedingungen geschaffen? Als Kṛṣṇa in der Gestalt Śrī Rāmacandras erschien, warf Er Steine ins Wasser, und die Steine schwammen. Das Gesetz der Schwerkraft zeigte in diesem Fall keine Wirkung. Folglich wirkt das Gesetz der Schwerkraft nur unter der Führung des Höchsten Herrn. Das Gesetz an sich ist nicht absolut. Ein König kann ein Gesetz erlassen, doch er kann es augenblicklich auch wieder ändern. Der höchste Gesetzgeber ist Kṛṣṇa, und ein Gesetz wird nur durch Seinen Willen wirksam. Die Wissenschaftler versuchen, Gottes Willen auf die unterschiedlichste Art und Weise zu erklären, doch weil sie unter dem Bann *māyās*, der Illusion, stehen, reden sie daher, als seien sie von Geistern besessen. Wie erklären die Wissenschaftler die große Vielfalt von Bäumen?

Karandhara dāsa: Sie sagen, die Artenvielfalt entstünde durch Mutationen in der Natur.

Śrīla Prabhupāda: Dann muß es der Wille der Natur sein. Und woher kommt dieser Wille? Hat das Land irgendeinen Willen?

Karandhara dāsa: Nun, in diesem Punkt drücken sie sich sehr vage aus.

Śrīla Prabhupāda: Das zeigt, daß ihr Wissen unvollkommen ist. Sie wissen nicht, daß hinter der Natur der Wille Kṛṣṇas steht.

Dr. Singh: Ihre Erklärung lautet, daß sich die verschiedenen Pflanzen in ihrer chemischen Zusammensetzung voneinander unterscheiden.

Śrīla Prabhupāda: Das ist richtig. Aber wer ist für diese chemischen Zusammensetzungen verantwortlich? Sobald von „chemischer Zusammensetzung" die Rede ist, muß man Gott berücksichtigen.

Karandhara dāsa: Sie sagen, Gott sei nicht notwendig, denn wenn man zwei chemische Substanzen zusammenmische...

Śrīla Prabhupāda: Ob mit oder ohne Gott, es müssen auf jeden Fall Wille und Bewußtsein als Ursache dahinterstehen. Zwei chemische Substanzen vermischen sich und erzeugen verschiedene Verbindungen. Aber wer vermischt sie? Bewußtsein ist gegenwärtig, und dieses Bewußtsein ist Kṛṣṇa. Bewußtsein ist überall, und sobald man das akzeptiert, muß man anerkennen, daß dieses Bewußtsein einer Person gehört. Deshalb sprechen wir von Kṛṣṇa-Bewußtsein. In der *Bhagavad-gītā* heißt es, daß Bewußtsein allgegenwärtig ist. Du hast Bewußtsein, und ich habe Bewußtsein; doch es gibt noch ein anderes Bewußtsein, das überall gegenwärtig ist. Mein Bewußtsein ist auf meinen Körper beschränkt, und dein Bewußtsein ist auf deinen Körper beschränkt, aber es gibt noch ein anderes Bewußtsein, das in dir, in mir und in jedem ist. Das ist Kṛṣṇa-Bewußtsein.

Im Grunde ist alles in der Welt relativ. Das ist eine wissenschaftliche Tatsache. Unser Körper, unser Leben, unsere Intelligenz und alles andere sind relativ. In unseren Augen scheint die Ameise ein sehr kurzes Leben zu haben, doch die Ameise glaubt, sie lebe hundert Jahre lang. Diese hundert Jahre sind relativ zum Körper. Sogar Brahmā, der von unserem Standpunkt aus betrachtet über eine unglaublich lange Lebensspanne verfügt, lebt für seine Begriffe nur hundert Jahre lang. Das nennt man Relativität.

Karandhara dāsa: Dann beruht die Relativität auf unseren jeweiligen Lebensumständen.

Śrīla Prabhupāda: Ja. Deshalb heißt es, daß des einen Freud des anderen Leid ist. Die Menschen denken, weil sie nicht auf dem Mond überleben könnten, seien auch keine anderen Lebewesen dazu imstande. Jeder sieht die Dinge aus seiner relativen Perspektive. Das ist die „Frosch-Philosophie". Der Frosch vergleicht alles nur mit seinem Brunnen. Er kann gar nicht anders denken. Er ist außerstande, sich die Weite des Atlantischen Ozeans vorzustellen, denn sein Erfahrungsbereich geht über sein Brunnenloch nicht hinaus. Gott ist groß, aber wir versuchen, Gottes Größe mit unseren eigenen Maßstäben zu messen. Es gibt Insekten, die im Laufe einer Nacht geboren werden, wachsen, Nachkommenschaft erzeugen und sterben – alles, bevor der Tag anbricht. Sie sehen nie das Sonnenlicht und kommen daher zu dem Schluß, daß es so etwas wie Tag überhaupt nicht gibt. Ganz ähnlich verhalten sich die Menschen. Wenn sie aus den Schriften hören, daß Brahmās Leben gemäß unserer Zeitrechnung viele Millionen Jahre dauert, dann glauben sie es nicht. Sie fragen: „Wie soll man so lange leben können?" Aber die *Bhagavad-gītā* [8.17] erklärt:

sahasra-yuga-paryantam
ahar yad brahmaṇo viduḥ
rātriṁ yuga-sahasrāntāṁ
te 'ho-rātra-vido janāḥ

„Eintausend Zeitalter nach der menschlichen Zeitrechnung kommen Brahmās Tag gleich. Und genauso lang währt seine Nacht."

Nach diesen Angaben lebt Brahmā also Milliarden von Jahren. Wir können das nicht glauben, obwohl es in den Schriften so geschrieben steht. Mit anderen Worten, wir gehen davon aus, daß Kṛṣṇa Unsinn redet, während wir als Autoritäten auftreten. Selbst große Gelehrte behaupten, diese Aussagen der Schriften seien nur erfunden. Solche Leute sind einfach Schurken, aber sie werden als bedeutende Gelehrte angesehen. Sie wollen sich über Gott stellen, indem sie versuchen, Seine Worte in den offenbarten Schriften zu widerlegen oder anzufechten. So kommt es, daß zahllose Narren im Gewande von Gelehrten, Wissenschaftlern und Philosophen die ganze Welt in die Irre führen.

Dr. Singh: Es ist ohne Zweifel viel über Darwins Theorie geschrieben worden. In jeder Bibliothek gibt es Hunderte von Büchern über seine Thesen.

Śrīla Prabhupāda: Werden sie im allgemeinen akzeptiert oder abgelehnt?

Dr. Singh: Von den meisten werden seine Thesen akzeptiert, aber es gibt auch kritische Stimmen.

Śrīla Prabhupāda: Darwin spricht von der Evolution der Arten, doch er weiß nichts von der spirituellen Evolution. Er ist sich nicht darüber im klaren, daß die spirituelle Seele von den niederen Lebensformen allmählich zu den höheren aufsteigt. Er behauptet, der Mensch stamme vom Affen ab, aber jeder kann sehen, daß der Affe nicht ausgestorben ist. Warum existiert der Affe immer noch, wenn er der unmittelbare Vorfahre des Menschen ist?

Dr. Singh: Nach Darwin wurden die Arten nicht unabhängig voneinander erschaffen, sondern sie stammen voneinander ab.

Śrīla Prabhupāda: Wenn er davon ausgeht, daß die Arten voneinander abstammen, wie kann er dann unvermittelt mit einer bestimmten Art beginnen, ohne die Entstehung der ursprünglichen Art zu erklären?

Karandhara dāsa: Die Wissenschaftler behaupten, die Erde sei infolge chemischer Reaktionen entstanden, und sie weigern sich zu lehren, daß Gott die Erde erschuf. Sie fürchten, man würde sie für verrückt erklären.

Śrīla Prabhupāda: Warum erschaffen sie nicht selbst etwas, wenn ihre Biologie und Chemie so fortgeschritten sind? Sie behaupten, in Zukunft wären sie imstande, Leben zu erzeugen, aber warum nicht jetzt? Seit wann dient die Zukunft als Grundlage der Wissenschaft? Gott hat bereits Leben erschaffen.

Dr. Singh: Sie sagen, aus ihren Analysen gehe hervor, daß das Leben ursprünglich aus Materie entstanden sei. Mit anderen Worten, lebende Materie komme von lebloser Materie.

Śrīla Prabhupāda: Und woher kommt dann gegenwärtig die lebende Materie? Entstand sie nur in der Vergangenheit aus lebloser Materie, aber heute nicht mehr? Woher kommt die Ameise? Entsteht sie einfach aus Schmutz? Nicht einmal eine Ameise wird von toter Materie hervorgebracht. Was für einen Beweis haben sie für eine solche Theorie? Darwin behauptet, in der fernen Vergangenheit habe es keine intelligenten Menschen gegeben, da der Mensch von den Affen abstamme. Wenn aber früher nicht auch Menschen mit hochentwickeltem Gehirn gelebt hätten, wie ist es dann zu verstehen, daß die vedischen Schriften vor Abertausenden von Jahren niedergeschrieben wurden? Wie erklären sie einen Weisen wie Vyāsadeva?
Dr. Singh: Dafür haben sie keine Erklärung. Sie sagen nur, das seien unbekannte Urwaldweise gewesen.
Śrīla Prabhupāda: Vyāsadeva ist ihnen vielleicht unbekannt, aber dennoch hat er gelebt. Woher hat er ein solches Gehirn bekommen? Auch wenn wir ihn nicht persönlich kennen, haben die Früchte seiner geistigen Arbeit, seine Philosophie, seine Sprache, seine Wortgewandtheit, seine Dichtkunst und Ausdruckskraft die Zeiten überdauert. Auch ohne einen Menschen persönlich zu kennen, kann man durch seine Werke seine Geistesgröße verstehen.
Dr. Singh: Existierte nicht die ganze Artenvielfalt von Anfang an?
Śrīla Prabhupāda: Ja. Die *Bhagavad-gītā* bestätigt, daß alle Arten gleichzeitig erschaffen wurden. Alle Arten von Tieren, Menschen und Halbgöttern existieren seit Beginn der Welt. Ein Lebewesen möchte einen bestimmten Körper, und Kṛṣṇa erfüllt ihm diesen Wunsch. Es hat den Wunsch, in bestimmten Verhältnissen zu leben, und begibt sich deshalb unter den Einfluß der entsprechenden Erscheinungsweisen der materiellen Natur. Diesen Erscheinungsweisen gemäß erhält es seinen nächsten Körper. Die Kräfte des Geistes, das heißt Denken, Fühlen und Wollen, bestimmen also die Lebensumstände und den Körper des Lebewesens. Es gibt tatsächlich einen Evolutionsprozeß, aber es handelt sich dabei nicht um eine Evolution der Arten.

Es stimmt nicht, daß sich eine Art aus der anderen entwickelt, denn Kṛṣṇa sagt:

avyaktād vyaktayaḥ sarvāḥ
prabhavanty ahar-āgame
rātry-āgame pralīyante
tatraivāvyakta-saṁjñake

„Immer wenn Brahmās Tag anbricht, treten alle Lebewesen ins Dasein, und bei Einbruch seiner Nacht werden sie wieder vernichtet" [*Bg.* 8.18].

Mit Evolution meinen wir die spirituelle Evolution des Lebewesens durch die verschiedenen Lebensformen. Ein Lebewesen, das sich im Körper eines Fisches befindet, muß Stufe für Stufe die Evolutionsleiter hinaufsteigen. Wenn es dann ganz oben angelangt ist und aus irgendeinem Grund herunterfällt, muß es sich wieder allmählich im Evolutionsprozeß nach oben entwickeln. Die Wissenschaftler sind natürlich zu sehr mit ihrer Forschung beschäftigt, als daß sie das verstehen könnten. Wenn man ihnen sagt, daß sie im nächsten Leben Bäume werden, denken sie, man rede Unsinn. Aber was kann man mit Forschung schon herausfinden? Nur wer die Ursache aller Ursachen kennt, kann alles Erkennbare erkennen, und nichts bleibt ihm verborgen. In den Veden heißt es: *yasmin vijñāte sarvam evaṁ vijñātaṁ bhavati.* Wenn wir die Absolute Wahrheit kennen, enthüllen sich uns auch alle anderen Wahrheiten, und wenn wir die Absolute Wahrheit nicht kennen, befinden wir uns in Unwissenheit. Auch ohne ein öffentlich anerkannter Wissenschaftler oder Philosoph zu sein, kann man jeden zu einer Diskussion herausfordern und unerschrocken das Wort ergreifen – wenn man nur eines kennt: Kṛṣṇa. Was nützen alle Forschungen und Theorien, wenn man nach fünfzehn Jahren erkennen muß, daß das Ganze doch nicht stimmt? Das ist nicht Wissenschaft, das ist Kinderei.

Dr. Singh: Auf diese Weise – durch Forschung – machen sie ihre Erfindungen.

Śrīla Prabhupāda: Aber was ist der Preis dieser Forschung? Ihre Wissenschaft ist ein wissenschaftlicher Vorgang, anderen das Geld aus der Tasche zu ziehen, das ist aber auch alles. Mit anderen Worten: Es ist Betrug. Die Wissenschaftler jonglieren gerne mit Fremdwörtern: *Plutonium*, *Photon*, *Proton*. Aber was nützt das den Menschen? Solche Wortspielereien sind nur dazu gut, die Leute zu verwirren. Wenn es darum geht, ein Problem zu lösen, kommt erst der eine Wissenschaftler mit seinen Erklärungen, und dann kommt ein anderer mit neuen Wortspielereien und neuen Erklärungen zum gleichen Problem. Aber das Problem ist immer noch nicht gelöst. All ihre schönen Worte führen zu keinem echten Fortschritt – nur zu einem Berg von Büchern. Und zu einer Ölkrise; die haben wir ihnen ebenfalls zu verdanken. Was werden diese heuchlerischen Wissenschaftler tun, wenn sie kein Öl mehr haben? Sie sind völlig machtlos angesichts dieser Probleme.

In Indien herrscht gerade Wassermangel, aber was unternehmen die Wissenschaftler dagegen? Es gibt mehr als genug Wasser auf der Welt. Warum bringen die Wissenschaftler es nicht dorthin, wo es dringend benötigt wird und wo Menschenleben auf dem Spiel stehen? Aber sie wollen lieber zum Mond fliegen, um zu versuchen, einen staubigen Planeten fruchtbar zu machen. Warum machen sie nicht zuerst unseren Planeten fruchtbar? Warum bewässern sie mit dem Wasser der Meere nicht die Sahara oder die Arabische Wüste oder die Rajasthan-Wüste? „Ja", sagen sie, „in der Zukunft. Wir arbeiten daran." Voller Stolz verkünden sie immer: „Demnächst, demnächst. Wir haben es fast geschafft." In der *Bhagavad-gītā* heißt es, daß diejenigen, die der Erfüllung unnötiger Wünsche nachjagen, alle Intelligenz verlieren (*kāmais tais tair hṛta-jñānāḥ*).

Das ganze Mondfahrtprojekt ist kindisch. Die Wissenschaftler, die versuchen, zum Mond zu fliegen, sind wie trotzige, Kinder, die ihre Mutter bedrängen: „Ich will den Mond haben!" Und wenn die Mutter dem Kind einen Spiegel gibt, in dem sich der Mond reflektiert, ist es sehr stolz und sagt: „Schaut alle her, ich habe den Mond!" – An dieser Geschichte ist mehr dran, als man denkt.

Karandhara dāsa: Nach all dem finanziellen Aufwand, nur um ein paar Steine zu holen, haben die Verantwortlichen nun beschlossen, das Programm abzubrechen, da die Mission auf dem Mond erfüllt sei.

Brahmānanda Swami: Jetzt wollen sie zu einem anderen Planeten fliegen, aber es fehlt ihnen an Geld. Solche Raumflüge kosten viele Milliarden Dollar.

Śrīla Prabhupāda: Für solch nutzlose Dinge wird Geld ausgegeben! Die Bürger arbeiten hart und zahlen der Regierung hohe Steuern – aber was passiert mit dem Geld? Es ist unerträglich, wie diese Schurken so viel Geld sinnlos verschwenden! Und nun kommt der nächste Bluff der Regierung: „Macht euch keine Sorgen! Jetzt fliegen wir zu einem anderen Planeten und bringen noch mehr Staub, aber diesmal nicht nur eine Handvoll. Diesmal versprechen wir euch tonnenweise Staub!"

Dr. Singh: Sie nehmen an, daß es auf dem Mars Leben geben könnte.

Śrīla Prabhupāda: Was sie annehmen oder nicht, spielt keine Rolle. Was ist schon damit gewonnen? Auf jeden Fall existiert Leben *hier* auf der Erde, aber überall gibt es Krieg. Selbst wenn es Leben auf dem Mars gibt – und zweifellos ist dies der Fall –, was haben wir davon?

Dr. Singh: Sie sind einfach neugierig darauf, wie es dort aussieht.

Śrīla Prabhupāda: Dann geben sie diese Unmengen von Geld nur aus, um ihre kindische Neugier zu befriedigen? Und wenn man sie auffordert, etwas gegen die steigende Armut zu unternehmen, entgegnen sie: „Das geht nicht, wir haben kein Geld."

Die Wissenschaftler brüsten sich: „Wir waren auf dem Mond. Sind wir nicht großartig?", doch warum lassen sie sich nicht erklären, wie man nach Kṛṣṇaloka, Kṛṣṇas spirituellem Planeten, gelangen kann? Wenn sie dorthin gingen, würde all ihre Neugierde befriedigt. Sie würden feststellen, daß es jenseits dieser niederen Energie tatsächlich noch eine höhere, spirituelle Energie gibt. Die materielle Energie kann nicht unabhängig wirken, sondern nur in Verbindung mit der spirituellen Energie. Materielle Elemente entstehen nicht aus sich selbst heraus. Die Seele ist die schöpferische Kraft. Wir können mit Materie verschiedene Dinge erschaffen, aber Materie erschafft sich nicht selbst. Wasserstoff und Sauerstoff verbinden sich nur dann, wenn sie von der höheren Energie zusammengebracht werden. Nur Narren glauben, der gesamte Kosmos, der nur aus Materie besteht, sei von selbst entstanden. Was nützt das schönste Auto, wenn kein Fahrer darin sitzt? Solange ein Mensch mit einer Maschine nicht umzugehen weiß und nicht den richtigen Knopf drückt, wird die Maschine nicht funktionieren. Genausowenig kann die materielle Energie ohne das Zutun der höheren Energie wirken. Hinter dem wunderbaren Kosmos befindet sich die Führung einer höheren Energie. All diese Auskünfte finden sich in den Schriften, aber trotzdem wollen es die Menschen nicht glauben.

Im Grunde ist alles Gottes Eigentum, doch die Menschen beanspruchen Sein Eigentum für sich selbst oder ihr Land. Heutzutage reden sie vom Problem der Überbevölkerung, doch in Wirklichkeit hat Gott für alles in ausreichendem Maße gesorgt. Eigentlich gibt es genügend Land und Nahrungsmittel, wenn man richtig damit umgeht. Die Menschen schaffen nur künstlich Probleme und Konflikte, und die Wissenschaftler helfen ihnen noch dabei, indem sie ihnen alle möglichen Vernichtungswaffen in die Hände liefern. Sie ermutigen nur die Schurken und Halunken, die versuchen, Gottes Eigentum auszubeuten. Wer einem Mörder oder Dieb hilft, wird auch zum Verbrecher. Es gibt heute so viele Probleme auf der Welt, weil die Wissenschaftler die Diebe und Räuber unterstützen. Folglich sind sie alle Kriminelle. *Stena eva saḥ* – wer das Eigentumsrecht des Höchsten Herrn nicht anerkennt, ist ein Dieb.

Unsere Aufgabe ist es, diese Halunken zur Vernunft zu bringen. Nun müssen wir herausfinden, wie man das am besten tun kann. Diese

Narren leiden, aber weil sie Kinder Gottes sind, sollten sie eigentlich nicht leiden. Sie wissen nichts von Gott und echtem Glück, von Seligkeit und ewigem Leben. Sie forschen ständig weiter und leben fünfzig, sechzig oder siebzig Jahre lang. Aber sie haben keine Ahnung, was sie danach erwartet. Sie sind sich nicht bewußt, daß das Leben ewig ist. Im Grunde befinden sie sich in der gleichen Lage wie ein Tier. Ein Tier weiß nicht, was nach dem Tod mit ihm geschieht, und es denkt auch nie über den Tod nach. Es kennt weder den Grund seines Daseins noch den Wert und Sinn seines Lebens. Unter dem Einfluß *māyās* wird das Tier auch weiterhin nur essen, schlafen, sich verteidigen, sich fortpflanzen und schließlich sterben. Das ist sein ganzer Lebensinhalt. Die Menschen mühen sich so sehr ab, aber wofür? Sie sagen, diese Anstrengungen seien als Vorsorge für die nächste Generation gedacht, aber wem ist wirklich damit geholfen? Die Bewegung für Kṛṣṇa-Bewußtsein ist dafür bestimmt, dem Leben einen wirklichen Sinn zu geben, indem sie Kṛṣṇa, Gott, in den Mittelpunkt stellt. Es kann daher für die Wissenschaftler nur von Vorteil sein, die Bedeutung dieser Bewegung zu verstehen.

Rückkehr zur ewigen Religion

Śrīla Prabhupāda kommt nach Amerika

18. September 1965: Der indische Dampfer Jaladuta *legt nach mehrwöchiger Überfahrt am Commonwealth Pier in Boston an. Bevor* Śrīla Prabhupāda *von Bord geht, verfaßt er ein ergreifendes* Gedicht *in* Bengali, *das er in sein* Tage*buch einträgt. Jahre später entdeckt ein* Schüler *dieses* Tagebuch *und mit ihm das* Gedicht, *das* Śrīla Prabhupādas *erste* Eindrücke *von der westlichen* Zivi*lisation wiedergibt und seine tiefe* Entschlossenheit *offenbart, das* Bewußtsein *Amerikas zu verändern.*

1

Mein lieber Śrī Kṛṣṇa, Du bist so gütig zu dieser nichtswürdigen Seele, aber ich weiß nicht, warum Du mich hierhergebracht hast. Nun kannst Du mit mir tun, was Dir beliebt.

2

Doch ich glaube, daß Du hier etwas mit mir vorhast – warum sonst solltest Du mich an diesen schrecklichen Ort führen?

3

Die meisten Menschen in diesem Land sind von den materiellen Erscheinungsweisen der Unwissenheit und Leidenschaft bedeckt. Völlig vertieft ins materielle Leben, halten sie sich für glücklich und zufrieden und finden deshalb keinen Geschmack an der transzendentalen Botschaft Vāsudevas [Kṛṣṇas]. Wie sie jemals imstande sein sollen, diese Botschaft zu verstehen, ist mir ein Rätsel.

4

Ich weiß aber, daß Deiner grundlosen Barmherzigkeit nichts unmöglich ist, denn Deine geheimnisvolle Macht kennt keine Grenzen.

5

Wie sollen sie das Glück des hingebungsvollen Dienens verstehen? O Herr, nur deshalb bete ich um Deine Gnade: Bitte gib mir die Fähigkeit, sie von Deiner Botschaft zu überzeugen.

6

Alle Lebewesen sind durch Deinen Willen unter die Herrschaft der täuschenden Energie geraten, und daher können sie durch Deinen Willen auch wieder aus ihren Fängen befreit werden.

7

Es ist mein Wunsch, daß Du sie befreien mögest. Nur wenn auch Du ihre Befreiung wünschst, können sie Deine Botschaft verstehen.

8

Die Worte des *Śrīmad-Bhāgavatam* sind Deine Inkarnation, und wenn sie ein besonnener Mensch wiederholt in ergebener Haltung hört, wird er imstande sein, Deine Botschaft zu verstehen.

9

Es heißt im *Śrīmad Bhāgavatam* [1.2.17-21]: „Śrī Kṛṣṇa, der Höchste Herr, ist die Überseele (Paramātmā) im Herzen aller Lebewesen und der Wohltäter Seines aufrichtigen Geweihten. Er befreit das Herz Seines Geweihten, der sich an Seiner Botschaft erfreut, vom Wunsch nach materiellen Genüssen. Diese Botschaft ist in sich selbst tugendhaft, wenn sie in der richtigen Haltung vernommen und vorgetragen wird. Wenn man regelmäßig aus dem *Bhāgavatam* hört und dem reinen Gottgeweihten dient, wird praktisch alles Unheilvolle im Herzen zerstört, und liebevoller Dienst für den ruhmreichen Herrn, der mit transzendentalen Liedern gepriesen wird, wird zu einer unwiderruflichen Tatsache. Wenn liebevoller Dienst seinen Platz im Herzen findet, weichen die Erscheinungsweisen der Leidenschaft [*rajas*] und Unwissenheit [*tamas*] sowie Lust und Begierde [*kāma*]. Dann befindet sich der Gottgeweihte in der Erscheinungsweise der Tugend und wird glücklich. Ein Mensch, der so in Tugend gefestigt und durch den liebevollen Dienst für den Herrn mit neuer Kraft erfüllt ist, erlangt Befreiung aus dem materiellen Leben [*mukti*] und gewinnt ein echtes, wissenschaftliches Verständnis vom Höchsten Herrn. Auf diese Weise wird der Knoten im Herzen gesprengt, und alle Zweifel verschwinden. Die Kette karmischer Handlungen [*karma*] hat ein Ende, wenn man das Selbst als Meister erkennt."

10

Er wird vom Einfluß der Unwissenheit und Leidenschaft frei, und alle unheilvollen Dinge, die sich in seinem Herzen angesammelt haben, werden verschwinden.

11

Wie soll ich ihnen die Botschaft des Kṛṣṇa-Bewußtseins verständlich machen? Ich bin ein gefallener, armseliger Nichtsnutz. Bitte gib mir Deinen Segen, so daß ich sie überzeugen kann, denn ich selbst habe nicht die Kraft dazu.

12

Aus irgendeinem Grund, o Herr, hast Du mich hierher gebracht, damit ich über Dich spreche. Jetzt liegt es an Dir, meine Mission zu einem Erfolg oder Fehlschlag zu machen – ganz wie es Dir beliebt.

13

O spiritueller Meister aller Welten! Ich kann einfach nur Deine Botschaft wiederholen! Wenn es Dir gefällt, gib mir bitte die Fähigkeit, so zu sprechen, daß sie meine Worte verstehen.

14

Nur durch Deine grundlose Gnade werden meine Worte rein sein. Wenn diese transzendentale Botschaft ihr Herz erreicht, wird ihr Leben von Freude erfüllt werden, und alles Elend wird von ihnen weichen. Davon bin ich überzeugt.

15

O Herr, ich bin nur eine Marionette in Deinen Händen. Wenn Du mich zum Tanzen hierhergebracht hast, dann laß mich jetzt tanzen, laß mich tanzen, o Herr; laß mich tanzen, wie es Dir beliebt!

16

Ich verfüge weder über Hingabe noch über Wissen, aber ich habe starkes Vertrauen in Kṛṣṇas Heiligen Namen. Man hat mir den Namen

„Bhaktivedānta" gegeben. Und jetzt kannst Du, wenn es Dir beliebt, die Bedeutung dieses Namens wahrmachen.

gezeichnet – der höchst unglückselige
und unbedeutende Bettler
A. C. *Bhaktivedanta Swami,*
an Bord *des Schiffes* Jaladuta,
Commonwealth Pier,
Boston, *Massachusetts,* USA
18. *September* 1965

„Errichten Sie Ihre Nation auf einer spirituellen Grundlage!“

Im September 1971 hält Śrīla Prabhupāda *an der* Universität Nairobi *eine Ansprache. Über 2000 Studenten und Regierungsvertreter jubeln ihm zu, als er folgenden dringenden* Appell *an die Bürger des afrikanischen* Entwicklungslandes *richtet: „Sie streben nach* Fortschritt. *Machen Sie daher bitte spirituellen* Fortschritt, *denn nur eine spirituelle* Entwicklung *ist eine sichere* Entwicklung. *Ahmen Sie nicht die* Amerikaner *und* Europäer *nach, die wie* Katzen *und* Hunde *leben!...* Die *Atombombe steht bereit, und sobald der nächste* Krieg *ausbricht, werden all ihre* Wolkenkratzer *und sonstigen* Errungenschaften *zerstört werden. Versuchen Sie die* Dinge *so zu sehen, wie es ein* Mensch *tun sollte, nämlich aus der spirituellen* Perspektive...“

Meine Damen und Herren, vielen Dank, daß Sie gekommen sind, um an dieser Veranstaltung zur Verbreitung des Kṛṣṇa-Bewußtseins teilzunehmen. Die Bewegung für Kṛṣṇa-Bewußtsein möchte allen Menschen helfen, ihr Leben zum Erfolg zu führen. Das Thema meines Vortrags lautet: „Der wahre Sinn des menschlichen Lebens“. Unser Anliegen ist es, die Menschen in aller Welt an ihre eigentliche Bestimmung zu erinnern. Die menschliche Lebensform erlangt man nach vielen Jahrmillionen der Evolution. Dem *Padma Purāṇa* zufolge gibt es 8.400.000 verschiedene Lebensformen. Das Leben begann mit den Wasserlebewesen, denn wie wir der vedischen Literatur entnehmen, war zu Beginn der Schöpfung der gesamte Planet mit Wasser bedeckt. Die materielle Welt setzt sich aus fünf grobstofflichen Elementen zusammen: Erde, Wasser, Feuer, Luft und Äther. Darüber hinaus gibt es drei feinstoffliche Elemente: Geist, Intelligenz und Ego. Hinter diesen acht „Hüllen" verbirgt sich die spirituelle Seele. Dieses Wissen stammt aus der *Bhagavad-gītā*.

Der Mensch ist nicht das einzige Lebewesen, das eine spirituelle Seele besitzt. Eine Seele besitzen auch die Säugetiere, Vögel, Reptilien, Insekten, Bäume, Pflanzen, Wasserlebewesen usw. – in allen Lebewesen wohnt eine spirituelle Seele. Sie ist nur in verschiedene Gewänder gehüllt, genauso wie manche von Ihnen weiße Kleidung tragen und andere grüne oder rote. Aber uns geht es nicht um die Kleidung, uns geht es um Sie, die spirituelle Seele. In der *Bhagavad-gītā* [5.18] heißt es:

vidyā-vinaya-sampanne
brāhmaṇe gavi hastini
śuni caiva śvapāke ca
paṇḍitāḥ sama-darśinaḥ

„Der demütige Weise, der über wahres Wissen verfügt, betrachtet einen gelehrten und freundlichen *brāhmaṇa*, eine Kuh, einen Elefanten, einen Hund und einen Hundeesser mit gleichen Augen."

Der Weise trifft keine Unterschiede aufgrund von Hautfarbe, Intelligenz oder Lebensform. Er sieht alle Lebewesen als winzige spirituelle Teilchen.

keśāgra-śata-bhāgasya
śatāṁśaḥ sādṛśātmakaḥ
jīvaḥ sūkṣma-svarūpo 'yaṁ
saṅkhyātīto hi cit-kaṇaḥ

„Es gibt unzählige spirituelle Teilchen, und jedes von ihnen mißt ein

Zehntausendstel einer Haarspitze." Weil es kein Instrument gibt, mit dem man die Größe der spirituellen Seele messen kann, wird sie auf diese Weise definiert. Die Seele ist also sehr winzig, noch kleiner als ein Atom. Sie befindet sich in Ihnen, in mir und in allen Menschen, im Elefanten und in anderen mächtigen Tieren, in der Ameise und im Baum – überall. Mit den Methoden der Wissenschaft kann man jedoch die Größe der Seele nicht messen, und kein Arzt kann sie im Körper auffinden. Deshalb kommen materialistisch denkende Wissenschaftler zu dem Schluß, es gäbe keine Seele. Aber das ist ein Irrtum. Die Seele existiert tatsächlich. Die Gegenwart der Seele unterscheidet einen lebendigen von einem toten Körper. Sobald die Seele den Körper verläßt, stirbt der Körper und wird nutzlos. Selbst der größte Wissenschaftler oder Philosoph wird zugeben müssen, daß der Körper tot ist, sobald sich die Seele von ihm getrennt hat. Dann hat der Körper keinen Wert mehr und wird fortgeschafft. Wertvoll ist die Seele, nicht der Körper. Darüber sollten wir uns klar werden. Der Vorgang der Seelenwanderung wird in der *Bhagavad-gītā* (2.22) wie folgt erklärt:

vāsāṁsi jīrṇāni yathā vihāya
navāni gṛhṇāti naro 'parāṇi
tathā śarīrāṇi vihāya jīrṇāny
anyāni saṁyāti navāni dehī

„Wie ein Mensch alte Kleider ablegt und neue anzieht, gibt die Seele alt und unbrauchbar gewordene Körper auf und nimmt neue materielle Körper an."

Wenn ein Anzug alt wird, werfen wir ihn weg und ziehen einen neuen an; in ähnlicher Weise wechselt die Seele ihren Wünschen entsprechend ihr äußeres Gewand. Die Seele ist ein Teil Gottes und hat daher göttliche Eigenschaften. Gott verkörpert höchsten Willen, höchste Macht, höchste Unabhängigkeit; und wir, Seine Teile, haben dieselben Eigenschaften in verschwindend kleinem Maße. Wir haben einen eigenen Willen, eigene Gedanken, Gefühle und Wünsche. In den Veden heißt es, daß Gott das höchste unter allen Lebewesen ist (*cetanaś cetanānām*). Und Er sorgt auch dafür, daß alle Lebewesen bekommen, was sie zum Leben brauchen.

Die Anzahl der Lebewesen ist unbegrenzt, aber Gott gibt es nur einmal. Gott lebt, und wir leben, doch wir sind nur kleine Teile Gottes, der ursprünglichen Lebenskraft. Ein Goldklumpen zum Beispiel hat dieselben Eigenschaften wie eine ganze Goldmine, und die chemische Zusammensetzung eines einzelnen Wassertropfens gleicht dem des ganzen Ozeans. In diesem Sinne sind wir also eins mit Gott, denn wir sind Teile von Ihm. Dieses winzige göttliche Teilchen, die Seele oder Lebenskraft, wandert vom Körper eines Wasserlebewesens in den einer Pflanze oder eines Baumes, dann in den eines Insekts, eines Reptils, eines Vogels, eines Säugetieres und schließlich in den eines Menschen. Darwins Evolutionstheorie ist nichts weiter als eine fehlerhafte Erklärung der Evolution der Seele. Darwin übernahm einfach einige Informationen aus den vedischen Schriften, hatte aber keine Vorstellung von der Seele. Denn eigentlich ist es die Seele, die den Evolutionsprozeß durchläuft: Sie durchwandert die verschiedenen pflanzlichen und tierischen Lebensformen bis hin zum Menschen. Und innerhalb der menschlichen Lebensformen entwickelt sie sich von den unzivilisierten zu den zivilisierten Arten.

Das zivilisierte Leben eines Menschen stellt die Krönung der Evolution dar. Hier entscheidet es sich: Entweder können wir wieder in den Kreislauf der Evolution abgleiten oder uns zu einem gottesbewußten Leben erheben. Wir haben die Wahl. Darauf weist die *Bhagavad-gītā* hin.

Das Kennzeichen der menschlichen Lebensform ist ein entwickeltes Bewußtsein; deshalb sollten wir unser Leben nicht wie Katzen, Hunde und Schweine vergeuden. So lautet die ausdrückliche Anweisung der vedischen Schriften. Unser Körper ist zwar ebenso vergänglich wie der eines Hundes oder einer Katze, doch unterscheidet er sich von diesen Körpern insofern, als wir mit ihm die höchste

Vollkommenheit des Lebens erreichen können. Wir sind Teile Gottes, doch irgendwie sind wir in das materielle Dasein gefallen. Jetzt müssen wir uns so entwickeln, daß wir nach Hause, zu Gott, zurückkehren können. Das ist der höchste Grad der Vollkommenheit.

Es gibt noch eine andere Welt, eine spirituelle Welt. Dazu heißt es in der *Bhagavad-gītā* (8.20):

paras tasmāt tu bhāvo 'nyo
'vyakto 'vyaktāt sanātanaḥ
yaḥ sa sarveṣu bhūteṣu
naśyatsu na vinaśyati

„Es gibt jedoch noch eine andere, transzendentale Natur, die ewig ist und sich jenseits der manifestierten und unmanifestierten Materie befindet. Sie ist über alles erhaben und vergeht niemals. Wenn alles in der Welt vernichtet wird, bleibt dieser Teil, wie er ist."

Alles in der materiellen Natur wird erschaffen, bleibt eine Zeitlang bestehen, erzeugt Nebenprodukte, verfällt langsam und vergeht schließlich. Unser Körper wird zu einem bestimmten Zeitpunkt durch Geschlechtsverkehr geschaffen: Der Samen des Vaters verschmilzt mit der Eizelle der Mutter, worauf ein erbsenförmiges Gebilde entsteht, in dem das Lebewesen, die Seele, Zuflucht sucht. Aufgrund der Gegenwart der Seele entwickeln sich Hände, Beine, Augen und alle anderen Körperteile. Diese Entwicklung ist im siebten Monat abgeschlossen, und im neunten Monat verläßt der Säugling den Mutterleib. Das Kind entwickelt sich, weil die Seele gegenwärtig ist. Verläßt die Seele den Körper des Embryos vorzeitig, findet keine Entwicklung mehr statt, und das Kind wird tot geboren. Wir können diesen toten Körper zwar chemisch konservieren, aber er wird sich nicht weiterentwickeln. Entwicklung bedeutet, daß sich der Körper verändert. Wir alle hatten einmal den Körper eines Säuglings, doch dieser Körper existiert nicht mehr. Der Säuglingskörper entwickelt sich zum Körper eines Kindes und dieser zum Körper eines Jugendlichen; der wiederum wird zum Körper eines Erwachsenen und schließlich zu dem eines Greises. Letztendlich stirbt der Körper und verwest. Das gleiche gilt für die gesamte materielle Welt, den gewaltigen Körper des Kosmos: Er wird zu einem bestimmten Zeitpunkt erschaffen, entwickelt sich, bleibt bestehen und löst sich zu gegebener Zeit wieder auf. Das ist die Natur der materiellen Welt: Sie wird in regelmäßigen Abständen geschaffen und wieder vernichtet (*bhūtvā bhūtvā pralīyate*).

Das Wort *bhāva* bedeutet „Natur". Neben der materiellen Natur gibt noch eine andere Natur, die sich niemals auflöst und die ewig ist. Als *jīvas* (spirituelle Seelen) sind auch wir von dieser ewigen Natur, wie in der *Bhagavad-gītā* (2.20) bestätigt wird:

na jāyate mriyate vā kadācin
nāyaṁ bhūtvā bhavitā vā na bhūyaḥ
ajo nityaḥ śāśvato 'yaṁ purāṇo
na hanyate hanyamāne śarīre

„Für die Seele gibt es weder Geburt noch Tod. Sie hat schon immer existiert und wird nie aufhören zu sein. Sie ist ungeboren, ewig, immerwährend, unsterblich und uranfänglich. Sie wird nicht getötet, wenn der Körper getötet wird."

Genausowenig wie Gott Geburt und Tod unterworfen ist, sind es wir, die spirituellen Seelen. Aber weil wir uns für den Körper halten, glauben wir, wir würden geboren und müßten sterben. So zu denken nennt man *māyā* (Illusion). Sobald wir von dieser Illusion frei werden und nicht mehr die Seele mit dem Körper gleichsetzen, erreichen wir die *brahma-bhūta*-Ebene. Wenn wir erkennen: *ahaṁ brahmāsmi* – „Ich bin nicht der Körper, sondern spirituelle Seele, Teil des höchsten Brahmans", erreichen wir die Brahman-Erkenntnis und werden glücklich.

Wer würde nicht von Glück erfüllt, wenn er klar verstünde, daß es für ihn weder Geburt noch Tod gibt, daß er ewig ist? Wenn man sich seiner spirituellen Natur, des Brahmans, bewußt geworden ist, dann hat man alles Begehren und Klagen überwunden. Überall auf der Welt begehren und klagen die Menschen. Ihr Afrikaner würdet jetzt gerne wie die Amerikaner und Europäer leben. Die Europäer hingegen trauern ihrem verlorenen Imperium nach. So begehren die einen, und die anderen klagen. Das ganze materielle Leben setzt sich aus einer Mischung von Begehren und Klagen zusammen. Wir begehren die Dinge, die wir nicht besitzen, und wir trauern denen nach, die wir verloren haben. So ist das materielle Leben. Wenn wir jedoch erkennen, daß wir Teile des Höchsten Herrn (Parabrahman) sind und daß wir somit Brahman sind, werden wir alles Begehren und Klagen hinter uns lassen.

Die sogenannte universale Brüderlichkeit oder Einigkeit, die die Vereinten Nationen anstreben, ist nur möglich, wenn die Menschen die spirituelle Ebene, die Brahman-Erkenntnis, erreichen. Das Ziel des menschlichen Lebens ist es, das Brahman zu erkennen, und nicht, den Hunden, Katzen und Schweinen nachzueifern. Das Schwein ist Tag und Nacht auf der Suche nach Kot, und wenn es welchen findet, frißt es ihn und wird sexuell erregt. Danach hat es wahllos Geschlechtsverkehr, sei es mit seiner Mutter, seiner Schwester oder irgendeinem anderen Schwein. So sieht das Schweineleben aus. Die Schriften weisen jedoch darauf hin, daß der Mensch nicht dazu bestimmt ist, wie die Katzen, Hunde und Schweine den Sinnenfreuden nachzulaufen. Vielmehr sollte er erkennen: „Ich gehöre nicht in diese materielle Welt. Ich bin eine ewige spirituelle Seele, aber irgendwie bin ich zu Fall gekommen und muß jetzt ein Dasein führen, das von Geburt, Alter, Krankheit und Tod beherrscht wird." Sinn und Ziel des menschlichen Lebens ist es, für diese vier materiellen Leiden eine Lösung zu finden. Bitte versuchen Sie zu verstehen, daß der Mensch nicht dafür geschaffen wurde, sein Leben wie ein Schwein mit harter Arbeit und flüchtigen Genüssen zuzubringen und schließlich einen plötzlichen Tod zu sterben.

Menschen, die nicht an die Seele glauben, befinden sich in einer höchst unglückseligen Lage, denn sie wissen weder, woher sie gekommen sind, noch, wohin sie gehen werden. Kein Wissen ist wichtiger als das Wissen über die Seele, doch an keiner Universität wird es gelehrt. Was ist die Natur des Körpers? Worin besteht der Unterschied zwischen einem toten und einem lebenden Körper? Warum lebt der Körper? Wozu dient der Körper, und welchen Wert hat er? Mit diesen Fragen setzt sich heutzutage niemand auseinander. Nur unsere Bewegung für Kṛṣṇa-Bewußtsein klärt die Menschen darüber auf, daß sie nicht der Körper, sondern die spirituelle Seele sind. Als Menschen haben wir eine andere Aufgabe im Leben zu erfüllen als die Katzen und Hunde. Das ist unsere Botschaft.

In der materiellen Welt ist die spirituelle Seele dem Evolutionsprozeß unterworfen und muß von einem Körper zum anderen wandern. Jeder muß in dieser Welt hart ums Überleben kämpfen; deshalb sollte der Mensch besser nach dem ewigen Leben trachten. Ewiges Leben ist keine Sache der Unmöglichkeit. Wenn wir aus dem menschlichen Leben das Beste machen, können wir im nächsten Leben einen spirituellen Körper erlangen. Unser spiritueller Körper ist bereits in uns, und er wird sich entfalten, sobald wir von der Verunreinigung des materiellen Daseins frei werden. Das ist das Ziel des menschlichen Lebens. Die meisten Menschen wissen nicht, was zu ihrem Besten ist. Es gibt nichts Besseres für uns als Selbsterkenntnis, die Erkenntnis: „Ich bin ein Teil Gottes und muß in Sein Reich, in Seine Gemeinschaft, zurückkehren." Gesellschaftlichen Umgang gibt es nicht nur hier bei uns, sondern auch Gott liebt in Seinem spirituellen Reich den Umgang mit anderen, ja Er lädt uns ein, uns zu Ihm zu gesellen.

Nach dem Tod des Körpers lösen wir uns nicht einfach in nichts auf. Das ist eine falsche Vorstellung. Auf dem Schlachtfeld von Kurukṣetra sagte Kṛṣṇa zu Arjuna:

na tv evāhaṁ jātu nāsaṁ
na tvaṁ neme janādhipāḥ
na caiva na bhaviṣyāmaḥ
sarve vayam ataḥ param

„Niemals gab es eine Zeit, wo Ich oder du oder all diese Könige nicht existierten, und auch in der Zukunft wird keiner von uns aufhören zu sein" [*Bhagavad-gītā* 2.12].

Ewiges Leben zu erlangen ist sehr einfach und doch sehr schwierig. Es ist schwierig, wenn man nicht an die Existenz der Seele und an Seelenwanderung glaubt; es ist jedoch sehr einfach, wenn man aus der richtigen Quelle Wissen empfängt. Im Kṛṣṇa-Bewußtsein empfangen wir Wissen von Kṛṣṇa, dem vollkommensten Wesen, und nicht von einem gewöhnlichen Menschen, der durch die Gesetze der materiellen Natur gebunden ist. Wissen, das von einer bedingten Seele stammt, ist immer unvollständig.

Was sind die Mängel der bedingten Seele? Sie begeht mit Sicherheit Fehler, sie unterliegt mit Sicherheit Täuschung und Illusion, sie wird mit Sicherheit andere betrügen, und ihre Sinne sind mit Sicherheit unvollkommen. Diese Mängel machen es uns unmöglich, vollkommenes Wissen zu erlangen. Trotzdem bilden wir uns viel auf unsere Augen ein und wollen alles mit ihnen erfassen. Manchmal fragen Leute sogar: „Können Sie mir Gott zeigen?" Im Grunde lautet die Antwort: „Ja." Warum sollen wir Gott nicht ständig sehen können? Kṛṣṇa sagt: *raso 'ham apsu kaunteya*. „Ich bin der Geschmack des Wassers." Jeder trinkt Wasser und kann seinen Geschmack kosten. Wenn wir nun darüber meditieren, daß dieser Geschmack Gott ist, ist das unser erster Schritt auf dem Weg der Gotteserkenntnis. Kṛṣṇa erklärt auch: *prabhāsmi śaśi-sūryayoḥ*. „Ich bin das Licht der Sonne und des Mondes." Täglich sehen wir Sonne und Mond, und wenn wir über den Ursprung ihrer Leuchtkraft nachdenken, werden wir in zunehmenden Maße gottesbewußt. Es ließen sich noch viele andere Beispiele anführen. Gottesbewußtsein zu erlangen ist nicht sehr schwierig, solange wir uns an die vorgeschriebene Methode halten. In der *Bhagavad-gītā* [18.55] heißt es: *tato māṁ tattvato jñātvā*. Wir müssen einfach nur versuchen, Gott, Sein Erscheinen, Sein Fortgehen und Seine Taten in Wahrheit zu verstehen. Sobald uns das gelingt, finden wir Einlaß in das Reich Gottes. Wer Gott, Kṛṣṇa, versteht, kehrt nach dem

Verlassen seines Körpers nicht wieder auf die Erde zurück, um einen weiteren materiellen Körper anzunehmen. Kṛṣṇa verspricht: *mām eti.* „Er kommt zu Mir." Das ist unser Ziel.

Deshalb sollten wir unsere Zeit nicht damit vergeuden, wie die Katzen und Hunde zu leben. Wir können uns das Leben zwar angenehm machen, aber dabei sollten wir auch Kṛṣṇa-bewußt, gottesbewußt, sein. Das wird uns wirklich glücklich machen. Ohne Gott zu verstehen und Gottesbewußtsein zu entwickeln, kann niemand Glück und Frieden finden. Und den Weg zu Glück und Frieden weist uns die *Bhagavad-gītā*.

Gott ist sehr einfach zu verstehen, wenn uns wirklich daran gelegen ist. Er ist der wahre Eigentümer aller Dinge. *Īśāvāsyam idaṁ sarvam.* Aber leider halten wir uns für die Eigentümer. Eine Zeitlang haben die Engländer dieses Land [Kenia] als ihr eigen bezeichnet, und nun erheben Sie Besitzanspruch darauf. Und wer weiß, was in der Zukunft geschehen wird? Genaugenommen kennt niemand den wahren Besitzer. Das Land ist schon da – es ist das Eigentum Gottes, aber wir denken: „Ich bin der Eigentümer. Das alles gehört mir." Amerika existierte schon, bevor die Europäer dorthin kamen, doch jetzt glauben die Amerikaner, es gehöre ihnen. Vor ihnen dachten die Indianer dasselbe, aber in Wirklichkeit gehört es keinem Menschen – es ist Gottes Eigentum.

īśāvāsyam idaṁ sarvaṁ
yat kiñca jagatyāṁ jagat
tena tyaktena bhuñjīthā
mā gṛdhaḥ kasya svid dhanam

„Der Herr beherrscht und besitzt alles Beseelte und Unbeseelte im Universum. Der Mensch sollte daher nur die Dinge annehmen, die er braucht und die ihm als sein Anteil zur Verfügung gestellt sind. Darüber hinaus sollte er nichts annehmen, wohl wissend, wem alles gehört" [*Īśopaniṣad* 1].

Dieses Verständnis fehlt heute in der Welt. Kṛṣṇa erhebt auf alles Besitzanspruch – auf die Amerikaner, die Afrikaner, die Katzen, die Hunde, die Bäume und was es sonst noch gibt, denn Er ist der wahre Eigentümer und der höchste Vater. Das zu verstehen bedeutet bereits Gotteserkenntnis. Wenn wir Gott nach den Anweisungen der vedischen Schriften als den wirklichen Eigentümer erkennen, werden die Streitigkeiten zwischen verschiedenen Parteien ein Ende haben, und alle werden in Frieden leben.

Jeder hat das Recht, Gottes Eigentum zu benutzen, genauso wie ein Sohn das Recht hat, auf Kosten seines Vaters zu leben. Das ist spiritueller Kommunismus. Es heißt in den Schriften, daß man sogar ein kleines Tier in seinem Haus füttern muß. Niemand sollte Hunger leiden müssen, nicht einmal eine Schlange. Jeder hat Angst vor Schlangen, doch wenn zufällig eine Schlange in unserem Haus lebt, ist es unsere Pflicht, auch sie mit Nahrung zu versorgen. Das ist die Sicht eines Menschen, der gottesbewußt, Kṛṣṇa-bewußt, ist: *samaḥ sarveṣu bhūteṣu*. Er ist allen Lebewesen gleich wohlgesinnt, denn er befindet sich auf der transzendentalen Ebene. Hingebungsvolles Leben, heißt es in der *Bhagavad-gītā*, beginnt erst dann, wenn man alle Geschöpfe mit gleichen Augen betrachtet und sie als Teile des Höchsten Herrn sieht. Die Bewegung für Kṛṣṇa-Bewußtsein möchte alle Menschen über ihre wahre Identität und den Sinn des Lebens aufklären. Dazu lehrt sie eine einfache Methode, die unser Herz läutern soll – das Chanten des *mahā-mantra*: Hare Kṛṣṇa, Hare Kṛṣṇa, Kṛṣṇa Kṛṣṇa, Hare Hare / Hare Rāma, Hare Rāma, Rāma Rāma, Hare Hare. In unserer Bewegung haben sich junge Männer und Frauen aus den verschiedensten Ländern und Religionen zusammengefunden, aber keiner von ihnen schaut darauf, aus welcher gesellschaftlichen Schicht, Nationalität oder Religion der andere stammt. Hier zählt einzig und allein Selbsterkenntnis und unsere Beziehung zu Gott.

Gott ist der höchste Eigentümer, und wir alle sind Seine Söhne, Seine Diener. Lassen Sie uns daher die Empfehlung der *Bhagavad-gītā* beherzigen und dem Herrn dienen! Sobald wir verstehen, daß alles Gott gehört, können sämtliche Probleme der Welt gelöst werden. Das geschieht gewiß nicht von heute auf morgen. Nicht jeder kann diese hohe Philosophie gleich verstehen, doch wenn zumindest die intelligenten Menschen in jedem Land sich ernsthaft damit befassen, reicht das schon aus. In der *Bhagavad-gītā* [3.21] heißt es:

yad yad ācarati śreṣṭhas
tat tad evetaro janaḥ
sa yat pramāṇaṁ kurute
lokas tad anuvartate

„Was auch immer ein bedeutender Mensch tut, dem folgen die gewöhnlichen Menschen nach. Und nach den Maßstäben, die er durch sein Beispiel setzt, richtet sich die ganze Welt."

Wir bitten daher die klügsten Menschen in aller Welt, die Philosophie des Kṛṣṇa-Bewußtseins zu verstehen und sie auf der ganzen Erde zu verbreiten. Wir sind nach Afrika gekommen, um alle intelligenten Afrikaner einzuladen, diese Philosophie zu studieren und weiterzugeben. Sie wollen Fortschritt machen. Bitte machen Sie daher spirituellen Fortschritt, denn nur eine spirituelle Entwicklung ist eine sichere Entwicklung. Ahmen Sie nicht die Amerikaner und Europäer nach, die wie Katzen und Hunde leben! Solche Zivilisationen, deren Motto Sinnengenuß ist, können nicht von Dauer sein. Die Atombombe steht bereit, und sobald der nächste Krieg ausbricht, werden alle ihre Wolkenkratzer und sonstigen Errungenschaften zerstört werden. Versuchen Sie die Dinge so zu sehen, wie es ein Mensch tun sollte, nämlich aus der spirituellen Perspektive. Das ist das Anliegen der Bewegung für Kṛṣṇa-Bewußtsein. Bitte versuchen Sie deshalb, diese Philosophie zu verstehen! Vielen Dank.

Von spirituellem Pessimismus zu transzendentaler Glückseligkeit

In einem Brief an Lynne Ludwig schreibt Śrīla Prabhupāda: „Ich bitte Sie trotzdem, meinen geliebten Schülern zu vergeben, falls sie sich in irgendeiner Weise unfreundlich oder taktlos benommen haben. Es ist schließlich nicht einfach, sein Leben völlig dem Dienst des Herrn zu weihen, und māyā, die täuschende materielle Energie, versucht ihr Bestes, diejenigen wieder einzufangen, die ihren Dienst verlassen haben, um Gottgeweihte zu werden... Sie haben sich ein wenig von der Liebe zu māyā, der Lust, gelöst und bemühen sich nun um Liebe zu Kṛṣṇa, die unbegrenzt und im höchsten Maße befriedigend ist. Doch sie haben diese Ebene noch nicht ganz erreicht – das ist das ganze Problem."

Euer Gnaden,

bitte nehmen Sie diesen Brief in Liebe entgegen.

Wir haben uns verschiedentlich mit zweien Ihrer Schüler unterhalten. Beide legen gegenüber den Leuten, mit denen sie zusammenkommen, eine sehr negative Einstellung an den Tag. Bitte glauben Sie nicht, sie verhielten sich so, wie es sein sollte.

Diese Jungen sollten Gott repräsentieren. Das ist etwas, was von innen kommt. Ihre Einstellung muß von Barmherzigkeit geprägt sein. Wählen Sie daher diese kleinen Sendboten des Himmels, die Sie unter die Leute schicken, sorgfältig aus! Sonst wird das Ihrer Mission schaden.

Es lebe die Liebe! Möge sie so bleiben, wie sie ist! Mit Liebe oder gar nicht. Meine Gebete sind mit Ihnen... und ich hoffe, die Ihren mit mir.

Gottes Segen sei mit Ihnen!

Ihre Lynne Ludwig

Sehr geehrte Lynne Ludwig!

Mein Segen sei mit Ihnen! Ich habe Ihren Brief aus Kalifornien erhalten und sorgfältig gelesen. Leider war es mir erst jetzt möglich, Ihnen eine ausführliche Antwort zu schreiben, da ich längere Zeit durch Indien gereist bin und gepredigt habe. Sie beklagen sich über zwei meiner jungen Schüler, die Sie in Kalifornien trafen und die, wie es Ihnen schien, „gegenüber den Leuten, mit denen sie zusammenkommen, eine sehr negative Einstellung" hatten. Natürlich kenne ich die genauen Umstände nicht, aber ich bitte Sie trotzdem, meinen geliebten Schülern zu vergeben, falls sie sich in irgendeiner Weise unfreundlich oder taktlos benommen haben. Es ist schließlich nicht einfach, sein Leben völlig dem Dienst des Herrn zu weihen, und *māyā*, die täuschende materielle Energie, versucht ihr Bestes, diejenigen wieder einzufangen, die ihren Dienst verlassen haben, um Gottgeweihte zu werden. Um dem Angriff *māyās* standzuhalten und angesichts vieler Versuchungen stark zu bleiben, mögen daher junge, unerfahrene Gottgeweihte auf der Anfängerstufe manchmal eine Abwehrhaltung gegenüber Dingen oder Personen einnehmen, die ihr zartes Pflänzchen der Hingabe an Gott bedrohen oder ihr gar schaden könnten. Es kann durchaus vorkommen, daß sie sich, nur um sich zu schützen, allzu sehr in diese Gefühle hineinsteigern und infolgedessen auf einige Nichtgottgeweihte, die womöglich selbst noch sehr von der materiellen Energie (*māyā*) betört sind, einen negativen oder pessimistischen Eindruck machen.

Aber im Grunde ist die materielle Welt tatsächlich ein leidvoller, negativer Ort, wo auf Schritt und Tritt Gefahr lauert; sie ist *duḥkhālayam aśāśvatam*, ein vergängliches Reich des Todes, der Geburt, der Krankheit und des Alters, eine Stätte des Elends und der Qualen. Dieses realistische Verständnis zu entwickeln ist nichts Alltägliches. Daher werden Menschen, die diese Stufe erreichen, als „große Seelen" bezeichnet.

mām upetya punar janma
duḥkhālayam aśāśvatam
nāpnuvanti mahātmānaḥ
saṁsiddhiṁ paramāṁ gatāḥ

Dieser Vers besagt: Menschen, die erkannt haben, daß die materielle Welt ein Ort des Elends und der Vergänglichkeit ist (*duḥkhālayam aśāśvatam*), kehren nie wieder hierher zurück. Weil sie *mahātmānaḥ*, große Seelen, sind, nimmt sie Kṛṣṇa in Seine Gemeinschaft auf. Dadurch, daß sie Seine reinen Geweihten wurden, haben sie sich qualifiziert, diesen scheußlichen Ort zu verlassen. Dieser Vers wurde von Kṛṣṇa, von Gott selbst, in der *Bhagavad-gītā* (8.15) gesprochen. Könnte es eine höhere Autorität geben? Um spirituellen Fortschritt zu machen, muß man alles mit Argwohn betrachten, was nicht dazu dient, Kṛṣṇa zu erfreuen. Wir hegen keine großen Hoffnungen, in diesem Reich der groben Materie irgendeine bleibende Freude oder die Erfüllung unserer sehnlichsten Wünsche zu finden.

Sie verwenden in Ihrem Brief mehrfach das Wort „Liebe", aber in Wirklichkeit gibt es in der materiellen Welt keine Liebe. Das ist falsche Propaganda. Was hier als Liebe bezeichnet wird, ist nichts als Lust oder der Wunsch nach Befriedigung der eigenen Sinne:

kāma eṣa krodha eṣa
rajo-guṇa-samudbhavaḥ
mahāśano mahā-pāpmā
viddhy enam iha vairiṇam

Kṛṣṇa lehrt Seinen Schüler Arjuna: „Die Lust allein... ist der allesverschlingende, sündhafte Feind dieser Welt" [*Bg* 3.37]. In der Sprache der Veden gibt es kein Wort, das dem Begriff „Liebe" in dem materialistischen, heute so gängigen Sinn entspricht. Das Wort „*kāma*" bezeichnet Lust oder materielles Begehren, nicht Liebe. Das Wort, das in den Veden für echte Liebe steht, ist *premā*, und dieses Wort wird ausschließlich im Sinne von „Liebe zu Gott" gebraucht. Außer der Liebe zu Gott gibt es keine Liebe, sondern nur lustvolle Begierde. Im Reich der Materie beruht die ganze Spannweite menschlichen Handelns, ja das Handeln aller Lebewesen, auf geschlechtlichem Verlangen, auf der Anziehung zwischen Mann und Frau. Von dort erhält das Lebewesen seinen Antrieb, und dadurch wird es auch verunreinigt. Die ganze Welt dreht sich um das Geschlechtsleben – und leidet! Das ist die bittere Wahrheit. Die vermeintliche Liebe dieser Welt bedeutet: „Du befriedigst meine Sinne, und ich befriedige deine", und sobald man keinen Genuß mehr erhält, kommt es zur Scheidung, zu Trennung, Streit und Haß. So viele Dinge geschehen unter dem Deckmantel dieser falsch verstandenen Liebe. Wahre Liebe bedeutet Liebe zu Gott, Liebe zu Kṛṣṇa.

Jeder möchte seine Liebe auf jemanden richten, den er seiner Liebe für würdig hält. Aber die Leute wissen nichts oder nur sehr wenig darüber, wo sie jene vollkommene Person finden können, die ihrer Liebe wirklich würdig ist und die sie auch tatsächlich erwidern kann. Die Leute sind ahnungslos, denn sie werden nicht richtig informiert. Sobald wir unsere Zuneigung auf etwas Materielles, etwas Vergängliches richten, werden wir großen Schmerz und herbe Enttäuschung erfahren. Wir werden unweigerlich unzufrieden und verbittert sein. Das ist eine Tatsache. Die jungen Leute in Ihrem Land und auf der ganzen Welt erkennen diese Zusammenhänge, und sie bekommen von Kṛṣṇa das Wissen, wonach sie suchen:

bahūnāṁ janmanām ante
jñānavān māṁ prapadyate

vāsudevaḥ sarvam iti
sa mahātmā sudurlabhaḥ

„Wer nach vielen Geburten und Toden wahres Wissen erlangt hat, ergibt sich Mir, da er weiß, daß Ich die Ursache aller Ursachen und daß Ich alles bin. Solch eine große Seele ist sehr selten" [*Bg* 7.19]. Auch hier gebraucht Kṛṣṇa das Wort *mahātmā*, große Seele. Die Gottgeweihten, die Sie getroffen haben, sind also keine gewöhnlichen jungen Männer und Frauen. Nein. Sie müssen als große Seelen, als wahrhaft weise angesehen werden, weil sie in vielen Leben die qualvolle Krankheit des materiellen Daseins erfahren haben und ihrer jetzt überdrüssig geworden sind. Deshalb suchen sie jetzt nach höherem Wissen, nach etwas Besserem, und wenn sie Kṛṣṇa finden und sich Ihm ergeben, werden sie zu *mahātmās*, die über wahres Wissen verfügen. Die materielle Welt ist wie ein Gefängnis, ein Ort der Bestrafung. Sie ist dazu gedacht, unsere Abscheu zu erregen, so daß wir uns endlich Kṛṣṇa ergeben und wieder zu unserer ursprünglichen Existenz ewigen, glückseligen Lebens und vollkommenen Wissens zurückkehren. Es ist deshalb diesen Gottgeweihten als Verdienst anzurechnen, daß sie etwas getan haben, was *sudurlabhaḥ* ist, was nur sehr wenige Menschen in der Gesellschaft tun.

Sobald wir uns Kṛṣṇa ergeben, finden wir das höchste Ziel unserer Liebe: Gott. Liebe zu Gott ist in einer latenten Form in jedem vorhanden – wie Feuer in einem Streichholz. Wer aber seine schlummernde Liebe zu Gott entwickelt und Kṛṣṇa zum höchsten Gegenstand seiner Verehrung macht, zu seinem besten Freund, seinem vollkommensten Meister und seinem innigsten Geliebten, der wird nie wieder enttäuscht werden oder unglücklich sein. Vielmehr ist seine Liebe nun auf die richtige Person gerichtet, und deshalb heißt es in der *Bhagavad-gītā* [10.9]:

mac-cittā mad-gata-prāṇā
bodhayantaḥ parasparam

kathayantaś ca māṁ nityaṁ
tuṣyanti ca ramanti ca

Der Gottgeweihte, der sein Leben Kṛṣṇa geweiht hat, erfreut sich immer „großer Zufriedenheit und Glückseligkeit"; er ist immer erleuchtet, und seine Einstellung ist immer positiv, nie negativ, wie Sie sagen. Der fortgeschrittene Gottgeweihte ist der Freund eines jeden. Der *yoga-yukto viśuddhātmā*, die geläuterte Seele, die Kṛṣṇa mit Liebe und Hingabe dient, ist *sarva-bhūtātmā-bhūtātmā*, das heißt, jeder hat ihn lieb und er hat jeden lieb. An einer anderen Stelle erklärt Kṛṣṇa, daß Sein Geweihter, den Er sehr liebt (*yo mad-bhaktaḥ sa me priyaḥ*), niemanden beneidet, sondern allen Lebewesen ein gütiger Freund ist (*adveṣṭā sarva-bhūtānāṁ maitraḥ karuṇa eva ca*). Darüber hinaus erwartet man von einem Gottgeweihten, daß er jedem gleich wohlgesinnt ist (*paṇḍitāḥ sama-darśinaḥ*). Er macht keine Unterschiede wie: „Dieser Mensch ist gut, und jener dort ist schlecht."

Dies sind Beschreibungen hoher Stufen des Kṛṣṇa-Bewußtseins, die ein Gottgeweihter erreicht, wenn sein Wissen an Reife gewinnt. Zur Zeit sind viele unserer Schüler noch sehr jung. Sie lernen allmählich dazu, und die Methode ist so wirkungsvoll, zuverlässig und erprobt, daß sie, halten sie einfach nur an ihr fest, die Stufe echter Liebe erreichen werden, von der Sie spechen. Aber diese Liebe ist nicht materiell, und sie sollte daher nicht auf der trügerischen, sentimentalen Ebene gewöhnlicher weltlicher Beziehungen beurteilt werden. Das ist der springende Punkt. Vom Standpunkt des Materialisten aus betrachtet, mag es vielleicht richtig sein zu sagen, daß sie nicht liebevoll sind; denn sie haben die Bindung an Familie, Freunde, Ehefrau, Land, Rasse usw. aufgegeben, die nur auf der körperlichen Lebensauffassung und flüchtigen Sinnenfreuden beruht. Sie haben sich ein wenig von der Liebe zu *māyā*, der Lust, gelöst und bemühen sich nun um Liebe zu Kṛṣṇa, die unbegrenzt und im höchsten Maße befriedigend ist. Doch sie haben diese Ebene noch nicht ganz erreicht – das ist das ganze Problem. Wir können nicht erwarten, daß

Ihre Landsleute – mit all ihren Untugenden – plötzlich Fleischgenuß, Berauschung, unzulässige Sexualität und alle ihre anderen schlechten Angewohnheiten aufgeben und über Nacht große, selbstverwirklichte Seelen werden. Das ist ein Ding der Unmöglichkeit; es wäre utopisch, etwas Derartiges zu erwarten. Aber der bloße Umstand, daß jemand ein Geweihter Kṛṣṇas geworden ist und spirituelle Einweihung empfangen hat, erhebt ihn auf die höchste Stufe der menschlichen Gesellschaft. *Sa buddhimān manuṣyeṣu sa yuktaḥ kṛtsna-karma-kṛt*: „Er gehört zu den intelligenten Menschen. Seine Stellung ist transzendental, auch wenn er allen möglichen Tätigkeiten nachgeht." Und auch wenn ein solcher Gottgeweihter noch nicht die höchste Stufe spirituellen Verständnisses erreicht haben mag, muß er, ungeachtet vorübergehender Schwächen, als eine erhabene Persönlichkeit angesehen werden.

api cet sudurācāro
bhajate mām ananya-bhāk
sādhur eva sa mantavyaḥ
samyag vyavasito hi saḥ

„Selbst wenn ein Gottgeweihter die abscheulichsten Dinge tut, muß er als heilig angesehen werden; denn er befindet sich auf dem richtigen Weg" [*Bg.* 9.30]. „Irren ist menschlich", sagt man. Daher müssen wir auf der Anfängerstufe immer mit Fehlern rechnen. Sehen Sie das Ganze bitte in diesem Licht, und verzeihen Sie ihnen ihre kleinen Verfehlungen! Ihr großes Verdienst ist es, daß sie Kṛṣṇa alles, sogar ihr Leben, hingegeben haben – und das ist nie ein Fehler.

Ihr stets wohlmeinender
A. C. *Bhaktivedanta Swami*

Die Vollendung der Kunst

Im Mai 1974 empfängt Śrīla Prabhupāda in Rom den bekannten irischen Dichter Desmond James Bernard O'Grady. Im Verlauf ihres langen und lebhaften Gesprächs erörtern sie Themen wie Krieg, moderne Erziehung und das Wesen wahrer Liebe. Abschließend richtet Śrīla Prabhupāda eine Bitte an den talentierten Dichter: „Sie sind Dichter. Schreiben Sie einfach über Gott! Sie verstehen sich auf die Kunst, Dinge zu schildern, und ich bitte Sie deshalb, Ihre Fähigkeit dafür zu verwenden, über Gott zu schreiben. Dann wird Ihr Leben von Erfolg gekrönt sein."

O'Grady: Ihre Ausgabe der *Bhagavad-gītā* gefällt mir.
Śrīla Prabhupāda: Es ist die fünfte Auflage in zwei Jahren.
O'Grady: In welchem Land ist die Hare-Kṛṣṇa-Bewegung am erfolgreichsten?
Śrīla Prabhupāda: Wir haben überall Erfolg: in Afrika, Amerika, Kanada, Japan, China, doch am meisten in Amerika. Viele Amerikaner praktizieren Kṛṣṇa-Bewußtsein.
O'Grady: Wie sieht es hier in Rom aus? Hatten Sie Probleme mit der Polizei?
Śrīla Prabhupāda: Damit haben wir überall Probleme. Die Polizei macht uns manchmal Schwierigkeiten, aber meistens hat sie bald genug davon und läßt es bleiben. [*Lacht.*]
O'Grady: Das System gibt auf? Wie wunderbar! Ich selbst habe das System satt. Irgend etwas ist faul im gegenwärtigen Gesellschaftssy-

stem. Vielleicht können Sie mir einen Rat geben, wie man es stürzen kann?

Śrīla Prabhupāda: Ihr Iren! Ihr habt vom Kämpfen nie genug.

O'Grady: Stimmt. [*Lacht.*] Es ist unsere Natur. Wir kämpfen jetzt schon seit dreihundert Jahren.

Śrīla Prabhupāda: Und soweit ich weiß, sind die Kämpfe immer noch in vollem Gange.

O'Grady: Ja, schlimmer denn je. Was, schlagen Sie vor, kann man dagegen tun? Das ist eine ernste Frage. Ist es moralisch richtig, daß ich hier sitze...

Śrīla Prabhupāda: Solange wir von der körperlichen Lebensauffassung beherrscht werden und der falschen Vorstellung unterliegen: „Ich bin der Körper", „Ich bin Ire", „Ich bin Italiener", „Ich bin Amerikaner oder Inder", wird es weiter Kämpfe geben. Hunde und Katzen kann man nicht davon abhalten, einander zu bekämpfen. Und warum kämpfen sie? Weil der Hund denkt: „Ich bin ein großer Hund", und die Katze denkt: „Ich bin eine große Katze." Wenn wir auch so denken: „Ich bin Ire" oder „Ich bin Engländer", sind wir nicht besser als die Katzen und Hunde. Solange sich die Menschen mit dem Körper identifizieren, wird es Auseinandersetzungen geben.

O'Grady: Wofür kämpfte Mahatma Gandhi im Britischen Unterhaus?

Śrīla Prabhupāda: Sein Kampf im Unterhaus war ebenfalls nur ein Hunde-ismus. Da besteht kein Unterschied. Der Hund ist fest davon überzeugt, ein Hund zu sein, weil er den Körper eines Hundes hat. Worin unterscheide ich mich vom Hund, wenn ich denke, ich sei Inder, nur weil mein Körper auf indischem Boden geboren wurde? Sich mit dem Körper zu identifizieren ist nichts weiter als tierisches Bewußtsein. Erst wenn wir verstehen, daß wir nicht der Körper, sondern spirituelle Seele sind, wird Frieden einkehren. Vorher kann es keinen Frieden geben. *Sa eva go-kharaḥ*. Die vedischen Schriften setzen einen Menschen, der sich mit dem Körper identifiziert, mit einer Kuh oder einem Esel gleich. Wir müssen diese minderwertige Auffassung vom Selbst hinter uns lassen. Wie können wir das erreichen?

māṁ ca yo 'vyabhicāreṇa
bhakti-yogena sevate
sa guṇān samatītyaitān
brahma-bhūyāya kalpate

„Wer sich uneingeschränkt im hingebungsvollen Dienst betätigt und unter keinen Umständen von diesem Pfad abweicht, überwindet sogleich die Erscheinungsweisen der materiellen Natur und erreicht die spirituelle Ebene" [*Bg*. 14.26].

In unserer Gesellschaft für Kṛṣṇa-Bewußtsein gibt es viele Amerikaner, Afrikaner, Mexikaner, Kanadier, Inder, Christen, Juden und Moslems, aber sie betrachten sich nicht mehr als Moslems oder Christen, Amerikaner oder Afrikaner. Sie sind alle Diener Kṛṣṇas. Das ist Brahman-Erkenntnis.

O'Grady: Damit geben Sie aber wieder einen Namen.

Śrīla Prabhupāda: Ja, ohne Namen geht es nicht. Ihr Name unterscheidet sich beispielsweise von dem eines anderen Iren, aber dennoch fühlen Sie sich alle als Iren. Die Namen mögen verschieden sein, aber das ist nicht so wichtig. Entscheidend ist, daß alle die gleiche Eigenschaft teilen. Wenn wir alle Kṛṣṇas Eigenschaften erlangen, dann wird es trotz verschiedener Namen Frieden geben. Das nennt man *so 'ham*. Die Bürger eines Landes haben zwar alle unterschiedliche Namen, aber trotzdem fühlen sie sich derselben Nation zugehörig. Es mögen gewisse Unterschiede existieren, aber wenn es eine gemeinsame Eigenschaft gibt, herrscht Einheit (*brahma-bhūta*).

brahma-bhūtaḥ prasannātmā
na śocati na kāṅkṣati
samaḥ sarveṣu bhūteṣu
mad-bhaktiṁ labhate parām

„Wer auf diese Weise in der Transzendenz verankert ist, erkennt sogleich das Höchste Brahman und wird von Freude erfüllt. Er klagt niemals, noch begehrt er irgend etwas. Er ist allen Lebewesen gleich wohlgesinnt. Auf dieser Stufe beginnt er, Mir in reiner Hingabe zu dienen" [Bg. 18.54].

Für materialistische Menschen ist diese Welt ein Ort des Leids, für den Gottgeweihten hingegen ist sie so gut wie Vaikuṇṭha. Für den Unpersönlichkeitsphilosophen ist es das höchste Ziel, die *brahma-bhūta*-Ebene zu erreichen, das heißt mit dem Absoluten eins zu werden.

O'Grady: Ist das Absolute innen oder außen?

Śrīla Prabhupāda: Das Absolute hat kein Innen oder Außen, denn es ist frei von Dualität.

O'Grady: Nun gut, aber auf der individuellen Ebene...

Śrīla Prabhupāda: Wir sind nicht absolut. Nur wenn wir uns auf der absoluten Ebene befinden, sind wir absolut. Doch zur Zeit leben wir in der relativen Welt. Die Absolute Wahrheit ist auch hier gegenwärtig, aber unsere Sinne sind nicht genügend entwickelt, um sie zu verstehen. Solange wir unter der Herrschaft der Zeit stehen, können wir unmöglich absolut sein.

O'Grady: Es gibt also ein Leben jenseits der Zeit.

Śrīla Prabhupāda: Das wird in der *Bhagavad-gītā* [4.9] bestätigt:

janma karma ca me divyam
evaṁ yo vetti tattvataḥ
tyaktvā dehaṁ punar janma
naiti mām eti so 'rjuna

„Wer die transzendentale Natur meines Erscheinens und Meiner Taten kennt, wird nach dem Verlassen des Körpers nicht wieder in der materiellen Welt geboren, sondern gelangt in Mein ewiges Reich, o Arjuna."

Nach Hause, zu Gott, zurückzukehren, das ist absolut. Solange man in der materiellen Welt lebt und sich mit dem Körper identifiziert, muß man von einem Körper zum anderen wandern. Das ist nicht die absolute Ebene, sondern die Ebene der Dualität. Wer aber in die spirituelle Welt zurückkehrt, erreicht die absolute Ebene.

O'Grady: Sie halten es also für unmöglich, in dieser Welt vollkommene Verhältnisse zu schaffen?

Śrīla Prabhupāda: In der materiellen Welt ist das ausgeschlossen, denn sie ist von Dualität bestimmt. So viele Versuche wurden unternommen, Einheit zu schaffen, aber sie alle schlugen fehl. Im Jahre 1919, als ich Student war, wurde der Völkerbund gegründet. Aber danach brach wieder ein Krieg aus. Jetzt gibt es die Vereinten Nationen. Schon seit über zwanzig Jahren bemühen sie sich um Einheit, aber jedesmal wenn ich nach New York komme, sehe ich mehr Fahnen vor dem UN-Gebäude wehen. Die Nationen vereinen sich nicht, sie spalten sich. Und Kriege gibt es nach wie vor. Auf der materiellen Ebene kann es keine Einheit geben. Einheit ist nur auf der spirituellen Ebene möglich.

O'Grady: Ich will gar nicht behaupten, daß man in dieser Welt Einheit schaffen kann. Ich persönlich denke nicht, daß das möglich ist.

Śrīla Prabhupāda: O doch, Einheit ist möglich, sobald das Bewußtsein geläutert wird. Deshalb predigen wir Kṛṣṇa-Bewußtsein. Solange allerdings das Bewußtsein verunreinigt bleibt und die Leute denken: „Ich bin Ire", „Ich bin Engländer", „Ich bin Inder", „Ich bin Schwarzer", „Ich bin Weißer", „Ich bin Christ", „Ich bin Hindu", kann es keine Einheit in dieser Welt geben.

O'Grady: Dem stimme ich zu.

Śrīla Prabhupāda: Sie tragen eine andere Kleidung als ich, aber das ändert nichts daran, daß wir beide Menschen sind. Körperliche Bezeichnungen wie „Ire", „Engländer", „Protestant" oder „Katholik" sind nur wie verschiedene Kleider. Wir müssen uns von diesen falschen Identifikationen lösen. Dann werden wir geläutert.

sarvopādhi-vinirmuktaṁ
tat-paratvena nirmalam
hṛṣīkeṇa hṛṣīkeśa-
sevanaṁ bhaktir ucyate
[*Bhakti-rasāmṛta-sindhu* 1.1.12]

Wenn wir unsere Sinne läutern und unsere geläuterten Sinne in den Dienst des Meisters der Sinne, in den Dienst Kṛṣṇas, stellen, ist unser Leben zur Vollkommenheit gereift. Ein solches Leben ist jenseits von aller Dualität, mit anderen Worten: absolut.

O'Grady: Aber das System verlangt von uns, daß wir denken, wir seien Amerikaner oder Inder oder Afrikaner oder was immer.

Śrīla Prabhupāda: Ja. Materialistische Gesellschaft bedeutet Dualität.

O'Grady: Aber eine solche Denkweise läßt sich nicht vermeiden, denn schließlich leben wir in dieser Welt.

Śrīla Prabhupāda: Im Kṛṣṇa-Bewußtsein schon! Der Lotos wächst im Wasser, aber berührt das Wasser nicht.

O'Grady: Ich glaube nicht, daß man Situationen aus einem Bereich mit Metaphern aus einem anderen erklären kann. Wie kann man politische Fragen anhand von abstrakten spirituellen Gedanken erörtern? Das sind doch zwei völlig verschiedene Dinge.

Śrīla Prabhupāda: Manchmal helfen uns verschiedene Beispiele, ein Problem besser zu verstehen. In dieser Vase befinden sich verschiedenartige Blumen, und wenn wir diese Vielfalt sehen, können wir uns unter dem Begriff „Blume" mehr vorstellen. Kṛṣṇa kann in jeder Hinsicht alle Probleme lösen. Warum nur die Probleme der Iren und Engländer? Selbst in der Vielfalt kann es Einheit geben. Unsere Schüler kommen aus unterschiedlichen Verhältnissen, doch weil sie alle Kṛṣṇa-bewußt sind, leben sie in Eintracht.

O'Grady: Sehr gut. Ja, das akzeptiere ich. Ich würde jedoch gern wissen, was Sie unter „Kṛṣṇa-Bewußtsein" verstehen. Ist es das gleiche wie Christus-Bewußtsein?

Śrīla Prabhupāda: Ja, da besteht kein Unterschied. Christus kam, um die Botschaft Gottes zu predigen. Wirklich Christus-bewußt zu werden bedeutet, Kṛṣṇa-bewußt, gottesbewußt, zu werden.

O'Grady: Und bedeutet Kṛṣṇa-bewußt, gottesbewußt, zu werden auch, daß man sich seiner selbst bewußt wird, das heißt, daß man sich bewußt wird, wer man wirklich ist?

Śrīla Prabhupāda: Ja. Gotteserkenntnis schließt Selbsterkenntnis mit ein, doch Selbsterkenntnis ist nicht unbedingt Gotteserkenntnis.
O'Grady: Aber es kann so sein.
Srīla Prabhupāda: Nein.
O'Grady: Man kann den Gott erkennen, der in uns ist.
Śrīla Prabhupāda: Das bedeutet, daß man gottesbewußt ist. Wenn Sie die Sonne sehen, können Sie auch sich selbst sehen. Im Dunkeln können Sie dagegen nichts erkennen. Nachts können Sie nicht einmal Ihre eigenen Hände und Füße erkennen, doch am Tag, im Licht der Sonne, sehen Sie die Sonne und sich selbst. Ohne Sonnenlicht, ohne Gotteserkenntnis, ist Selbsterkenntnis unvollständig. Im Lichte der Gotteserkenntnis wird Selbsterkenntnis jedoch sehr einfach.
O'Grady: Im Zuge unserer Lehrtätigkeit kommen wir mit vielen jungen Menschen zusammen, und oft werden wir mit Grundfragen konfrontiert wie: „Wer bin ich?", „Was ist der Sinn des Ganzen?", „Was soll ich hier?" Wir wollen ihnen nicht irgendwelche vorgefertigten Lösungen vorsetzen, sondern ihnen helfen, selbst zu erkennen, was das Beste und Schönste für sie ist und was sie in ihrem Umfeld spirituell am meisten weiterbringen kann – soweit es das System eben erlaubt. Sehr oft sind die Studenten für ein spirituelles Verständnis noch nicht reif genug, sie folgen ihren Emotionen. So fragen sie uns zum Beispiel: „Warum bin ich hier?"
Śrīla Prabhupāda: Sehr gut.
O'Grady: Oder: „Warum muß ich hier sein? Wer sind Sie überhaupt, Herr Lehrer, daß Sie das Recht haben, uns zu sagen, was wir denken sollen, wie wir sein sollen oder wie wir nicht sein sollen? Warum soll ich Shakespeare lesen? Warum soll ich mir Mozart anhören? Bob Dylan ist mir lieber." Diese Art von Fragen entspringen offenbar einer tiefen Desillusioniertheit und Unsicherheit, einer Ungewißheit und einem Mangel an Vertrauen in die gegenwärtige Gesamtsituation. Wenn uns solche Fragen gestellt werden, sind wir häufig gezwungen, Notantworten zu geben. Statt direkte Antworten zu geben, müssen wir indirekt antworten und die Bedingungen, die die Studenten dazu

veranlaßt haben, diese Fragen zu stellen, in Betracht ziehen. Meinen Sie, daß wir versuchen sollten, sie direkter zu erreichen? Oder anders gesagt: Wie kann man das Problem der modernen Bildung und Erziehung in den Griff bekommen?

Śrīla Prabhupāda: Es gibt so viele Fragen, die im heutigen Bildungswesen unbeantwortet bleiben. „Warum bin ich hier? Was ist meine Bestimmung?" Diese Fragen sollten auf vollkommene Weise beantwortet werden, und deshalb heißt es in den Veden: *tad-vijñānārthaṁ sa gurum evābhigacchet*. Um die Antworten auf all diese Fragen zu finden, muß man sich an einen echten spirituellen Meister wenden.

O'Grady: Was ist, wenn man keinen hat? Was, wenn uns gesagt wird, daß Mr. Nixon der echte spirituelle Meister ist? Was soll man dann tun?

Śrīla Prabhupāda: Nein, nein. [*Lacht.*] Es gibt einen Maßstab, nach dem man beurteilen kann, ob ein spiritueller Meister echt ist oder nicht. Sie haben nur die erste Zeile des Verses gehört. Wer ein echter spiritueller Meister ist, geht aus der nächsten Zeile hervor: *śrotriyaṁ brahma-niṣṭham*. Das Wort *śrotriyam* bezieht sich auf jemanden, dessen Wissen aus einer autorisierten Quelle stammt. Ein echter spiritueller Meister hat die Botschaft von einem anderen qualifizierten spirituellen Meister empfangen. Er läßt sich mit einem Arzt vergleichen, der seine medizinischen Kenntnisse von einem anderen Arzt vermittelt bekommen hat. Der echte spirituelle Meister ist das letzte Glied in einer Kette von aufeinanderfolgenden spirituellen Meistern, und der ursprüngliche spirituelle Meister ist Gott.

O'Grady: Ja, in Ordnung.

Śrīla Prabhupāda: Derjenige, der die Botschaft direkt von Gott empfangen hat, gibt sie so, wie sie ist, an seine Schüler weiter. Wenn der Schüler die Botschaft nicht verändert, ist er ein echter spiritueller Meister. Das ist unsere Methode. Wir beziehen Wissen von Kṛṣṇa, von Gott, der vollkommenen Quelle des Wissens, oder von Seinem Stellvertreter, der die Botschaft Kṛṣṇas verstanden hat und dessen Lehren in Einklang mit den Lehren Kṛṣṇas stehen. Kṛṣṇa erklärt in der *Bhagavad-gītā* [4.2]: *evaṁ paramparā-prāptam imaṁ rājarṣayo viduḥ*. „Diese höchste Wissenschaft wurde durch die Kette der Schülernachfolge weitergegeben."

O'Grady: Aber nehmen wir zum Beispiel meinen armen alten Vater, der im Westen Irlands lebt. Ein einfacher alter Mann, jetzt achtundsiebzig Jahre alt, Ihre Generation. Er ist in seinem Alter an einem Punkt angelangt, wo er sagt: „Die Priester erzählen mir, letztlich wisse nur Gott alles. Aber ich möchte wissen, wer das alles Gott gesagt hat?" Dann kommt er zu mir und sagt: „Du bist zur Schule gegangen und liest Bücher. Sag mir, von wem hat Gott all Sein Wissen?" Ich habe keine Antwort. Das ist der Unterschied zwischen achtundsiebzig und neununddreißig Jahren.

Śrīla Prabhupāda: Nein, das Alter macht nicht den Unterschied aus, sondern das Wissen. Im *Vedānta-sūtra* heißt es: *athāto brahma-jijñāsā*. „Jetzt sollten wir fragen, wer Gott ist." Zunächst einmal müssen Sie sich mit dieser Frage befassen. Solange Sie nicht wissen, wer Gott ist, können Sie auch nicht die Frage stellen, von wem Gott Sein Wissen hat. Wenn Sie Gott nicht kennen, taucht die Frage, wer Gott unterwies, erst gar nicht auf. Geben Sie mir recht?

O'Grady: Ja.

Śrīla Prabhupāda: Wer Gott ist, wird im *Vedānta-sūtra* erklärt: *janmādy asya yataḥ* – „Gott ist derjenige, von dem alles ausgeht." Das ist Gott: das Höchste Wesen, von dem alles ausgeht. Was ist nun die Natur dieses Höchsten Wesens? Ist Es ein toter Stein oder ein Lebewesen? Auch das wird erklärt: *janmādy asya yato 'nvayād itarataś cārtheṣv abhijñaḥ svarāṭ* [*Bhāg.* 1.1.1]. „Das Höchste Wesen ist Sich direkt und indirekt aller Dinge bewußt." Wäre Es Sich nicht aller Dinge voll bewußt, wäre Es nicht Gott. Dann kommt die Frage, die Sie stellten: Wer unterwies Gott? Das wird ebenfalls beantwortet: *svarāṭ* – „Er ist völlig unabhängig." Er braucht von niemandem belehrt zu werden. Das ist das Wesen Gottes. Wer sich von einer anderen Person belehren lassen muß, ist nicht Gott. Kṛṣṇa sprach die *Bhagavad-gītā*, und Er mußte sie nicht zuvor von jemandem lernen. Ich mußte die Lehren der *Bhagavad-gītā* von meinem spirituellen Meister empfangen, aber Kṛṣṇa brauchte keinen spirituellen Meister. Wer von anderen nicht unterwiesen werden muß, der ist Gott.

O'Grady: Wo kommt menschliche Liebe ins Spiel?

Śrīla Prabhupāda: Alles kommt von Gott. Da wir Teile Gottes sind, empfinden wir auch einen Teil Seiner Liebe, die der Ursprung aller Liebe ist. Nichts kann existieren, wenn es nicht auch in Gott vorhanden ist. Daher gibt es die Liebe auch in Gott.

O'Grady: Mit anderen Worten, unsere Liebe deutet quasi auf Gottes Liebe hin. Habe ich das richtig verstanden?

Śrīla Prabhupāda: Wie könnten wir lieben, wenn die Neigung zu lieben nicht in Gott wäre? Der Sohn hat dieselben Merkmale wie sein Vater. Weil die Neigung zu lieben in Gott vorhanden ist, haben wir sie auch.

O'Grady: Vielleicht wird die Liebe in uns aus der Notwendigkeit heraus erzeugt…

Śrīla Prabhupāda: „Vielleicht" gibt es bei uns nicht. Wir definieren Gott in absoluten Begriffen. *Janmādy asya yataḥ*: „Gott ist derjenige, von dem alles ausgeht." Auch die Neigung zu kämpfen ist in Gott vorhanden, doch Sein Kämpfen und Sein Lieben sind absolut. In der materiellen Welt ist Kämpfen das genaue Gegenteil von Lieben, doch in Gott sind diese beiden Neigungen ein und dasselbe. Das ist die Bedeutung von „absolut". Wir erfahren aus den vedischen Schriften, daß die sogenannten Feinde Gottes, die von Ihm getötet werden, Befreiung erlangen.

O'Grady: Ist es möglich, sich dieses Verständnis von Gott allein anzueignen?

Śrīla Prabhupāda: Nein, das geht nicht. Deshalb habe ich vorhin den Vers zitiert: *tad-vijñānārthaṁ sa gurum evābhigacchet*. Das Wort „*abhigacchet*" bedeutet „muß". Grammatikalisch bezeichnet man diese Form eines Sanskritverbs als *vidhiliṅ*, und der Gebrauch dieser Form zeigt an, daß es keine andere Wahl gibt. Das Wort *abhigacchet* bedeutet, daß man sich an einen *guru* wenden *muß*. So lautet die Aussage der

Veden. Am Anfang der *Bhagavad-gītā* unterhielt sich Arjuna freundschaftlich mit Kṛṣṇa, doch als er sah, daß er so keine Lösung finden konnte, ordnete er sich Kṛṣṇa unter und nahm Ihn als seinen *guru* an.

kārpaṇya-doṣopahata-svabhāvaḥ
pṛcchāmi tvāṁ dharma-sammūḍha-cetāḥ
yac chreyaḥ syān niścitaṁ brūhi tan me
śiṣyas te 'haṁ śādhi māṁ tvāṁ prapannam

„Nun bin ich verwirrt. Ich weiß nicht mehr, was meine Pflicht ist, und aus Schwäche habe ich ganz meine Fassung verloren. In diesem Zustand bitte ich Dich, mir klar zu sagen, was das Beste für mich ist. Jetzt bin ich Dein Schüler und eine Dir ergebene Seele. Bitte unterweise mich!" [*Bg.* 2.7]

O'Grady: Ist hier die Pflicht gegenüber sich selbst, gegenüber anderen oder gegenüber dem Staat gemeint?

Śrīla Prabhupāda: Arjuna war ein *kṣatriya*, ein Soldat, und die Pflicht eines Soldaten ist es, mit dem Feind zu kämpfen. Daher wies ihn Kṛṣṇa zurecht: „Die Gegenpartei ist dein Feind, und du bist Soldat. Warum versuchst du, gewaltlos zu sein? Das ist nicht gut." Darauf erwiderte Arjuna: „Offen gestanden bin ich verwirrt und unfähig, die richtige Entscheidung zu fällen. Deshalb nehme ich Dich als meinen spirituellen Meister an. Bitte sage mir, was richtig ist!" Wenn man verwirrt ist und im Leben nicht mehr ein noch aus weiß, sollte man sich an jemanden wenden, der über alles genau Bescheid weiß. Mit rechtlichen Problemen wendet man sich an einen Rechtsanwalt und mit gesundheitlichen Problemen an einen Arzt. In der materiellen Welt hat jeder seine wahre spirituelle Identität vergessen und ist verwirrt. Daher ist es unsere Pflicht, einen echten spirituellen Meister aufzusuchen, der uns wahres Wissen vermitteln kann.

O'Grady: Ich bin sehr verwirrt.

Śrīla Prabhupāda: Dann müssen Sie sich an einen spirituellen Meister wenden.

O'Grady: Und der entscheidet dann, was mir helfen wird, diese Verwirrung zu beseitigen?

Śrīla Prabhupāda: Ja, der spirituelle Meister kann jede Verwirrung beseitigen. Wenn ein spiritueller Meister seinem Schüler nicht Klarheit verschaffen kann, ist er kein spiritueller Meister. Das ist der Prüfstein.

saṁsāra-dāvānala-līḍha-loka-
trāṇāya kāruṇya-ghanāghanatvam
prāptasya kalyāṇa-guṇārṇavasya
vande guroḥ śrī-caraṇāravindam

Die ganze verworrene Welt gleicht einem lodernden Waldbrand. Wenn der Wald in Flammen steht, geraten alle Tiere in Panik. Sie wissen in ihrer Verwirrung nicht mehr, wohin sie sich wenden sollen, um ihr Leben zu retten. Im lodernden Waldbrand der materiellen Welt ist jeder verwirrt. Wie kann dieser Waldbrand gelöscht werden? Die Feuerwehr zu rufen wird nichts nützen, und mit ein paar Eimern Wasser wird man ebenfalls nichts ausrichten. Die einzige Rettung bringen aufziehende Wolken und beginnender Regen. Nur so kann der Waldbrand gelöscht werden. Aber das liegt nicht in unseren Händen, sondern ist der Gnade Gottes überlassen. Die Menschheit befindet sich also in einem Zustand der Verwirrung und kann keine Lösung finden. Dem spirituellen Meister ist die Gnade Gottes zuteil geworden. Daher kann er auch die Menschen aus ihrer Verwirrung befreien. Wer die Gnade Gottes empfangen hat, kann ein spiritueller Meister werden und diese Gnade an andere weitergeben.

O'Grady: Das Problem besteht darin, diesen spirituellen Meister zu finden.

Śrīla Prabhupāda: Das ist nicht das Problem. Das Problem ist, ob Sie aufrichtig sind oder nicht. Sie haben Probleme, doch Gott befindet Sich in Ihrem Herzen. *Īśvaraḥ sarva-bhūtānām*. Gott ist ganz nah. Wenn Sie es ernst meinen, schickt Ihnen Gott einen spirituellen Meister. Deshalb wird Gott auch als *caitya-guru*, der spirituelle Meister im

Herzen, bezeichnet. Gott hilft von innen und von außen: von außen in Form des spirituellen Meisters und von innen in Form der Überseele, die im Herzen weilt. In der *Bhagavad-gītā* [18.61] heißt es:

īśvaraḥ sarva-bhūtānāṁ
hṛd-deśe 'rjuna tiṣṭhati
bhrāmayan sarva-bhūtāni
yantrārūḍhāni māyayā

„Der Höchste Herr weilt im Herzen eines jeden, o Arjuna, und lenkt die Wege aller Lebewesen, die sich gleichsam in einer Maschine aus materieller Energie befinden."

Der materielle Körper gleicht also einer Maschine, aber im Herzen befindet sich die Seele – Seite an Seite mit der Überseele (Kṛṣṇa), die uns Ratschläge erteilt. Der Herr sagt: „Wolltest du Mich nicht erreichen? Hier ist die Gelegenheit dazu. Nutze sie!" Meinen wir es ernst, so erwidern wir: „Ja, jetzt entscheide ich mich für Dich." Dann lenkt uns Gott und zeigt uns, wie wir zu Ihm gelangen können. Das ist Seine Gnade. Wenn wir aber etwas anderes wollen, können wir auch das haben. Gott ist sehr gütig und sagt uns, wie wir es bekommen können. Warum sollte Er uns also nicht auch zu einem spirituellen Meister führen? Zunächst einmal müssen wir den Wunsch entwickeln, unser Gottesbewußtsein wiederzuerwecken. Dann wird uns Gott einen spirituellen Meister geben.

O'Grady: Vielen Dank.

Śrīla Prabhupāda: Ich habe zu danken. Meine Bitte an Sie ist folgende: Sie sind Dichter. Schreiben Sie einfach über Gott! Sie verstehen sich auf die Kunst, Dinge zu schildern, und ich bitte Sie deshalb, Ihre Fähigkeit dafür zu verwenden, über Gott zu schreiben. Dann wird Ihr Leben von Erfolg gekrönt sein. Und das Leben derer, die Ihre Werke lesen, wird ebenfalls erfolgreich sein. So steht es in den Schriften:

idaṁ hi puṁsas tapasaḥ śrutasya vā
sviṣṭasya sūktasya ca buddhi-dattayoḥ
avicyuto 'rthaḥ kavibhir nirūpito
yad uttamaśloka-guṇānuvarṇanam
[*Śrīmad-Bhāgavatam* 1.5.22]

In jeder Gesellschaft gibt es viele richtungsweisende Persönlichkeiten: Dichter, Wissenschaftler, Theologen, Philosophen, Politiker und andere. All solchen Menschen mit außergewöhnlichen Fähigkeiten wird in diesem Vers gesagt: „Wenn ihr eure Fähigkeiten dazu benutzt, die Herrlichkeit des Höchsten Herrn zu verkünden, erreicht ihr die Vollkommenheit eurer beruflichen Tätigkeit."

O'Grady: Meine Erfahrung zeigt, daß man aus irgendwelchen Gründen dazu auserwählt ist, eine bestimmte Sache zu tun.

Śrīla Prabhupāda: Der Grund wird hier angegeben. *Avicyutaḥ*. Die unfehlbare Wahl ist: Verkünde die Herrlichkeiten des Herrn.

O'Grady: Aber Sie sagten, der spirituelle Meister sei auserwählt. Der spirituelle Meister, der Dichter, der Priester, sie alle seien von Gott auserwählt. Eine bestimmte Person ist dazu auserwählt, Gedichte zu schreiben oder Bilder zu malen oder Musik zu machen.

Śrīla Prabhupāda: Ein Komponist sollte Musik über Gott komponieren. Das ist seine Vollkommenheit.

O'Grady: Wenn man in seiner jeweiligen Tätigkeit für Gott arbeitet, führt einen diese Tätigkeit zur Vollkommenheit?

Śrīla Prabhupāda: Ja.

O'Grady: Vielen Dank.

Anhang

Der Autor

Śrī Śrīmad A.C. Bhaktivedanta Swami Prabhupāda wurde im Jahre 1896 in Kalkutta geboren, wo er im Jahre 1922 zum ersten Mal seinem spirituellen Meister, Śrīla Bhaktisiddhānta Sarasvatī Gosvāmī, begegnete. Bhaktisiddhānta Sarasvatī, ein bekannter Gelehrter und Gottgeweihter sowie der Gründer von vierundsechzig Tempeln in ganz Indien, fand Gefallen an dem gebildeten jungen Mann, und bereits bei ihrer ersten Begegnung bat er ihn, das vedische Wissen in englischer Sprache zu verbreiten. Śrīla Prabhupāda wurde sein Schüler, und elf Jahre später (1933) empfing er in Allahabad die formelle Einweihung.

In den darauffolgenden Jahren verfaßte Śrīla Prabhupāda, gemäß der Anweisung seines spirituellen Meisters, viele Artikel über die Philosophie des Kṛṣṇa-Bewußtseins; darüber hinaus unterstützte er Śrīla Bhaktisiddhāntas Gauḍīya-Maṭha-Bewegung in ihrer Arbeit. Im Jahre 1944 begann er, ein halbmonatliches Magazin in englischer Sprache mit dem Titel *Back to Godhead* herauszugeben, das er ohne fremde Hilfe verfaßte, produzierte, finanzierte und vertrieb. Dieses Magazin wird heute von Śrīla Prabhupādas Schülern weitergeführt und in vielen Sprachen veröffentlicht.

Im Jahre 1950, im Alter von vierundfünfzig Jahren, zog sich Śrīla Prabhupāda aus dem Familienleben zurück und trat vier Jahre später in den *vānaprastha*-Stand (Leben in Zurückgezogenheit) ein, um seinen Studien und seiner Schreibtätigkeit mehr Zeit widmen zu können. Er begab sich nach Vṛndāvana, dem berühmten heiligen Ort, an dem Kṛṣṇa vor fünftausend Jahren erschienen war. Er fand im mittelalterlichen Rādhā-Dāmodara-Tempel Unterkunft, wo er in bescheidensten Verhältnissen lebte und sich mehrere Jahre in eingehende Studien vertiefte. 1959 trat er in den Lebensstand der Entsagung (*sannyāsa*). Im Rādhā-Dāmodara-Tempel begann Śrīla Prabhupāda mit der Arbeit an seinem Lebenswerk – einer vielbändigen kommentierten Übersetzung des achtzehntausend Verse umfassenden *Śrīmad-Bhāgavatam*.

Als besitzlosem *sannyāsī* fiel es Śrīla Prabhupāda sehr schwer, die notwendigen Mittel für seine Publikationen aufzutreiben. Trotzdem gelang es ihm bis 1965, mit Hilfe von Spenden den Ersten Canto des *Śrīmad-Bhāgavatam* in drei Bänden zu veröffentlichen. Im Herbst des Jahres 1965 reiste Śrīla Prabhupāda an Bord des Frachtdampfers *Jaladuta* in die Vereinigten Staaten, um die Mission seines spirituellen Meisters zu erfüllen. Als Śrīla Prabhupāda mit dem Schiff im Hafen von New York ankam, war er allein und so gut wie mittellos. Im Juli 1966, nach einem Jahr voller Prüfungen und Schwierigkeiten, gründete er die *Internationale Gesellschaft für Krischna-Bewußtsein* (ISKCON), die sich unter seiner persönlichen Führung innerhalb eines Jahrzehnts von einem kleinen Kṛṣṇa-Tempel in New York zu einer weltweiten Bewegung entwickelte.

Im Jahre 1968 gründete Śrīla Prabhupāda in Amerika die erste spirituelle Farmgemeinschaft, nach deren Vorbild in der Folge auf allen fünf Kontinenten ähnliche Projekte entstanden. In vielen westlichen Städten führte er das traditionelle Ratha-yātrā-Wagenfest ein, und im Jahre 1972 gründete er die erste *gurukula*-Schule in der westlichen Welt.

Auch in Indien rief Śrīla Prabhupāda viele Projekte ins Leben, wie zum Beispiel den eindrucksvollen Kṛṣṇa-Balarāma-Tempel in Vṛndāvana, das Kulturzentrum mit Tempel und internationalem Gästehaus in Bombay und das Weltzentrum der ISKCON in Śrīdhāma Māyāpur (Westbengalen), wo der Bau einer Stadt nach vedischem Vorbild geplant ist.

Neben all seinen Tätigkeiten sah Śrīla Prabhupāda seine Hauptaufgabe jedoch immer in der Buchveröffentlichung, und so gründete er

1972 den Bhaktivedanta Book Trust (BBT), der heute der größte Verlag für die religiöse und philosophische Literatur Indiens ist.

Bis zu seinem Verscheiden am 14. November 1977 in Vṛndāvana war Śrīla Prabhupāda trotz seines fortgeschrittenen Alters auf seinen Vorlesungsreisen vierzehnmal um die Welt gereist. Ungeachtet dieses straffen Zeitplans entstanden fortlaufend neue Bücher – insgesamt über vierzig Bände –, die heute in über achtzig Sprachen übersetzt werden.

Glossar

Ācārya: „jemand, der durch sein eigenes Beispiel lehrt"; Titel eines echten spirituellen Meisters.

Akrūra: ein Onkel Śrī Kṛṣṇas.

Ānandagiri: ein berühmter Nachfolger Śaṅkarācāryas.

Apavarga: *Siehe:* Mukti.

Arjuna: ein bedeutender *kṣatriya* und Gottgeweihter, dem Kṛṣṇa die *Bhagavad-gītā* offenbarte.

Āśrama: Bezeichnung für die vier spirituellen Lebensstufen im *varṇāśrama*-Gesellschaftssystem: *brahmacarya* (Lebensstand des zölibatären Studenten, der unter der Anleitung eines spirituellen Meisters die vedischen Schriften studiert); *gṛhastha* (Lebensstand der Ehe im Einklang mit den vedischen Regeln); *vānaprastha* (Zurückgezogenheit vom Familienleben); *sannyāsa* (Lebensstand der Entsagung).

Aṣṭāṅga-yoga: der „achtstufige Pfad" des mystischen *yoga*, beginnend mit der Beherrschung der Sinne und des Geistes durch Sitz-, Atem- und Meditationsübungen, bis hin zu vollständiger Versenkung (*samādhi*) und zur Erkenntnis des Paramātmā.

Aśvatthāmā: der ruchlose Sohn des bedeutenden Militärführers Droṇa, der die Söhne der Pāṇḍavas tötete.

Ātmā: *Siehe:* Jīva.

Avatāra: wörtlich: „jemand, der herabsteigt"; Inkarnation des Höchsten Herrn.

Bādarāyaṇa: *Siehe:* Vyāsadeva.

Bhagavad-gītā: „der Gesang Gottes"; die auf dem Schlachtfeld von

Kurukṣetra offenbarten Lehren Kṛṣṇas, des Höchsten Herrn; die zentrale, zusammenfassende Schrift der Veden; enthält den Kern der vedischen Gottesoffenbarung.

Bhagavān: „Besitzer aller Herrlichkeiten" (nämlich aller Schönheit, aller Kraft, allen Ruhms, allen Reichtums, allen Wissens und aller Entsagung); Gott in Seinem höchsten Aspekt als transzendentale Person; höchste Stufe der Gotteserkenntnis nach Brahman und Paramātmā.

Bhakta: Gottgeweihter.

Bhakti: liebende, dienende Hingabe an Gott.

Bhakti-rasāmṛta-sindhu: das wichtigste Werk Rūpā Gosvāmīs über die Wissenschaft des hingebungsvollen Dienstes.

Bhaktisiddhānta Sarasvatī (1874-1937): der hervorragendste Gelehrte und *ācārya* seiner Zeit; Begründer der Gauḍīya-Maṭha-Bewegung; Verfasser zahlreicher Vaiṣṇava-Schriften; spiritueller Meister von Śrī Śrīmad A. C. Bhaktivedanta Swami Prabhupāda.

Bhaktivedānta: ein Titel mit der Bedeutung „jemand, der verinnerlicht hat, daß hingebungsvoller Dienst zum Höchsten Herrn die Krone allen Wissens ist".

Bhaktivinoda Ṭhākura (1838-1914): ein bedeutender *ācārya* der Vaiṣṇava-Schülernachfolge; Vater Bhaktisiddhānta Sarasvatīs.

Bhakti-yoga: der Vorgang, sich durch hingebungsvollen Dienst mit der Höchsten Persönlichkeit Gottes zu verbinden, um das ursprüngliche Kṛṣṇa-Bewußtsein der spirituellen Seele wiederzuerwecken; wird in den vedischen Schriften, insbesondere in der *Bhagavad-gītā* und im *Śrīmad-Bhāgavatam*, als höchste Form des *yoga* gelehrt.

Brahmā: das erste erschaffene Wesen im Universum; ist als Halbgott für die Schöpfung innerhalb des Universums zuständig.

Brahmacārī: Student im Zölibat. *Siehe auch*: *Āśrama*.

Brahmajyoti: die spirituelle Ausstrahlung, die von Kṛṣṇas transzendentalem Körper ausgeht; der spirituelle Himmel, in dem die Vaikuṇṭha-Planeten schweben.

Brahman: „die Transzendenz"; (1) das *brahmajyoti*, der unpersönliche Aspekt der Absoluten Wahrheit in Form ihrer alldurchdringenden Ausstrahlung; erste Stufe der Erkenntnis der Absoluten Wahrheit; (2) die Absolute Wahrheit, die spirituelle Natur.

Brāhmaṇa: Priester und Lehrer. *Siehe auch*: *Varṇa*.

Brahma-saṁhitā: eine sehr alte Sanskritschrift mit Brahmās Gebeten an Govinda (Kṛṣṇa).

Bṛhan-nārādīya Purāṇa: *Siehe*: *Purāṇas*.

Buddha (560-480 v. Chr.): Inkarnation Kṛṣṇas; lehrte Erlösung von materiellem Leid durch Versenkung und Askese; lehnte die Veden ab, um die damals im Namen der Veden durchgeführten Tieropfer zu beenden.

Caitanya-caritāmṛta: die Beschreibung des Lebens und der Lehren Śrī Caitanya Mahāprabhus in drei Teilen (*Ādi-*, *Madhya-*, *Antya-līlā*); verfaßt im 16. Jh. von Kṛṣṇadāsa Kavirāja Gosvāmī.

Caitanya Mahāprabhu (1486-1534): Kṛṣṇa in der Rolle eines Gottgeweihten; erschien in Navadvīpa (Bengalen), um das gemeinsame Chanten des Hare-Kṛṣṇa-*mantra* (*saṅkīrtana*) als den Weg zur Selbst- und Gotteserkenntnis im Zeitalter des Kali einzuführen; löste eine spirituelle Renaissance der Kṛṣṇa-*bhakti* in ganz Indien aus.

Caitya-guru: der Höchste Herr, der einem fortgeschrittenen Gottgeweihten vom Herzen her Anweisungen gibt.

Cāṇūra: Ringer in Kaṁsas Kampfarena; von Kṛṣṇa getötet.

Chāndogya Upaniṣad. *Siehe*: *Upaniṣaden*.

Chanten: (von engl. *to chant* – rezitieren, singen) (1) *allg.*: Singen oder meditatives Beten von *mantras* zur Verehrung Gottes oder der Halbgötter; (2) das Chanten der heiligen Namen Gottes, insbesondere des Hare-Kṛṣṇa-*mantra*.

Daridra-nārāyaṇa: „in Armut lebender Nārāyaṇa"; Auffassung, daß ein jeder – vor allem die Bedürftigen – Gott (Nārāyaṇa) sei.

Devakī: große Gottgeweihte und Mutter Kṛṣṇas; Gemahlin Vasudevas.

Devī. *Siehe*: Durgā.

Dharma: (1) religiöse Prinzipien gemäß den offenbarten Schriften; (2) wesensgemäße Stellung und Eigenschaft der spirituellen Seele als ewiger Diener Gottes.

Dhṛtarāṣṭra: Sohn Vyāsadevas, der sich mit seinen eigenen Söhnen zusammenschloß, um die Söhne seines älteren Bruders, die Pāṇḍavas, um das Königreich zu betrügen und gegen sie in der Schlacht von Kurukṣetra zu kämpfen.

Droṇa: Befehlshaber der Armee Duryodhanas während der Schlacht von Kurukṣetra; Lehrer Arjunas.

Durgā: einer der Namen der Gemahlin Śivas, der Oberaufseherin der materiellen Natur.

Duryodhana: ältester Sohn Dhṛtarāṣṭras, Vetter der Pāṇḍavas. *Siehe auch*: Dhṛtarāṣṭra.

Gaṇeśa: Halbgott, der für materiellen Reichtum zuständig ist.

Gaṅgā (Ganges): heiliger Fluß in Indien.

Garga Muni: Priester der Yadu-Dynastie, der auch Kṛṣṇas Namensgebungszeremonie vollzog.

Gauḍīya Maṭha: Kṛṣṇa-bewußte Gemeinschaft von Tempeln und Predigtinstituten, die zu Beginn des 20. Jahrhunderts von Śrīla Bhaktisiddhānta Sarasvatī gegründet wurde.

Gaurāṅga: ein Name Śrī Caitanya Mahāprabhus.

Goloka: das persönliche Reich Kṛṣṇas in der spirituellen Welt.

Gopāla Bhaṭṭa Gosvāmī: einer der sechs spirituellen Meister der Gauḍīya-Vaiṣṇava-Schule, die direkte Nachfolger Śrī Caitanya Mahāprabhus waren und Seine Lehren systematisch der Öffentlichkeit zugänglich machten.

Gopīs: die Kuhhirtenmädchen von Vṛndāvana, die sich auf der höchsten Stufe der vollkommenen, reinen Liebe zu Kṛṣṇa befinden.

Gosvāmī: „jemand, der seine Sinne zu beherrschen vermag"; Titel eines *sannyāsī*.

Govinda: (*go* – Kuh, Sinnesorgan, Land; *vinda* – Quell der Freude)

„derjenige, der den Kühen, den Sinnen und dem Land Freude spendet"; ein Name Kṛṣṇas.

Gṛhastha: vedischer „Haushälter"; verheirateter Mann, der den vedischen Prinzipien des Familienlebens folgt. *Siehe auch*: *Āśrama*.

Guru: Lehrmeister in der vedischen Kultur, insbesondere der spirituelle Meister, der seinen Schüler im spirituellen Leben führt.

Gurukula: eine Schule, die vedisches Wissen vermittelt.

Hare-Kṛṣṇa-mantra. *Siehe*: *Mahā-mantra*.

Hari: „derjenige, der alles Unglückbringende aus dem Herzen wegnimmt"; ein Name Kṛṣṇas.

Hari-kīrtana: *Siehe*: *Kīrtana*.

ISKCON: Abk. für *International Society for Krishna Consciousness*; gegründet 1966 in New York von Śrī Śrīmad A.C. Bhaktivedanta Swami Prabhupāda.

Īśopaniṣad: die wichtigste der 108 *Upaniṣaden*.

Jagad-guru: „spiritueller Meister der ganzen Welt".

Jagannātha Puri: Stadt an der Küste von Orissa, einer Provinz in Ostindien; die heilige Stadt des Tempels und der Bildgestalt Jagannāthas.

Jīva: ein individuelles Lebewesen; Wesensteil des Höchsten Herrn.

Jīva Gosvāmī: direkter Nachfolger Śrī Caitanya Mahāprabhus in der Schülernachfolge; *siehe auch*: Gopāla Bhaṭṭa Gosvāmī.

Jñāna: „Wissen", insbesondere spirituelles Wissen.

Jñānī: jemand, der sich mittels (1) philosophischer Spekulation, (2) monistischer Philosophie oder (3) *jñāna-yoga* bemüht, Wissen über die Absolute Wahrheit zu erlangen.

Kālī: Form von Durgā; verkörpert den vernichtenden Aspekt der materiellen Energie.

Kali-yuga: das „Zeitalter des Streites und der Heuchelei", in dem sich die Menschheit gegenwärtig befindet; begann vor rund 5000 Jahren. *Siehe auch*: *Yuga*.

Kalpa-taru: ein „Wunschbaum" der spirituellen Welt.

Kāma: „Lust, Begehren“; die materielle, verzerrte Widerspiegelung der ursprünglichen Liebe zu Gott.

Kaṁsa: dämonischer König, der nach vielen fehlgeschlagenen Versuchen, Kṛṣṇa zu töten, selbst von Kṛṣṇa getötet wurde.

Karma: „Handlung“; (1) Handlung, die eine gute oder schlechte Reaktion nach sich zieht und den Handelnden an den Kreislauf von Geburt und Tod bindet; (2) Gesetz des *karma*: Gesetz von Aktion und Reaktion, dem alle *karma*-Handlungen unterstehen und das entscheidet, welchen Körper die Seele im nächsten Leben annimmt.

Karma-kāṇḍa: Teil der Veden, der karmische Handlungen zur Erhebung in eine höhere materielle Stellung beschreibt.

Karmī: ein Mensch, der die Ergebnisse seiner Handlungen genießen möchte.

Karṇa: Befehlshaber der Armee Duryodhanas; Halbbruder Arjunas.

Keśava Kāśmīrī: ein berühmter Gelehrter, der in einer Debatte von Śrī Caitanya Mahāprabhu besiegt wurde.

Kīrtana: Verherrlichung des Höchsten Herrn durch Singen und Sprechen. *Siehe auch*: *Saṅkīrtana*.

Kṛpa: ein mächtiger Krieger, der in der Schlacht von Kurukṣetra gegen die Pāṇḍavas kämpfte.

Kṛṣṇa: Gott, „der Allanziehende“; den vedischen Schriften zufolge der vertraulichste Name Gottes.

Kṛṣṇaloka: *Siehe*: Goloka.

Kṣatriya: Verwalter, Krieger, König. *Siehe auch*: *Varṇa*.

Kuntī: Königin im vedischen Großreich; Gemahlin König Pāṇḍus; Tante Kṛṣṇas väterlicherseits; Mutter der fünf Pāṇḍavas.

Kurukṣetra: eine heilige Stätte, ungefähr 60 Kilometer nördlich von Hastināpura, dem heutigen Delhi; vor 5000 Jahren fand dort die große *Mahābhārata*-Schlacht statt, vor deren Beginn Kṛṣṇa die *Bhagavad-gītā* offenbarte.

Lakṣmī: die „Glücksgöttin“; die ewige Gemahlin Viṣṇus (Nārāyaṇas).

Līlā: „transzendentales Spiel"; Tat des Höchsten Herrn.

Madhvācārya (1239-1319): bedeutender spiritueller Meister und Verfechter der Persönlichkeitslehre.

Mahābhārata: „die Geschichte des Königreichs von Bhārata-varṣa [Indien]"; mit über 110.000 Doppelversen das längste Epos der Weltliteratur; enthält als zentrale Passage die *Bhagavad-gītā*.

Mahājanas: die wichtigsten Autoritäten auf dem Gebiet des hingebungsvollen Dienstes für den Höchsten Herrn.

Mahā-mantra: der „große *mantra*", bestehend aus den Sanskritnamen Gottes; die persönliche Klanginkarnation Kṛṣṇas; von den Veden überliefert und von Śrī Caitanya Mahāprabhu als wirkungsvollster spiritueller Klang offenbart: Hare Kṛṣṇa, Hare Kṛṣṇa, Kṛṣṇa Kṛṣṇa, Hare Hare / Hare Rāma, Hare Rāma, Rāma Rāma, Hare Hare.

Mahārāja: „großer König"; auch ein Titel für *sannyāsīs*.

Mahātmā: „große Seele"; großer Gottgeweihter.

Mantra: (*mana* – Geist, *tra* – befreien) heilige Wortformel oder Gebet, das sich an einen Halbgott oder direkt an Gott richtet.

Manu-saṁhitā: das alte vedische Gesetzbuch der menschlichen Gesellschaft.

Māyā: die niedere, illusionierende Energie Gottes, die die materielle Welt beherrscht und die bewirkt, daß die bedingten Seelen Kṛṣṇa vergessen; das Vergessen der Beziehung zu Kṛṣṇa.

Māyāvāda: die Philosophie Śaṅkarācāryas und seiner Anhänger, derzufolge die Absolute Wahrheit unpersönlich ist.

Māyāvādī: Anhänger der Māyāvāda-Philosophie. *Māyāvādīs* verneinen die Existenz Gottes als höchste Person und bezeichnen die Individualität des Lebewesens als Illusion. Nach ihrer Theorie ist Gott formlos und unpersönlich, weshalb sie ihre eigene individuelle Existenz auflösen wollen, um mit dem Absoluten eins zu werden.

Mleccha: jemand, der nicht nach den Regeln der vedischen Kultur lebt.

Mṛdaṅga: indische Tontrommel.

Mukti: Befreiung vom Kreislauf der Geburten und Tode.

Nanda Mahārāja: *vaiśya*-König von Vṛndāvana und großer Gottgeweihter; Kṛṣṇas Vater in Vṛndāvana.

Nārada Muni: Sohn Brahmās; der Weise unter den Halbgöttern; verkörpert den reinen hingebungsvollen Dienst zu Kṛṣṇa.

Nārada-pañcarātra: maßgebliche Schrift über hingebungsvollen Dienst, verfaßt von Nārada Muni.

Nārāyaṇa: der Höchste Herr; Kṛṣṇa in Seiner Erweiterung auf den spirituellen Vaikuṇṭha-Planeten.

Nimāi Paṇḍita: („der gelehrte Nimāi"), ein Name Śrī Caitanya Mahāprabhus in Seiner Jugend.

Oṁ (Oṁkāra): die heilige Silbe der Veden, die als Hinweis auf die Absolute Wahrheit ausgesprochen wird.

Pāṇḍavas: die fünf Söhne Maharāja Pāṇḍus: Yudhiṣṭhira, Arjuna, Bhīma, Nakula und Sahadeva; siegten in der Schlacht von Kurukṣetra gegen die Söhne Dhṛtarāṣṭras.

Paramātmā: die „Überseele"; die in der materiellen Welt allgegenwärtige Form Gottes, die Sich im Herzen aller Lebewesen und in allen Atomen befindet; begleitet die Lebewesen als Zeuge ihrer Handlungen durch alle Lebensformen; die zweite Stufe der Erkenntnis der Absoluten Wahrheit.

Parāśara Muni: Vater Vyāsadevas und ursprünglicher Sprecher einiger der *Purāṇas*.

Parīkṣit Mahārāja: ein bedeutender vedischer Kaiser und großer Gottgeweihter; hörte in den sieben Tagen vor seinem Tod das *Śrīmad-Bhāgavatam* von Śukadeva Gosvāmī.

Patañjali: der Begründer des ursprünglichen *yoga*-Systems.

Prahlāda Mahārāja: großer Gottgeweihter, der als Sohn Hiraṇyakaśipus, des Königs der *asuras*, geboren wurde; als er fünf Jahre alt war, versuchte sein Vater ihn zu töten, worauf zu seiner Rettung Śrī Nṛsiṁhadeva erschien.

Prakāśānanda Sarasvatī: ein *sannyāsī* der Unpersönlichkeitsschule; wurde in einer Debatte von Śrī Caitanya Mahāprabhu geschlagen und schloß sich mit seinen 40.000 Schülern Caitanya Mahāprabhu an.

Prakṛti: die beiden untergeordneten Energien des Herrn: die Lebewesen und die tote Materie.

Praṇava: *Siehe*: *Oṁkāra*.

Prasādam: „Barmherzigkeit"; vegetarische, Kṛṣṇa geweihte Speise.

Prayāga: ein Pilgerort in der Nähe von Allahabad, wo die zwei heiligen Flüsse Gāṅga und Yamunā zusammenfließen.

Premā: Liebe zu Gott ohne selbstische Motive.

Purāṇas: philosophisch-historische Ergänzungsschriften zu den Veden, von denen das *Bhāgavata Purāṇa* (*Śrīmad-Bhāgavatam*) die wichtigste ist.

Puruṣa: Bezeichnung für den Höchsten Herrn.

Purī. *Siehe*: **Jagannātha Purī.**

Pūtanā: Hexe, die Kṛṣṇa in Seiner Kindheit töten wollte, dann aber selbst von Kṛṣṇa getötet wurde.

Rādhārāṇī (Rādhā): Kṛṣṇas ewige Gefährtin und die Haupt-*gopī* in Vṛndāvana; Sie verkörpert die innere Freudenkraft Kṛṣṇas und ist Seine höchste Geweihte.

Raghunātha Bhaṭṭa Gosvāmī und Raghunātha dāsa Gosvāmī: zwei der sechs Gosvāmīs; direkte Nachfolger und Schüler Śrī Caitanya Mahāprabhus.

Rajas: die materielle Erscheinungsweise der Leidenschaft, gekennzeichnet durch materielle Bemühungen und den Wunsch nach Sinnengenuß.

Rāma: (1) einer der Namen Kṛṣṇas, mit der Bedeutung „die Quelle aller Freude"; (2) Kṛṣṇas Bruder Balarāma; (3) Rāmacandra, der *avatāra* Kṛṣṇas als vollkommener König.

Rāmānanda Raya: einer der vertrautesten Geweihten Śrī Caitanya Mahāprabhus.

Rāmānujācārya (1017-1137): bedeutender sprirituelller Meister und Verfechter der Persönlichkeitslehre.

Rasa: „Wohlgeschmack"; innere Erfüllung, die der Austausch zwischen dem Herrn und Seinem Geweihten hervorbringt.

Rūpa Gosvāmī (1489-1564): einer der sechs Gosvāmīs; großer Heiliger Indiens; einer der direkten Schüler und Nachfolger Śrī Caitanya Mahāprabhus.

Śabda-brahma: die Veden; transzendentaler vedischer Klang.

Sac-cid-ānanda: „ewig, voller Wissen, voller Glückseligkeit"; Eigenschaft Kṛṣṇas und Seiner höheren Energie.

Śalya: ein Onkel der Pāṇḍava-Brüder, der auf dem Schlachtfeld von Kurukṣetra gegen sie kämpfte.

Samādhi: Trance; völlige Versenkung ins Kṛṣṇa-Bewußtsein.

Sāma Veda: einer der vier Veden; enthält Opfergebete.

Saṁsāra: der Kreislauf von Geburt und Tod.

Sanātana Gosvāmī (1488-1588): Bruder Rūpa Gosvāmīs; einer der direkten Nachfolger und Schüler Śrī Caitanyas.

Śaṅkarācārya (788-820): einflußreicher Philosoph der indischen Geistesgeschichte; Begründer der Māyāvāda-Philosophie.

Sāṅkhya: analytisches System der Unterscheidung von Materiellem und Spirituellem, um den Ursprung der Existenz herauszufinden.

Saṅkīrtana: das gemeinsame Chanten der Heiligen Namen des Herrn.

Sannyāsī: Mönch im Lebensstand des *sannyāsa* (*Siehe auch*: *āśrama*).

Sanskrit: die Sprache der Veden; älteste Schriftsprache der Welt und Muttersprache vieler moderner Sprachen.

Śarīraka-bhāṣya: der Kommentar Śaṅkarācāryas zum *Vedānta-sūtra*; Darlegung seiner Philosophie des Monismus.

Śāstra: offenbarte, heilige Schrift.

Satya-yuga: das erste Weltalter im Zyklus der vedischen Zeitrechnung; gekennzeichnet von einer spirituell fortgeschrittenen menschlichen Zivilisation.

Śikṣāṣṭaka: die acht von Śrī Caitanya Mahāprabhu hinterlassenen Gebete.

Śiva: der Halbgott, der für die Erscheinungsweise der Unwissenheit und die Zerstörung des Universums zuständig ist.

Śloka: Sanskritvers.

Smṛti: Schriften wie die *Purāṇas*, die *Bhagavad-gītā* und das *Mahābhārata*.

Śraddhā: Vertrauen in eine echte Autorität.

Śrī, Śrīla, Śrīmatī, Śrīpāda: respektvolle Anrede; siehe den jeweils darauffolgenden Namen.

Śrīdhara Svāmī (1429-1529): großer Gottgeweihter; Verfasser eines Kommentars zum *Śrīmad-Bhāgavatam*.

Śrīmad-Bhāgavatam (auch Bhāgavata Purāṇa): das bedeutendste der achtzehn *Purāṇas*; der 18.000 Verse umfassende Kommentar Śrīla Vyāsadevas zu seinem *Vedānta-sūtra*; beschreibt in zwölf Cantos die Taten und die Lehren der wichtigsten Gottgeweihten und Inkarnationen Gottes; der Zehnte Canto beschreibt das Erscheinen und die Taten Kṛṣṇas, des Höchsten Herrn.

Śruti: die ursprünglichen vier Veden.

Śūdra: Arbeiter und Handwerker. *Siehe auch*: *Varṇa*.

Śukadeva Gosvāmī: der Sohn Vyāsadevas, der Mahārāja Parīkṣit das *Śrīmad-Bhāgavatam* vortrug.

Śvetāśvatara Upaniṣad: *Siehe*: *Upaniṣaden*.

Svāmī: „Meister"; Titel eines *sannyāsī*. *Siehe auch*: *Gosvāmī*.

Tamas: die materielle Erscheinungsweise der Unwissenheit; gekennzeichnet durch Mangel an Wissen, Trägheit und Verrücktheit.

Tapasya: das freiwillige Aufsichnehmen von Unbequemlichkeiten zum Zwecke spiritueller Erkenntnis.

Transzendental: die Grenzen der Erfahrung und der sinnlich erkennbaren Welt überschreitend; unberührt von den Erscheinungsweisen der materiellen Natur; zur spirituellen Natur gehörig.

Überseele. *Siehe*: Paramātmā.

Upaniṣaden: 108 philosophische Lehrgedichte; Teile der Veden.

Vaikuṇṭha: (*vai* – ohne; *kuṇṭha* – Angst) die spirituelle Welt, wo es keine Angst gibt.

Vaiṣṇava: ein Geweihter Kṛṣṇas oder Viṣṇus, des Höchsten Herrn.

Vaiśya: Händler und Bauern.

Vālmīki Muni: großer Weiser und *yogī*, der das *Rāmāyaṇa* verfaßte.

Vānaprastha: Leben in Zurückgezogenheit. *Siehe auch*: *Āśrāma*.

Varṇa: Unterteilung der vedischen Gesellschaft entsprechend den Eigenschaften und Tätigkeiten der Menschen: *brāhmaṇas* (Lehrer und Priester, die der Gesellschaft unentgeltlich spirituelle Führung geben), *kṣatriyas* (unter den *brāhmaṇas* tätige Verwalter und Beschützer der Gesellschaft), *vaiśyas* (Bauern und Gewerbetreibende) und *śūdras* (Arbeiter und Handwerker, die im Dienst der anderen drei *varṇas* stehen).

Varṇa-saṅkara: unerwünschte Elemente in der Gesellschaft.

Varṇāśrama-dharma: das vedische Gesellschaftssystem der vier sozialen Klassen und der vier spirituellen Lebensstufen. *Siehe auch*: *Varṇa*; *Āśrama*.

Varuṇa: Halbgott des Wassers.

Vasudeva: großer Gottgeweihter und Vater Kṛṣṇas in Dvārakā; Gemahl Devakīs.

Vāsudeva: „der Sohn Vasudevas" oder „der Allgegenwärtige"; Name Kṛṣṇas und einer Seiner Erweiterungen.

Vedānta-sūtra: von Śrīla Vyāsadeva verfaßtes theologisch-philosophisches Werk, das die Schlußfolgerungen der Veden in Aphorismen zusammenfaßt.

Veden: (von *veda*: Wissen) (1) die vier ursprünglichen vedischen Schriften (*Yajur*, *Ṛk*, *Atharva*, *Sāma*); (2) Sammelbegriff für die heiligen Weisheitsschriften der altindischen Hochkultur.

Vedische Literatur: die vier Veden, die *Upaniṣaden*, das *Vedānta-sūtra*, die *Purāṇas*, das *Mahābhārata* und auch Werke neueren Ursprungs, die in Übereinstimmung mit der vedischen Schlußfolgerung verfaßt wurden.

Viṣṇu: „der Alldurchdringende"; vierarmige Erweiterung Kṛṣṇas zur Schöpfung und Erhaltung der materiellen Welt.

Viṣṇu Purāṇa. *Siehe*: *Purāṇas*.

Viśvanātha Cakravartī Ṭhākura: bedeutender *ācārya* der Gauḍīya-Vaiṣṇava-sampradāya; Kommentator des *Śrīmad-Bhāgavatam*.

Viveka-cuḍāmaṇi: das bekannteste Werk Śaṅkarācāryas; Darlegung der Philosophie des Monismus.

Vṛndāvana: (1) Goloka Vṛndāvana: das Reich Śrī Kṛṣṇas in der spirituellen Welt; (2) Gokula Vṛndāvana: heilige Stadt in der Nähe von Mathurā im Staat Uttar Pradesh (Indien), wo Kṛṣṇa vor 5000 Jahren erschien.

Vyāsadeva: die literarische Inkarnation Gottes; schrieb das bis vor 5000 Jahren mündlich überlieferte vedische Wissen in Form der vier Veden nieder und verfaßte das *Vedānta-sūtra*, das *Mahābhārata* und die *Purāṇas*.

Vyāsa-pūjā: der Erscheinungstag des spirituellen Meisters, an dem er als der Repräsentant Vyāsadevas und des Höchsten Herrn geehrt wird.

Yajña: vedisches Opferritual; ein Name Viṣṇus.

Yamarāja: der Halbgott des Todes; er führt sündhafte Lebewesen nach dem Tod ihrer Strafe zu; einer der *mahājanas*.

Yavana: ein Barbar

Yoga: „Verbindung"; Pfad zur Verbindung mit dem Höchsten. *Siehe auch*: *Bhakti-*, *Karma-* und *Aṣṭāṅga-yoga*.

Yogī: (1) *allg.*: jemand auf einem der vielen möglichen *yoga*-Pfade; (2) mystischer *yogī* auf dem Pfad des *aṣṭāṅga-yoga*; (3) der höchste *yogī*, ein Gottgeweihter (*bhakti-yogī*).

Yudhiṣṭhira Mahārāja: Ältester der Pāṇḍavas; Weltherrscher nach der Schlacht von Kurukṣetra.

Yuga: „Zeitalter" im Leben eines Universums, die sich zyklisch wiederholen: Satya-yuga, Tretā-yuga, Dvāpara-yuga und Kali-yuga.

Anleitung zur Aussprache des Sanskrit

Die in Indien geläufigste Schreibweise des Sanskrit wird *devanāgarī* genannt. Das *devanāgarī*-Alphabet besteht aus achtundvierzig Buchstaben, nämlich dreizehn Vokalen und fünfunddreißig Konsonanten, und wurde nach präzisen linguistischen Prinzipien zusammengestellt. Die im vorliegenden Buch verwendete Schreibweise entspricht dem international anerkannten System der Sanskritumschrift.

Der kurze Vokal **a** wird wie das **a** in h**a**t ausgesprochen, das lange **ā** wie das **a** in h**a**ben und das kurze **i** wie das **i** in r**i**tten. Das lange **ī** wird wie das **i** in B**i**bel ausgesprochen, das kurze **u** wie das **u** in B**u**tter und das lange **ū** wie das **u** in H**u**t. Der Vokal **ṛ** wird wie das **ri** in **ri**nnen ausgesprochen. Der Vokal **e** wird wie das **e** in **e**wig ausgesprochen; **ai** wie in w**ei**se; **o** wie in h**o**ch und **au** wie in H**au**s. Der *anusvāra* (**ṁ**), ein reiner Nasallaut, wird wie das **n** im franz. bo**n** ausgesprochen, und der *visarga* (**ḥ**), der ein starker Hauchlaut ist, wird am Zeilenende mit Wiederholung des vorangegangenen Vokals ausgesprochen. So wird also **aḥ** wie **aha** ausgesprochen und **iḥ** wie **ihi**.

Die gutturalen Konsonanten – **k, kh, g, gh** und **ṅ** – werden in ähnlicher Weise wie die deutschen Kehllaute gebildet. **K** wird ausgesprochen wie in **k**ann, **kh** wie in E**ckh**art, **g** wie in **g**eben, **gh** wie in we**g-h**olen und **ṅ** wie in si**ng**en. Die Gaumenlaute – **c, ch, j, jh** und **ñ** – werden vom Gaumen aus mit der Mitte der Zunge gebildet. **C** wird ausgesprochen wie das **tsch** in **Tsch**eche, **ch** wie im engl. staun**ch-h**eart, **j** wie das **dsch** in **Dsch**ungel, **jh** wie im engl. he**dge-h**og und **ñ** wie in Cañon. Die dentalen Konsonanten – **t, th, d, dh** und **n** – werden gebildet, indem man die Zungenspitze gegen die Zähne drückt. **T** wird ausgesprochen wie in **T**al, **th** wie in Sanf**th**eit, **d** wie in **d**ann, **dh** wie in Sü**dh**älfte und **n** wie in **N**atter. Die zerebralen Konsonanten – **,ṭ, ṭh, ḍ, ḍh** und **ṇ** – werden in gleicher Weise gebildet wie die dentalen, aber bei ihnen berührt die Zungenspitze den oberen Gaumen. Die labialen Konsonanten – **p, ph, b, bh** und **m** – werden mit den Lippen gebildet. **P** wird ausgesprochen wie in **P**astor, **ph** wie im engl. u**ph**ill, **b** wie in **B**all, **bh** wie in Gro**bh**eit und **m** wie in **M**alz. Die Halbvokale – **y, r, l** und **v** – werden ausgesprochen wie in **y**oga, **Ra**violi (wie das italienische r), **l**achen, **V**ene.

Die Zischlaute – **ś, ṣ** und **s** – werden ausgesprochen wie in i**ch, sch**ön und fa**s**ten. Der Buchstabe **h** wird ausgesprochen wie in **h**elfen.

Bhakti-Yoga zu Hause

Nach alledem, was Sie in diesem Buch gelesen haben, werden Sie sich vielleicht fragen, wie Sie praktisch mit Ihrem spirituellen Leben beginnen können. Den Pfad des bhakti-yoga, der Hingabe an Gott, kann man auf ganz individuelle Weise beschreiten. In einem Kṛṣṇa-Tempel hat man die Möglichkeit, die vedische Philosophie zu studieren und verschiedene Aspekte ihrer Kultur, wie z. B. Musik und Meditation, zu erlernen. Größtenteils wird bhakti-yoga aber zu Hause, in der Familie, von Menschen aller Altersgruppen und aller Gesellschaftsschichten praktiziert. Entscheidend ist beim bhakti-yoga eigentlich nur, daß man sein ursprüngliches Gottes- oder Kṛṣṇa-Bewußtsein, d. h. seine ursprüngliche Liebe zu Gott, wiedererweckt. Dabei sind gewisse grundlegende Richtlinien, die von den bhakti-yogīs seit Jahrtausenden befolgt werden, sehr hilfreich. Auf den folgenden Seiten werden die wichtigsten Übungen des bhakti-yoga beschrieben, nämlich das Chanten der heiligen Namen Gottes und das Weihen der täglichen Nahrung.

Das Chanten des Hare-Kṛṣṇa-Mantra

„Es ist das Wesen des Hare-Kṛṣṇa-*mahā-mantra*, daß in jedem, der ihn chantet, augenblicklich ekstatische Liebe zu Kṛṣṇa erwacht" (*Śrī Caitanya-caritāmṛta*, *Ādi-līla* 7.83).

Es gibt keine starren Regeln für das Chanten des Hare-Kṛṣṇa-*mantra*. Das Schöne an dieser *mantra*-Meditation ist, daß man sie jederzeit und überall ausführen kann: zu Hause, bei der Arbeit, unterwegs, usw.

Beim Chanten des Hare-Kṛṣṇa-*mantra* unterscheidet man grundsätzlich zwischen zwei Formen: *japa* und *kīrtana*. *Japa* bezieht sich auf die individuelle Meditation, bei der man auf einer Holzperlenkette chantet, und *kīrtana* bezieht sich auf das gemeinsame Singen in einer Gruppe. Beides sind empfohlene Formen der *mantra*-Meditation, und sie ergänzen sich ideal.

Japa

Das einzige, was man für diese Form der Meditation braucht, ist eine Holzperlenkette. Solche *japa*-Ketten kann man in jedem Hare-Kṛṣṇa-Tempel bekommen, oder man kann sie auch selbst herstellen, was sehr einfach ist, wie Sie aus der folgenden Beschreibung ersehen können:

1. Sie brauchen 109 Holzperlen, die Sie in jedem Bastelgeschäft kaufen können. Die Perlen (mit einem Durchmesser von etwa 1-2 cm) müssen durchbohrt sein, damit sie auf eine Schnur aufgezogen werden können. Je nach Größe der Holzperlen brauchen Sie etwa 3-5 m Schnur.

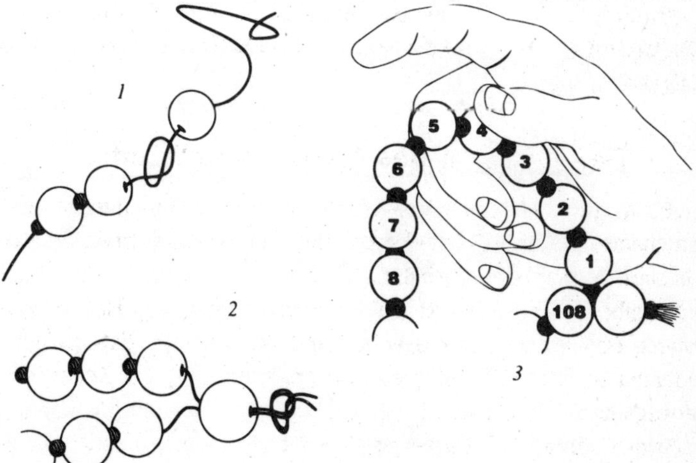

2. Machen Sie etwa 15 cm vom Schnurende entfernt einen Knoten, und beginnen Sie dann, die Holzperlen aufzuziehen. Machen Sie zwischen jeder Perle einen Knoten oder Doppelknoten (*Abbildung* 1).

3. Wenn Sie auf diese Weise 108 Perlen aufgezogen haben, können Sie die beiden Schnurenden durch die 109. Perle ziehen. Diese wird *Kṛṣṇa-Perle* genannt und sollte die größte von allen sein (*Abbildung* 2). Machen Sie nach dieser 109. Perle mit beiden Schnurenden den abschließenden Knoten und schneiden Sie den Rest der Schnur ab. Nun haben Sie Ihre eigene Meditationskette.

Wie man auf der Meditationskette chantet

Nehmen Sie Perle Nr. 1 (nicht die Kṛṣṇa-Perle) zwischen Daumen und Mittelfinger Ihrer rechten Hand (*Abbildung* 3) und chanten Sie einmal den vollständigen Hare-Kṛṣṇa-*mantra*:

hare kṛṣṇa hare kṛṣṇa
kṛṣṇa kṛṣṇa hare hare
hare rāma hare rāma
rāma rāma hare hare

Nehmen Sie danach die nächste Perle mit denselben zwei Fingern, chanten Sie wieder den vollständigen *mantra*, und gehen Sie auf diese Weise von Perle zu Perle, bis Sie auf jeder der 108 Perlen einmal den *mantra* gesprochen haben. Wenn Sie bei der Kṛṣṇa-Perle angelangen, haben Sie *eine Runde* gechantet. Um die nächste Runde zu beginnen, wechselt man auf der Kette die Richtung, ohne über die Kṛṣṇa-Perle hinwegzugehen.

Das Chanten auf einer *japa*-Kette hilft uns, regelmäßig ein bestimmtes Minimum an Meditation auszuführen. Es erleichtert auch die Konzentration auf den *mantra*, weil zusätzlich der Tastsinn im Vorgang der Meditation beschäftigt wird.

Man kann überall *japa* chanten, und auch die Lautstärke kann unterschiedlich sein. Wichtig jedoch ist, daß Sie jeden *mantra* vollständig und deutlich aussprechen, so daß Sie die spirituelle Klangschwingung klar und bewußt hören. Sie werden sehen, daß es oft nicht leicht ist, sich auf den *mantra* zu konzentrieren, denn die Gedanken haben die Tendenz, sich „eigenmächtig" einzuschalten und abzuschweifen. Das Chanten ist jedoch eine solch wunderbare Meditation, daß dadurch auch Konzentration und Willenskraft gestärkt werden. Fahren Sie also einfach fort und versuchen Sie immer wieder, die Gedanken auf die Klangschwingung zu richten und jeden *mantra* deutlich auszusprechen. Flüssiger (aber immer noch deutlich) zu chanten kann ebenfalls eine Hilfe sein, um die Konzentration auf den *mantra* zu vergrößern.

Man kann zu jeder Tageszeit *japa* chanten, aber die vedischen Schriften weisen darauf hin, daß die Morgenstunden für die Meditation am förderlichsten sind. Die Erfahrung hat gezeigt, daß es sehr hilfreich ist, wenn man sich jeden Tag zur gleichen Stunde die nötige Zeit reserviert und sich ein gewisses Minimum an Runden vornimmt (das heißt, man kann immer mehr chanten, wenn sich die Gelegenheit ergibt, aber man nimmt sich vor, nie weniger als das Minimum zu chanten). Dieses regelmäßige Chanten gibt unserer Meditation eine solide Grundlage. Fangen Sie mit einem Minimum von ein oder zwei Runden pro Tag an, und allmählich können Sie die Anzahl der Runden erhöhen. Das tägliche Minimum für die Mitglieder der Bewegung für Kṛṣṇa-Bewußtsein beträgt sechzehn Runden, was ungefähr zwei Stunden beansprucht.

Da die Gebetsperlen heilig sind, sollten sie nicht den Boden berühren oder an einen unsauberen Ort gelegt werden. Zum Schutz trägt man sie am besten in einem Gebetsbeutel, einem speziellen Stoffbeutel, den man in jedem Tempel kaufen kann.

Kīrtana

Kīrtana bedeutet, den Hare-Kṛṣṇa-*mantra* in einer Gruppe zu singen. Das kann man überall tun – zu Hause, gemeinsam mit der Familie oder mit Freunden, im Wald usw. *Kīrtana* kann im Sitzen oder im Stehen durchgeführt werden. Die Geweihten Kṛṣṇas sind berühmt dafür, daß sie, gemäß dem Vorbild Śrī Caitanya Mahāprabhus, *kīrtana* auch in Form von öffentlichen Prozessionen in den Städten abhalten. Für gewöhnlich singt beim *kīrtana* jemand zuerst den Hare-Kṛṣṇa-*mantra* vor, worauf die anderen den *mantra* genauso nachsingen.

Der Vorteil von *kīrtana* ist, daß man zusätzlich zum eigenen Singen auch das Singen von anderen hört. Melodie, Stil und Musikinstrumente kann man frei wählen. Traditionell verwendet man indische Tontrommeln (*mṛdaṅgas*) und Handzimbeln (*karatālas*), aber auch jedes andere Instrument ist erlaubt: Gitarre, Klavier, Flöte usw. oder einfach Händeklatschen. Auf diese Weise können auch Kinder leicht an der Meditation teilnehmen und spirituellen Fortschritt machen.

Im *kīrtana* kann man sehr leicht erkennen, daß die Namen Gottes keine materielle Klangschwingung sind. Man kann kein materielles Wort und keinen weltlichen Schlager immer und immer wieder hören, geschweige denn singen, ohne daß man dessen bald überdrüssig wird. Doch je mehr und je konzentrierter man Kṛṣṇas Namen chantet, desto mehr erwacht eine natürliche Neigung zu spirituellen Tätigkeiten, und man lernt, sich und die Welt mit spirituellen Augen zu betrachten.

Wie man das Chanten verbessern kann

Das Chanten des Hare-Kṛṣṇa-*mantra* bringt unter allen Umständen ewigen spirituellen Nutzen. Von den großen Heiligen und Weisen, die Autoritäten auf dem Gebiet des *bhakti-yoga* sind, erfahren wir jedoch, daß es gewisse Regeln und Hilfen gibt, um das Chanten zu verbessern.

Je mehr man Hare Kṛṣṇa chantet, desto mehr gewinnt man spirituelle Stärke, und man entwickelt einen Geschmack für höhere, spirituelle Freude, die von materiellen Umständen unabhängig ist. Wenn man auf diese Weise die höheren Dimensionen des Lebens kennenlernt, wird es einem leichtfallen, die folgenden Grundsätze immer mehr in sein Leben aufzunehmen:

1. Man sollte versuchen, die vier Grundprinzipien einzuhalten:

a) kein Fleisch, keinen Fisch, keine Eier zu essen.

b) keine Berauschungsmittel zu sich zu nehmen. (Dies bezieht sich nicht nur auf LSD, Heroin, Haschisch usw., sondern auch auf Alkohol, Nikotin, Koffein und Tein.)

c) keine Glücksspiele zu betreiben.

d) kein ausschweifendes Geschlechtsleben zu führen. (Bei einem Kṛṣṇa-bewußten spirituellen Leben ist Geschlechtsverkehr außerhalb der Ehe nicht erlaubt und innerhalb der Ehe nur zur Zeugung von Kindern.)

Je strikter man diesen Regeln folgt, desto schneller macht man in der spirituellen Erkenntnis Fortschritte. Dadurch kann man sich von materieller Anhaftung lösen und die Verstrickung in karmische Reaktionen drastisch vermindern. Aber selbst wenn man sich am Anfang nur unvollständig an diese Regeln halten kann, sollte man immer den Hare-Kṛṣṇa-*mantra* chanten, denn diese Meditation ist so mächtig, daß sie einem sehr schnell die Kraft gibt, in dieser Richtung Fortschritte zu machen.

2. Man sollte regelmäßig in den vedischen Schriften, insbesondere in der *Bhagavad-gītā* und im *Śrīmad-Bhāgavatam*, lesen, denn dadurch wird das materiell verunreinigte Bewußtsein geläutert. Einfach indem man Erzählungen von Kṛṣṇa, der Höchsten Persönlichkeit Gottes, und der spirituellen Welt, wo Sich Kṛṣṇa im Kreis Seiner Geweihten ewiger, glückseliger Spiele erfreut, hört oder liest, wird man spirituelles Wissen erwerben und genau verstehen lernen, was die Seele ist, wie man spirituell handelt und auf welchem Wege man sich aus der Bedingtheit der materiellen Welt befreit.

3. Um sich besser vor karmischen Reaktionen zu schützen, sollte man nur vegetarische Speisen zu sich nehmen, die zuvor Kṛṣṇa ge-

weiht wurden. Das Töten von Lebewesen, auch von Pflanzen, zieht eine entsprechende *karma*-Reaktion nach sich. Die *Bhagavad-gītā* weist darauf hin, daß dem Menschen vegetarische Nahrung zugeordnet ist und daß man diese vegetarischen Speisen zuerst Kṛṣṇa darbringen muß, denn dann wird Kṛṣṇa alle damit verbundenen karmischen Reaktionen aufheben.

4. Man muß lernen, seine Arbeit zu verrichten, um den Höchsten Herrn, Kṛṣṇa, zufriedenzustellen. Arbeitet man nur für den eigenen Nutzen und Profit, so trägt man auch die Verantwortung für die damit verbundenen karmischen Reaktionen. Wenn man jedoch die Kunst erlernt, für Kṛṣṇa tätig zu sein, steht man nicht mehr unter der Herrschaft des *karma*-Gesetzes, das heißt, man befreit sich dadurch nicht nur vom *karma* seiner gegenwärtigen Tätigkeiten, sondern auch von den bereits bestehenden karmischen Reaktionen; darüber hinaus erwecken solche spirituellen Tätigkeiten, die nur Kṛṣṇas Freude zum Ziel haben, die Liebe zu Kṛṣṇa, die im Herzen eines jeden schlummert.

Man braucht also nicht aufzuhören zu arbeiten, aber man sollte solche Tätigkeiten vermeiden, die gegen die unter Punkt 1 erwähnten Prinzipien verstoßen.

5. Auf dem Pfad des spirituellen Lebens sollte man so oft wie möglich mit Gleichgesinnten zusammenkommen, in ihrer Gemeinschaft Hare Kṛṣṇa chanten und über Kṛṣṇa sprechen. Dies ist für die spirituelle Entwicklung sehr förderlich und vergrößert die eigene spirituelle Kraft. Da Umgang prägt, muß man sehr bedacht sein, die Gemeinschaft von Menschen zu meiden, die dem spirituellen Fortschritt schaden können. Die vedischen Schriften bestätigen, daß die Gemeinschaft mit Menschen, die sich um spirituellen Fortschritt bemühen, den vorgeschriebenen Regeln folgen und Hare Kṛṣṇa chanten, der beste und schnellste Weg ist, um konkreten spirituellen Fortschritt zu erzielen und letztlich nach Hause, zurück zu Gott, zu gelangen.

6. Wie jeder leicht feststellen kann, sind *japa* und *kīrtana* wirkungsvoller, wenn sie vor einem Altar durchgeführt werden. Kṛṣṇa und

Seine reinen Geweihten sind so gütig, daß sie in Form ihrer Bilder vor uns erscheinen. Mit anderen Worten, wenn man einen Altar aufstellt, lädt man Kṛṣṇa und Seine reinen Geweihten ein, in seinem Haus zu verweilen. Für solch „hohe Gäste" sollte man einen schönen Aufenthaltsort wählen: sauber, hell und ruhig. Ideale Orte für einen Hausaltar sind z. B. ein Regal, ein Kaminsims oder ein kleiner Tisch.

Es ist sehr einfach, einen Hausaltar einzurichten. Nur schon ein Bild von Rādhā-Kṛṣṇa oder Śrī Caitanya genügt, um die Atmosphäre in Ihrer Wohnung völlig zu verwandeln. Es gibt verschiedene Formen von Hausaltären. Eine erste vollständige Form besteht aus einem Bild von Rādhā-Kṛṣṇa (Mitte), einem Bild von Śrī Caitanya und Seinen Gefährten (rechts) und einem Bild von Śrīla Prabhupāda (links).

Zwei wichtige Prinzipien bei der Altarverehrung sind Reinlichkeit und Stetigkeit. Idealerweise schmückt man den Altar täglich mit frischen Blumen, zündet Kerzen und Räucherstäbchen an und stellt kleine Becher mit frischem Wasser vor die Altarbilder; man kann vor dem Altar beten, chanten, singen und sein Essen opfern.

Der Altar sollte zum Mittelpunkt des häuslichen Lebens werden und die Wohnung in einen heiligen Ort verwandeln. Wenn wir Kṛṣṇa mit Liebe und Hingabe verehren, werden wir allmählich spüren, wie sehr Er uns liebt. Das ist das Wesen des *bhakti-yoga*.

All die Dinge, die man für die Einrichtung eines Hausaltars benötigt und die einem helfen, die Atmosphäre zu Hause zu spiritualisieren (wie z. B. Räucherstäbchen, Kṛṣṇa-bewußte Poster und Musikkassetten), sind in jeder ISKCON-Boutique erhältlich und können dort auch bestellt werden.

Spirituelle Ernährung

Kṛṣṇa-Bewußtsein ist nicht nur eine theoretische Philosophie, sondern durchdringt alle Aktivitäten unseres Alltagslebens, vor allem auch die Zubereitung und den Verzehr von Nahrung.

Für den Gottgeweihten ist das Kochen und Darbringen von Speisen ein Ausdruck seiner *bhakti*, d. h. seiner Liebe zu Kṛṣṇa. Sogar im weltlichen Leben ist es so, daß man für jemanden, der einem besonders nahesteht, gerne kocht oder ihn gern zum Essen einlädt. Der Gast ist nicht so sehr vom Essen und von den einzelnen Gerichten berührt als vielmehr von der Aufmerksamkeit, die ihm entgegengebracht wird, und von der Mühe, die sich der Gastgeber machte. Ebenso kocht auch der Gottgeweihte für Kṛṣṇa und lädt Ihn ein, als erster von den Speisen zu kosten; das ist im *bhakti-yoga* von größter Wichtigkeit, um unsere Liebe zu Kṛṣṇa zu vergrößern.

Mit Seiner unbegrenzten, alldurchdringenden Kraft kann Kṛṣṇa materielle in spirituelle Energie verwandeln. Wann immer etwas Materielles mit Kṛṣṇa in Kontakt kommt, wird es „spiritualisiert". Wenn wir Kṛṣṇa also Speisen opfern, werden auch sie spiritualisiert; solche geweihte Nahrung nennt man im Sanskrit *prasādam*, was wörtlich „die Barmherzigkeit des Herrn" bedeutet.

Prasādam zu sich zu nehmen ist ein grundlegender Vorgang des *bhakti-yoga*. In anderen Formen des *yoga* und der Askese ist man gezwungen, seine Sinne künstlich zu unterdrücken, aber im *bhakti-yoga* ist das nicht nötig, da man lernt, wie man seine Sinne richtig gebraucht. Jeder muß sich zum Beispiel ernähren, aber ein Gottgeweihter weiß, wie man sich *spirituell* ernährt. Dadurch wird auch der eigene Körper spiritualisiert, und man fühlt sich immer mehr zu den spirituellen Freuden hingezogen, die jede materielle Sinnenfreude bei weitem übertreffen.

Śrī Caitanya sagte über *prasādam*: „Jeder hat diese Speisen schon früher einmal gekostet. Wenn sie jedoch für Kṛṣṇa zubereitet und Ihm mit Hingabe geopfert wurden, zeichnen sie sich durch außergewöhnlichen Geschmack und seltenen Duft aus. Probiert sie und erfahrt den Unterschied! Abgesehen vom Wohlgeschmack, erfreut auch der Wohlgeruch den Geist und läßt uns andere Wohlgerüche vergessen. Man sollte verstehen, daß der spirituelle Nektar von Kṛṣṇas Lippen diese gewöhnlichen Speisen berührt und ihnen all Seine transzendentalen Eigenschaften verliehen haben muß."

Prasādam – die Vollkommenheit der vegetarischen Ernährung

Kṛṣṇa erklärt in der *Bhagavad-gītā*, daß wir Ihm all unsere Speisen darbringen sollen, und Er weist auch darauf hin, welche Speisen wir Ihm weihen können: „Wenn Mir jemand mit Liebe und Hingabe ein Blatt, eine Blume, eine Frucht oder etwas Wasser opfert, werde Ich es annehmen" (*Bg.* 9.26). Offensichtlich erwähnt Kṛṣṇa nichts, was mit Fleisch, Fisch oder Eiern zu tun hat, und deshalb sollte man es strikt vermeiden, Kṛṣṇa solche Dinge zu opfern. Als Zeichen der Liebe und Hingabe bringt der Gottgeweihte Kṛṣṇa nur die reinsten und schmackhaftesten Speisen dar.

Prasādam zu essen ist die Vollkommenheit der vegetarischen Ernährung. Der Vorsatz, Vegetarier zu werden, ist zwar sehr wichtig und begrüßenswert, aber noch nicht genug für ein spirituelles Leben. Es gibt viele Tiere, die auch vegetarisch leben, wie die Tauben, Affen und Elefanten; aber ein vegetarisch lebender Mensch sollte zusätzlich lernen, wie man sein gesamtes Leben spiritualisiert und seine ursprüngliche Beziehung zu Gott wiedererweckt. Dies ist, wie die Veden erklären, das Ziel des menschlichen Lebens, und sich nur noch von *prasādam* zu ernähren ist ein wichtiger, ja unumgänglicher Schritt in diese Richtung.

Das Zubereiten und Opfern von Prasādam

Das Zubereiten von *prasādam* beginnt bereits bei der Auswahl der Nahrungsmittel. In der *Bhagavad-gītā* erklärt Kṛṣṇa, daß alle Nahrungsmittel den Erscheinungsweisen der materiellen Natur – Tugend,

Leidenschaft und Unwissenheit – zugeordnet werden können. Getreide, Gemüse, Früchte, Milchprodukte und Nüsse gehören zu den Nahrungsmitteln in der Erscheinungsweise der Tugend, und nur sie können Kṛṣṇa dargebracht werden. Zu den Nahrungsmitteln in der Erscheinungsweisen der Unwissenheit und Leidenschaft gehören solche, die faulig, gegoren und unrein sind oder Schmerz oder Krankheit verursachen (vgl. hierzu *Bg.* 17.8-10).

Fleisch, Fisch und Eier, aber auch Knoblauch, Zwiebeln, Essig und Pilze gehören in den Bereich der niederen Erscheinungsweisen und können deshalb Kṛṣṇa nicht geopfert werden. Auch Getränke, die Alkohol, Koffein oder Tein enthalten, müssen vermieden werden.

Beim Einkaufen muß man sehr vorsichtig sein, da heute in sehr vielen Produkten tierische Zutaten zu finden sind. Man sollte immer die Beschreibung der Zusammensetzung durchlesen, und bei einem zweifelhaften Produkt muß man vielleicht sogar selbst nachforschen. So gibt es zum Beispiel gewisse Sorten von Joghurt, Sauermilch, saurer Sahne und Creme, die Bindemittel oder Gelatine enthalten (eine Substanz, die durch das Auskochen von blutfrischen Knochen, Kalbsköpfen und -füßen hergestellt wird). Ebenso enthalten die meisten Käsesorten Lab, ein Milchgerinnungsenzym aus dem Magengewebe von geschlachteten Kälbern.

Je feinfühliger ein Mensch in spiritueller Hinsicht wird, desto vorsichtiger wird er auch bei seiner Ernährung, nicht nur in bezug auf die Zutaten, sondern auch in bezug auf die Zubereitung. Er wird es deshalb auch vermeiden, Speisen zu essen, die nicht im spirituellen Bewußtsein gekocht wurden. Gemäß den feinstofflichen Gesetzen der Natur beeinflußt das Bewußtsein des Kochs die Nahrung, die ihrerseits das Bewußtsein desjenigen beeinflußt, der sie ißt. Kochen ist wie Malen. Ein Gemälde ist nicht einfach nur eine Zusammenstellung von Pinselstrichen auf einer Leinwand, sondern der Ausdruck der Gefühlswelt des Malers, weshalb das Gemälde auch beim Betrachter bestimmte Gefühle und Eindrücke erweckt. Ebenso werden wir durch

Speisen beeinflußt, die wir ja nicht nur betrachten, sondern auch zu uns nehmen. Wer ein spirituelles Leben führt, wird daher keine Speisen essen (vor allem keine getreidehaltigen), die von materialistisch gesinnten Menschen zubereitet wurden. (Getreide gilt als besonders starker „*karma*-Überträger".)

Bei der Zubereitung von Speisen, die man Kṛṣṇa darbringen will, muß man sehr auf Sauberkeit achten, denn „Sauberkeit ist gottgefällig". Das bezieht sich auf die Zutaten, aber auch auf die Küche und auf den Koch bzw. die Köchin. Deshalb sollte man sich vor dem Kochen gründlich die Hände waschen. Man muß auch lernen zu kochen, ohne zu probieren. Dies gehört zur Meditation des Kochens, denn wir kochen nicht für uns, sondern für Kṛṣṇa, und Er soll der erste sein, der davon kostet. Wenn man sich an die bewährten Rezepte hält, sollte es keine Fehler geben. Mit ein wenig Übung entwickelt man leicht das richtige Augenmaß für die Gewürze.

Nach dem Kochen wird die *Opferung* vorbereitet. Zu diesem Zweck sollte man neues, ungebrauchtes Geschirr besorgen, das ausschließlich für Kṛṣṇa bestimmt ist. Man nimmt von jeder Speise eine kleine Portion und füllt den Opferteller, den man dann auf den Altar vor ein Bild Kṛṣṇas stellt. Wir wissen, daß Kṛṣṇa unsere Speisen nicht braucht, aber wir bieten sie Ihm in einer liebevollen und dankbaren Haltung an. Das ist das entscheidende bei allen Handlungen des *bhakti-yoga*. Die Meditation beim Opfern von Speisen kann ganz einfach sein: „Lieber Kṛṣṇa! Alles kommt von Dir. Bevor ich etwas von Dir nehme, möchte ich es deshalb zuerst Dir weihen. Bitte finde Gefallen an meiner bescheidenen Opferung!" Dazu kann man dreimal den Hare-Kṛṣṇa-*mantra* chanten, während man mit einem Glöckchen klingelt. So sieht die einfachste Form der Opferung aus.

Für gewöhnlich opfert man die Speisen aber, indem man jedes der drei folgenden Sanskritgebete dreimal chantet und dabei wiederum mit einem Glöckchen klingelt. (Zur Aussprache siehe: „Anleitung zur Aussprache des Sanskrit".)

nama oṁ viṣṇu-padāya kṛṣṇa-preṣṭhāya bhū-tale
śrīmate bhaktivedānta svāmin iti nāmine
namas te sārasvate deve gaura-vāṇī-pracāriṇe
nirviśeṣa-śūnyavādi-pāścātya-deśa-tāriṇe

„Ich erweise meine achtungsvolle Ehrerbietung Śrī Śrīmad A. C. Bhaktivedanta Swami Prabhupāda, der Śrī Kṛṣṇa sehr lieb ist, da er bei Seinen Lotosfüßen Zuflucht gesucht hat.

Alle Ehre sei dir, o spiritueller Meister, der du der vollkommene Diener Śrīla Bhaktisiddhānta Sarasvatī Gosvāmīs bist. In deiner Barmherzigkeit hast du die Botschaft Śrī Caitanyas verbreitet und die westlichen Länder von den Philosophien der Unpersönlichkeit und der Leere befreit."

namo mahā-vadānyāya
kṛṣṇa-prema-pradāya te
kṛṣṇāya kṛṣṇa-caitanya-
nāmne gaura-tviṣe namaḥ

„O freigebigste Inkarnation! Du bist Śrī Kṛṣṇa selbst in Seiner Gestalt als Śrī Kṛṣṇa Caitanya. Du hast die goldene Körpertönung Śrīmatī Rādhārāṇīs angenommen, und Du verschenkst großmütig reine Liebe zu Kṛṣṇa. Ich erweise Dir meine achtungsvolle Ehrerbietung."

namo brāhmaṇya-devāya
go-brāhmaṇa-hitāya ca
jagad-dhitāya kṛṣṇāya
govindāya namo namaḥ

„Ich erweise Śrī Kṛṣṇa, der Höchsten Persönlichkeit Gottes, meine achtungsvolle Ehrerbietung. Er ist der Beschützer der Kühe und der *brāhmaṇas* und der wohlmeinende Freund der gesamten Welt. Ich erweise Kṛṣṇa, der auch Govinda genannt wird, immer wieder meine achtungsvolle Ehrerbietung."

Bevor man den Teller wieder wegnimmt, wartet man zehn bis fünfzehn Minuten. Während dieser Zeit kann man den Tisch decken, die Küche säubern oder *kīrtana* singen. Wenn man den Teller vom Altar nimmt, spricht man den *mahā-mantra*:

hare kṛṣṇa hare kṛṣṇa
kṛṣṇa kṛṣṇa hare hare
hare rāma hare rāma
rāma rāma hare hare

Alle Speisen, sowohl die auf dem Opferteller als auch die in den Töpfen, sind jetzt *prasādam* („die Barmherzigkeit des Herrn"). Das *prasādam*, das sich auf dem Teller befand, wird jedoch als *mahā-prasādam*, „besonderes *prasādam*", bezeichnet, und jeder sollte beim Austeilen einen Teil davon bekommen. Wenn man Kṛṣṇas Geschirr gespült hat, kann man mit dem Essen beginnen. Auch während des Essens sollte man sich an die spirituelle Eigenschaft des *prasādam* erinnern. Auf diese Weise wird für den *bhakti-yogī* jede Tätigkeit, sogar das Kochen und Essen, zur Meditation über den Höchsten Herrn.

Schlußbemerkung

Das Schöne am *bhakti-yoga* ist, daß Sie von jeder Stufe aus einsteigen können und individuell die nächsten (oder ersten) Schritte auf dem Pfad Ihres spirituellen Lebens tun können. Kṛṣṇa gibt in der *Bhagavad-gītā* (2.40) das Versprechen: „Bei dieser Bemühung gibt es weder Verlust noch Minderung, und schon ein wenig Fortschritt auf diesem Pfad kann einen vor der größten Gefahr bewahren."

Die zeitlose Philosophie der *Bhagavad-gītā* hat im Herzen der Menschen, im Osten wie im Westen, schon immer lebhaftes Interesse geweckt. Die *Bhagavad-gītā,* der „Gesang Gottes", ist die Essenz der vedischen Weisheit und gehört zu den bedeutendsten Werken der spirituellen und philosophischen Weltliteratur. Große Denker wie Kant, Schopenhauer, Einstein und Gandhi ließen sich nachhaltig von dieser Schrift inspirieren, die die wahre Natur des Menschen, seine Bestimmung im Kosmos und seine Beziehung zu Gott offenbart.

Śrī Śrīmad A.C. Bhaktivedanta Swami Prabhupāda

Bhagavad-gītā wie sie ist

896 Seiten, 16 Bildtafeln, geb.

Das *Śrīmad-Bhāgavatam (Bhāgavata Purāṇa)* wird als die reife Frucht am Baum der Veden bezeichnet und gilt mit seinen 18 000 Versen in vollendetem Sanskrit als das bedeutendste der 18 *Purāṇas.* Dank Śrīla Prabhupādas wortgetreuer Übersetzung und seinen einfühlsamen Kommentaren können wir authentische, lebendige Einblicke in die Geschichte, Religion, Kultur und Zivilisation des alten Indien gewinnen. Das *Śrīmad-Bhāgavatam* ist die umfassendste und autoritativste Darstellung vedischen Wissens.

Śrī Śrīmad A.C. Bhaktivedanta Swami Prabhupāda

Śrīmad-Bhāgavatam

Gesamtausgabe 12 Bände, je Band 600-1000 Seiten und 16 Bildtafeln, geb.

Das *Śrī Caitanya-caritāmṛta* von Kṛṣṇadāsa Kavirāja Gosvāmī ist die wichtigste Biographie Śrī Caitanya Mahāprabhus. Vor fünfhundert Jahren verbreitete Śrī Caitanya in ganz Indien das gemeinsame Chanten der heiligen Namen Gottes (*saṅkīrtana*) und löste so eine Renaissance der *kṛṣṇa-bhakti* aus. Er ist der Begründer einer gewaltigen spirituellen Bewegung, die das religiöse und philosophische Denken weit über Indiens Grenzen hinaus beeinflußt hat.

Śrī Śrīmad A.C. Bhaktivedanta Swami Prabhupāda

Śrī Caitanya-caritāmṛta

Gesamtausgabe 11 Bände, je Band 300-900 Seiten und 16 Bildtafeln, geb.

Bei den folgenden Adressen können Sie einen
Gesamtkatalog aller Bücher, Schallplatten, CD's und Kassetten (mit Preisliste) beziehen:

Vedischer Buchversand
Eva-Maria Kinn
Böckingstr. 6
D-55767 Abentheuer
Tel.: 06782-6494

Schweiz. Gesellschaft für Kṛṣṇa-Bewusstsein
Postfach 116
CH-8030 Zürich

Seit Jahrtausenden ist Kṛṣṇas Lebensgeschichte ein unversiegbarer Quell der Inspiration für das spirituelle und kulturelle Leben Indiens. Das *Kṛṣṇa*-Buch gibt anhand von 90 Erzählungen eine lebendige Beschreibung der unvergleichlichen Taten und Eigenschaften Śrī Kṛṣṇas, wie sie im Zehnten Canto des *Śrīmad-Bhāgavatam* überliefert werden. Es ist eines der seltenen Bücher, in denen sich fesselnde Erzählkunst, malerische Poesie und höchste Philosophie auf vollkommene Weise verbinden.

Śrī Śrīmad A.C. Bhaktivedanta Swami Prabhupāda

Kṛṣṇa, die Quelle aller Freude

2 Bände, je Band ca. 380 Seiten und 16 Bildtafeln, geb.

Der Nektar der Hingabe ist eine zusammenfassende Studie des *Bhakti-rasāmṛta-sindhu*, eines klassischen Sanskritwerks des 16. Jahrhunderts, das von Śrīla Rūpa Gosvāmī verfaßt wurde. *Der Nektar der Hingabe* beschreibt mit faszinierender Genauigkeit die Methode des hingebungsvollen Dienstes von seinen Anfangsstufen bis hin zur innigen Gottesliebe. Dieses Buch überschreitet die Begrenztheit trockener philosophischer Spekulation und stößt das Tor zur Transzendenz auf, mit all ihren spirituellen Gefühlsregungen und Gedanken.

Śrī Śrīmad A.C. Bhaktivedanta Swami Prabhupāda

Der Nektar der Hingabe

416 Seiten, 16 Bildtafeln, geb.

Im Laufe der Geschichte erschienen auf der Welt viele *avatāras,* göttlich inspirierte Lehrer und Inkarnationen Gottes, doch keiner von ihnen hat so großzügig spirituelle Liebe verteilt wie der Goldene Avatāra, Śrī Caitanya Mahāprabhu. Dieses Buch enthält die wichtigsten Gespräche Śrī Caitanyas mit den größten Gelehrten, Philosophen und Transzendentalisten Seiner Zeit. Die philosophische Auseinandersetzung zwischen dem Monismus Śaṅkaras und dem Monotheismus Rāmanujas, Madhvas und Śrī Caitanyas machen den Leser mit den zwei bedeutendsten spirituellen Traditionen Indiens bekannt.

Śrī Śrīmad A.C. Bhaktivedanta Swami Prabhupāda

Die Lehren Śrī Caitanyas

320 Seiten, 16 Bildtafeln, geb.

Die Schönheit des Selbst ist eine gelungene Auswahl von Śrīla Prabhupādas Interviews, Essays, Vorträgen und Briefen. Eine ausgezeichnete Einführung in die Welt des Kṛṣṇa-Bewußtseins.

Śrī Śrīmad A.C. Bhaktivedanta Swami Prabhupāda

Die Schönheit des Selbst

320 Seiten, 8 Bildtafeln, Taschenbuch

Königin Kuntī war eine der Hauptfiguren in einem verwickelten politischen Drama, das in einem blutigen Bruderkrieg um die indische Thronfolge gipfelte. Dieses Buch enthält ihre tiefempfunden Gebete an Śrī Kṛṣṇa.

Śrī Śrīmad A.C. Bhaktivedanta Swami Prabhupāda

Die Lehren Königin Kuntīs

320 Seiten, 16 Bildtafeln, geb.

Leben kommt von Leben ist eine grundlegende Kritik an den sogenannten Errungenschaften, Theorien und Behauptungen der modernen Naturwissenschaft.

Śrī Śrīmad A.C. Bhaktivedanta Swami Prabhupāda

Leben kommt von Leben

320 Seiten, 16 Bildtafeln, geb.

Die Lehren Śrī Kapilas — der Sohn Devahūtis ist eine Vortragsreihe über Śrī Kapila, den Begründer der *sāṅkhya*-Philosophie.

Śrī Śrīmad A.C. Bhaktivedanta Swami Prabhupāda

Die Lehren Śrī Kapilas — der Sohn Devahūtis

320 Seiten, geb.

Diese Auswahl von Vorträgen über die *Bhagavad-gītā* macht den Leser mit der Wissenschaft des *bhakti-yoga* bekannt.

Śrī Śrīmad A.C. Bhaktivedanta Swami Prabhupāda

Bewußte Freude

320 Seiten, 16 Bildtafeln, geb.

Im Angesicht des Todes schildert das außergewöhnliche Sterbeerlebnis des großen Sünders Ajāmila, der, knapp dem Tode entronnen, ein neues, spirituelles Leben beginnt.

Śrī Śrīmad A.C. Bhaktivedanta Swami Prabhupāda

Im Angesicht des Todes

320 Seiten, 16 Bildtafeln, geb.

Die faszinierende Biographie von Śrī Śrīmad A.C. Bhaktivedanta Swami Prabhupāda und die Geschichte der ISKCON.

Satsvarūpa dāsa Goswami

Prabhupāda — der Mensch, der Weise, sein Leben, seine Lehren.

400 Seiten, 16 Bildttafeln, geb.

133 Rezepte für alle Freunde der indisch-vegetarischen Küche, mit einer Abhandlung über Vegetarismus und spirituelle Ernährung.

Adirāja dāsa

Vedische Kochkunst

304 Seiten, 35 Bildtafeln, geb.

Der Nektar der Unterweisung, eine Übersetzung von Śrīla Rūpa Gosvāmīs klassischem Sanskritwerk *Śrī Upadeśāmṛta*, lehrt uns die praktischen Grundlagen des spirituellen Lebens.

Śrī Śrīmad A.C. Bhaktivedanta Swami Prabhupāda

Der Nektar der Unterweisung

144 Seiten, Taschenbuch

Die *Śrī Īśopaniṣad* ist die wichtigste der 108 *Upaniṣaden.* Neunzehn zeitlose Weisheiten für inneren Frieden und Erfüllung.

Śrī Śrīmad A.C. Bhaktivedanta Swami Prabhupāda

Śrī Īśopaniṣad

160 Seiten, Taschenbuch

Jenseits von Raum und Zeit offenbart uns den Weg zu den spirituellen Planeten.

Śrī Śrīmad A.C. Bhaktivedanta Swami Prabhupāda

Jenseits von Zeit und Raum

64 Seiten, Taschenbuch

Ein fesselnder Dialog zwischen dem spirituellen Meister einer jahrtausendealten Tradition und seinem zukünftigen Schüler.

Śrī Śrīmad A.C. Bhaktivedanta Swami Prabhupāda

Vollkommene Fragen — vollkommene Antworten

128 Seiten, Taschenbuch

Zentren der Internationalen Gesellschaft für Krischna-Bewußtsein

Gründer/Ācārya: Śrī Śrīmad A.C. Bhaktivedanta Swami Prabhupāda

Mai 1998

Für weitere Auskünfte über Vorträge, Programme, Festivals und Seminare steht Ihnen das nächstgelegene Zentrum zur Verfügung.

EUROPA

DEUTSCHLAND

Abentheuer – Hujets-Mühle, Böckingstr. 8, 55767 Abentheuer/ Tel. (06782) 2214, Fax (06782) 40981
Flensburg – Neuhörup 1, 24980 Hörup/ Tel. (04639) 7336
Hamburg – Mühlenstr. 93, 25421 Pinneberg/ Tel. (04101) 23931
Köln – ISKCON, Taunusstr. 40, 51105 Köln-Gremberg/ Tel. (0221) 8303778, Fax (0221) 8370485
München – ISKCON, Wachenheimer Str. 1, 81539 München/ Tel. (089) 68800288, Fax (089) 68800289
Wiesbaden – Vedischer Kulturtreff, Schiersteiner Str. 6, 65187 Wiesbaden, Tel. (0611) 373312

Weitere Zentren befinden sich in Berlin, Böblingen, Hannover, Weimar, Leipzig, Dresden, Nürnberg, Stuttgart, Heidelberg, Weinheim und anderen Orten (Kontakt über ISKCON Abentheuer).

FARMGEMEINSCHAFT

Jandelsbrunn – Nava-Jiyada-Nrsimha-Ksetra, Zielberg 20, 94118 Jandelsbrunn/ Tel. (08583) 316

RESTAURANT

Köln – Govinda, Taunusstr. 40, 51105 Köln-Gremberg/ Tel. (0221) 8303778

SCHWEIZ

Basel – Bhakti-Yoga-Zentrum, St.-Jakobs-Str. 33, CH-4132 Muttenz/ Tel. & Fax (061) 4620614
Tessin – Via ai Grotti, 6862 Rancate (TI)/ Tel. (091) 6460071, Fax (091) 6460073
Zürich – Bergstrasse 54, 8030 Zürich/ Tel. (01) 2623388, Fax (01) 2623114

RESTAURANTS

Bern – Govinda, Marktgasse 7 (3. Stock), 3011 Bern/ Tel. (031) 3123825
Zürich – Preyergasse 16, 8001 Zürich, Tel. & Fax (01) 2518859

ÖSTERREICH

Gutenstein – Markt 58, 2770 Gutenstein/ Tel. & Fax (02634) 7731

GROSSBRITANNIEN UND IRLAND

Belfast, Nordirland – Brookland, 140 Upper Dunmurray Lane, BT17 OHE/ Tel. +44 (1232) 620530
Birmingham, West Midlands – 84 Stanmore Rd., Edgbaston, B16 9TB/ Tel. +44 (121) 420-4999
Bristol, England – Alberta Cottage, Wraxhall Road, Nailsea, BS19 1BN/ Tel. +44 (1275) 853788
Cardiff, Wales – 18 Greenfield Place, Caerphilly, Mid Glamorgan/ Tel. +44 (1222) 831579
Coventry, England – Kingfield Rd., Radford (Postanschrift: 19 Gloucester St., CV1 3BZ)/ Tel. +44 (1203) 552822, 555420
Dublin, Irland – Hare Krishna Centre, 6 South William St, Dublin 2/ Tel. +353 (1) 6791306
Glasgow, Schottland – Karuna Bhavan, Bankhouse Road, Lesmahagow, Lanarkshire ML11 OES/ Tel. +44 (1555) 894790
Leicester, England – 21 Thoresby St., North Evington, Leicester LE5 4GU/ Tel. und Fax +44 (116) 2367723
Liverpool, England – 114 Bold Street, Liverpool L1 4HY/ Tel. +44 (151) 7089400, 6438817
London, England (City) – 10 Soho St., London W1V 5DA/ Tel. +44 (171) 4373662 (Geschäftszeiten), 4393606 (andere Zeiten), Fax 4391127
London, England (Country) – Bhaktivedanta Manor, Letchmore Heath, Watford, Hertfordshire WD2 8EP/ Tel. +44 (1923) 857244, Fax 852896
London, England (South) – 42 Enmore Road, South Norwood, London SE25/ Tel. +44 (181) 656-4296, 654-3138
Manchester, England – 20 Mayfield Rd., Whalley Range, Manchester M16 8FT/ Tel. +44 (161) 2264416, Tel. & Fax 8606117
Newcastle upon Tyne, England – Hare Krishna Centre, 304 Westgate Rd., Tyne & Wear, NE4 68R/ Tel. +44 (191) 2220150
Plymouth, England – 5 Erme Park, Ermington, Devon PL2 9LY/ Tel. +44 (1548) 830085

FARMGEMEINSCHAFTEN

County Wicklow, Ireland – Rathgorragh, Kiltegan/ Tel. & Fax +353 (508) 73305, 73292
Lisnaskea, Nordirland – ISKCON Inishrath Island, BT92 9GN Lisnaskea, Co. Fremanagh/ Tel. +44 (13657) 21512
London, England – (über Bhaktivedanta Manor)

RESTAURANTS

London, England – Govinda's, Tel. +44 (171) 4374928, (Büro:) 4375875 (Adresse: siehe ISKCON London, City)
Dublin, Ireland – Govinda's, 4 Aungier St., Dublin 2

(Regelmäßige Krischna-bewußte Programme finden in mehr als zwanzig anderen Städten Großbritanniens statt. information: Bhaktivedanta Books Ltd., Reader Services Department, P.O. Box 324, Borehamwood Herts WD6 1NB/ Tel. +44 [181] 9051244)

ITALIEN

Asti – Roatto, Frazione Valle Reale 20/ Tel. +39 (141) 938406
Bergamo – Villaggio Hare Krishna (da Medolago strada per Terno d...Isola), 24040 Chignolo D'isola (BG)/ Tel. +39 (35) 490706, Fax 4940705
Bologna – Via Ramo Barchetta 2, 40010 Bentivoglio (BO)/ Tel. +39 (51) 863924
Brescia – Hare Krishna Club, Via Gabriela Rosa 17, 25121 Brescia/ Tel. +39 (30) 2400995
Mailand – Centro Culturale Govinda, Via Valpetrosa 5, 20123 Milano/ Tel. +39 (2) 862417
Palermo – Viale della Regione Siciliana di Nord Ovest 4441, 90145 Palermo/ Tel. +39 (91) 6700385
Rom – Sri Gaura Mandala, Via Mazzanese Km. 0,700 (dalla Cassia uscita Calcata), Pian del Pavone (Viterbo), 01036 Nepi/ Tel. +39 (761) 527038, 527251
Rom – Hare Krishna Forum, Piaza Campo de...Fiori 27, 00186 Rome/ Tel. +39 (6) 6832660
Vicenza – Via Roma 9, 36020 Albettone (Vicenza)/ Tel. +39 (444) 790573, Fax 790581

FARMGEMEINSCHAFT

Florenz (Villa Vrindavan) – Via Communale degli Scopeti 108, S. Andrea in Percussina, San Casciano, Val di Pesa (FI) 50026/ Tel. +39 (55) 820-054, Fax 828460

RESTAURANT

Mailand – Govinda's (siehe ISKCON Mailand)

SCHWEDEN

Göteborg – Höjdgatan 22, 43136 Mölndal/ Tel. +46 (31) 879648, Fax 879657
Grödinge – Korsnäs Gård, 14792 Grödinge/ Tel. +46 (8) 53029151, Fax 53025062
Karlstad – Västra Torggatan 16, Box 5155, 65005 Karlstad/ Tel. +46 (54) 152000, Fax 152001
Lund – Bredgatan 28 ipg, 22221 Lund/ Tel. +46 (46) 120413, Fax 188804
Malmö – Föreningsgatan 28, 21152 Malmö/ Tel. +46 (40) 6116497
Stockholm – Fridhemsgatan 22, 11240 Stockholm/ Tel. +46 (8) 6549002, Fax 6508813
Uppsala – Nannaskolan sal F 3, Kungsgatan 22, 75108 Uppsala (Postanschrift: Box 833, 75332 Uppsala)/ Tel. +46 (18) 102924, 509956

FARMGEMEINSCHAFT

Järna – Almviks Gård, 15395 Järna/ Tel. +46 (8) 55152050, Fax 55152060

RESTAURANTS

Göteborg – Govindas Restaurant, Victoriagatan 2A, 41125 Göteborg/ Tel. +46 (31) 139698
Lund – Govindas (siehe ISKCON Lund)
Malmö – Higher Taste, Amiralsgatan 6, 21155 Malmö/ Tel. +46 (40) 6116496
Stockholm – Govindas (siehe ISKCON Stockholm)
Uppsala – Govindas (siehe ISKCON Uppsala)

ÜBRIGE LÄNDER

Aarhus, Dänemark – Radio Krishna's Bogcafe, Thorvaldsensgarde 32, 8000 Aarhus C/ Tel. +45 (8) 6761545
Amsterdam, Niederlande – Van Hilligaertstr. 17, 1072 JX/ Tel. +31 (20) 6751404, Fax 6751405

Antwerpen, Belgien – Amerikalei 184, 2000 Antwerpen/ Tel. +32 (3) 2370037
Barcelona, Spanien – Plaza Reial 12, Entlo 2, 08002 Barcelona/ Tel. +34 (3) 302-5194
Belgrad, Serbien – VVZ-Veda, Custendilska 17, 11000 Beograd/ Tel. +381 (11) 781-695
Budapest, Ungarn – Hare Krishna Temple, Mariaremetei ut. 77, Budapest 1028 II/ Tel. +36 (1) 2758140
Debrecen, Ungarn – Szechenzi u. 55, Debrecen 4025/ Tel. +36 (52) 413370
Den Haag, Niederlande – Van Zeggelenlaan 76, 2524 AS Den Haag/ Tel. +31 (70) 3930750
Eger, Ungarn – Szechenyi u. 64, Eger 3300/ Tel. +36 (56) 410515
Helsinki, Finnland – Ruoholahdenkatu 24d, 00180 Helsinki/ Tel. +358 (0) 6949879, Fax 6949837
Hillerød, Dänemark – Bauneholm, Baunevej 23, Bendstrup, 3400 Hillerød/ Tel. +45 (42) 2286446, Fax 2287331
Iasi, Rumänien – Stradela Moara De Vint 72, 6600 Iasi
Kaunas, Litauen – Savanoryu 37, 3000 Kaunas/ Tel. +370 (7) 222574, Fax 209016
Krakau, Polen – ISKCON, ul. Wyzynna 2, 30-617 Krakow/ Tel. & Fax +48 (12) 6545824
Lissabon, Portugal – Rua Bernado Lima 35, 2 sala D 1150 Lisboa/ Tel. & Fax+351 (1) 354-0855
Ljubljana, Slowenien – ISKCON Slovenia, Žibertova 27, 61000 Ljubljana/ Tel. +386 (61) 1312319, Fax 310815
Madrid, Spanien – Espiritu Santo 19, 28004 Madrid/ Tel. +34 (1) 521-3096
Malaga, Spanien – Ctra. Alora, 3 int., 29140 Churriana/ Tel. +34 (5) 2621038
Oslo, Norwegen – Jonsrudvej 1G, 0274 Oslo/ Tel. +47 (22) 552243, Fax 558172
Paris, Frankreich – 31, Rue Jean Vacquier, 93160 Noisy-le-Grand/ Tel. +33 (1) 43043263
Plovdiv, Bulgarien – ul. Prosveta 56, Kv. Proslav, Plovdiv 4015/ Tel. +359(32) 446962
Porto, Portugal – Rua S. Miguel, 19 C.P. 4050 (Postanschrift: Apartado 4108, 4002 Porto Codex)/ Tel. +351 (2) 2005469
Prag, Tschechische Republik – Jilova 290, Praha 5-Zlicin 155 21/ Tel. +42 (2) 3021282, 3021608, Fax 3021628
Pula, Kroatien – Vaisnavska Vjerska Zajednica, Vinkuran Centar 58, 52000 Pula (Postanschrift: P.P. 16)/ Tel. & Fax +385 (52) 573581
Riga, Lettland – Krishyana Barona 56, LV 1001 Riga/ Tel. +371 (2) 272490, Fax 225039
Rijeka, Kroatien – Svetog Jurja 32, 51000 Rijeka (Postanschrift: P.P. 61)/ Tel. +385 (51) 255244, Fax 255245
Santa Cruz de Tenerife, Spain – C/ Castillo 44, 4, Santa Cruz 38003, Tenerife/ Tel. +34 (22) 241035
Sarajevo, Bosnien-Herzegovina – Marka Marulica 3/8, 71000 Sarajevo/ Tel. & Fax +381 (71) 647361
Septon-Durbuy, Belgien – Château de Petite Somme, 6940 Septon (Durbuy)/ Tel. +32 (86) 322926, Fax 322929
Skopje, Makedonien – ISKCON, Roze Luksemburg 13, 91000 Skopje/ Tel. +389 (91) 201451
Sofia, Bulgarien – Postanschrift: Sofia 1000, P.O. Box 827
Split, Kroatien – Hindu Vaisnavska Zajednica, Cesta Mutogras 26, 21312 Podstrana (Postanschrift: ISKCON, P.P. 290, HR-21000 Split)/ Tel. +385 (21) 651137
Szolnak, Ungarn – Baratsag u. 6, Szolnak 5000/ Tel. +36 (56) 412124
Tallin, Estland – ul. Linnamae Tee 11-97/ Tel. +372 (142) 597569
Tenerife, Spanien – C/ La Milagrosa 6, La Cuesta, La Laguna, Tenerife/ Tel. +34 (922) 653422
Timisoara, Rumänien – ISKCON, Porumbescu 92, 1900 Timisoara/ Tel. +40 (961) 54776
Turku, Finnland – Kaurakatu 39, 20740 Turku 74/ Tel. +358 (21) 364055
Vilnius, Litauen – Raugyklos 23, 2024 Vilnius/ Tel. +370 (122) 661218, Fax 235218
Warschau, Polen – Mysiadlo k. Warszawy, ul. Zakret 11, 05-500 Piaseczno (Postanschrift: MTSK, 02-770 Warszawa 130, skr. poczt. 257)/ Tel. & Fax +48 (22) 757797
Wroclaw, Polen – ul. Bierutowska 23, 51-317 Wroclaw (Postanschrift: 50-900 Wroclaw 2, skr. poczt. 858) / Tel. & Fax +48 (71) 3457981
Zagreb, Kroatien – ISKCON, I Bizek 5, 10090 Zagreb (Postanschrift: P.P. 68, HR-10001 Zagreb)/ Tel. & Fax +385 (41) 190548

FARMGEMEINSCHAFTEN

Frankreich (Bhaktivedanta Village) – Château Bellevue, 39700 Châtnois (bei Dôle)/ Tel. +33 (384) 728235, Fax +33 (384) 826973
Frankreich (La Nouvelle Mayapura) – Domaine d'Oublaisse, 36360 Lucay le Mâle/ Tel. +33 (54) 402481
Polen (New Santipura) – Czarnow 21, k. Kamiennej Gory, 58-424 Pisarzowice/ Tel. +48 (7574) 12892
Spanien (New Vraja Mandala) – (Santa Clara) Brihuega, Guadalajara/ Tel. +34 (49) 280436
Tschechische Republik – Krsnův Dvůr c. 1, 257 28 Chotysany
Ungarn – Krsna-völgy, Fő u. 38, Somogyvamos 8699/ Tel. +36 (85) 340185

RESTAURANTS

Barcelona, Spanien – Restaurante Govinda, Plaza de la Villa de Madrid 4-5, 08002 Barcelona/ Tel. +34 (3) 3187729
Kopenhagen, Dänemark – Govinda's Vegetarisk Restaurant, Noerre Farimagsgade 82, København/ Tel. +45 (33) 337444
Oslo, Norwegen – Krishna's Cuisine, Kirkevejen 59b, 0364 Oslo/ Tel. +47 (2) 2606250
Prag, Tschechische Republik – Govinda's, Soukenicka 27, 110 00 Praha 1/ Tel. +42 (2) 2481-6631, 2481-6016
Prag, Tschechische Republik – Govinda's, Na hrazi 5, 180 00 Praha 8-Liben/ Tel. +42 (2) 683-7226
Septon-Durbuy, Belgien – Gopinatha's Garden (siehe ISKCON Septon-Durbuy)

GEMEINSCHAFT UNABHÄNGIGER STAATEN

RUSSLAND

Moskau – Khoroshewskoje schosse d.8, korp.3, 125284 Moskwa/ Tel. +7 (095) 2556711, Fax 9453317
Moskau – Nekrasovsky pros., Dmitrowsky reg., 141760 Moskwa/ Tel. +7 (095) 9798268
Nishni Nowgorod – ul. Iwana Mochalowa 7-69, 603904 Nishni Nowgorod/ Tel. +7 (315) 252592
Nowosibirsk – ul. Leningradskaja 111-20, Nowosibirsk
Perm (Ural) – Pr. Mira 113-142, 614065 Perm/ Tel. +7 (3442) 335740
St. Petersburg – 17, Bumazhnaya st., 198020 St. Petersburg/ Tel. +7 (812) 186-7259, -9690, Fax 186-1170
Uljanowsk – ul. Glinki 10, Uljanowsk/ Tel. +7 (8422) 221-4289
Wladiwostok – ul. Rudnewa 5-1, 690087 Wladiwostok/ Tel. +7 (4232) 268943

RESTAURANT

St. Petersburg – Govinda's, 58, Angliskij pr., 190008 St. Petersburg/ Tel. +7 (812) 113-7896

UKRAINE

Charkow – ul. Werchne-Giewskaja 43, 310015 Charkow/ Tel. +380 (0572) 202167, 726968
Dnjepropetrowsk – ul. Ispolkomowskaja 56A, 320029 Dnepropetrowsk/ Tel. +380 (0562) 445029
Donetsk – ul. Tubensa 22, 339018 Makayewka/ Tel. +380 (0622) 949104
Kiew – ul. Menjinskogo 21-B, 252054 Kiev/ Tel. +380 (044) 2444944
Nikolajew – Sudostroitelni pereulok 5/8, 377052/ Tel. +380 (0512) 351734
Simferopol – ul. Kiewskaja 149/15, 333000 Simferopol/ Tel. +380 (0652) 225116
Winnitza – ul. Chkalow St. 5, 268000 Winnitza/ Tel. +380 (0432) 323152

ÜBRIGE LÄNDER

Alma Ata, Kasachstan – Per. Kommunarow 5, 480022 Alma Ata/ Tel. +7 (3272) 353830
Baku, Aserbaidschan – Pos. 8-i km, per. Sardabi 2, 370060/ Tel. +994 (12) 212376
Bishkek, Kirgisien – Per. Omski 5, 720000 Bishkek/ Tel. +7 (3312) 472683
Duschanbe, Tadshikistan – ul. Anzob 38, 724001 Duschanbe/ Tel. +7 (3772) 271830
Jerewan, Armenien – ul. Krupskoj 18, 375019 Jerewan/ Tel. +374 (2) 275106
Kishinew, Moldawien – ul. Popowitsch 13, Kishinew/ Tel. +373 (2) 558099
Minsk, Weißrußland – ul. Pawlowa 11, 220053 Minsk/ Tel. +7 (17) 374751, Fax 370629
Sukhumi, Georgien – Pr. Mira 274, Sukhumi
Tbilissi, Georgien – ul. Kacharawa 16, 380044 Tbilissi/ Tel. +995 (32) 623326

NORDAMERIKA

KANADA

Calgary, Alberta – 313 Fourth St. N.E., T2E 3S3/ Tel. +1 (403) 265-3302, Fax 547-0795
Edmonton, Alberta – 9353 35th Avenue, T6E 5R5/ Tel. +1 (403) 439-9999
Montreal, Québec – 1626 Pie IX Boulevard, H1V 2C5/ Tel. & Fax +1 (514) 521-1301
Ottawa, Ontario – 212 Somerset St. E., K1N 6V4/ Tel. +1 (613) 565-6544, Fax 565-2575
Regina, Saskatchewan – 1279 Retallack St., S4T 2H8/ Tel. +1 (306) 525-1640
Toronto, Ontario – 243 Avenue Rd., M5R 2J6/ Tel. +1 (416) 922-5415, Fax 922-1021
Vancouver, B.C. – 5462 S.E. Marine Dr., Burnaby V5J 3G8/ Tel. +1 (604) 433-9728, Fax 431-7251

FARMGEMEINSCHAFT

Ashcroft, B.C. – Saranagati Dhama, Box 99, Ashcroft, B.C. V0K 1A0/ Tel. +1 (250) 4532397, Fax 453-2622 (Attn: 453-2397)

RESTAURANTS

Ottawa – (siehe ISKCON Ottawa)
Toronto – Hare Krishna Dining Room (siehe ISKCON Toronto)
Vancouver – Hare Krishna Buffet (siehe ISKCON Vancouver)

USA

Atlanta, Georgia – 1287 South Ponce de Leon Ave. N.E., 30306/ Tel. +1 (404) 378-9234, Fax 373-3381
Austin, Texas – 807-A E. 30th St. 78705/ Tel. +1 (512) 320-0372, Fax (512) 320-0477
Baltimore, Maryland – 200 Bloomsbury Ave., Catonsville, 21228/ Tel. +1 (410) 744-4069, Fax 744-1624
Berkeley, California – 2334 Stuart Street, 94705/ Tel. +1 (510) 540-9215
Boise, Idaho – 1615 Martha St., 83706/ Tel. +1 (208) 344-4274
Boston, Massachusetts – 72 Commonwealth Ave., 02116/ Tel. +1 (617) 247-8611, Fax 266-3744
Chicago, Illinois – 1716 W. Lunt Ave., 60626/ Tel. +1 (773) 973-0900, Fax 973-0526

Columbus, Ohio – 379 W. Eighth Ave., 43201/ Tel. +1 (614) 421-1661, Fax 294-0545
Dallas, Texas – 5430 Gurley Ave. 75223/ Tel. +1 (214) 827-6330, Fax 823-7264
Denver, Colorado – 1400 Cherry St., 80220/ Tel. +1 (303) 333-5461, Fax 321-9052
Detroit, Michigan – 383 Lenox Ave., 48215/ Tel. +1 (313) 824-6000 Fax 822-3748
Gainesville, Florida – 214 N.W. 14th St., 32603/ Tel. +1 (904) 336-4183
Gurabo, Puerto Rico – Route 181, P.O. Box 8440 HC-01, 00778-9763/ Tel. & Fax +1 (809) 737-1658
Hartford, Connecticut – 1683 Main St., E. Hartford, 06108/ Tel. & Fax +1 (860) 289-7252
Honolulu, Hawaii – 51 Coelho Way, 96817/ Tel. +1 (808) 595-3947, Fax 595-3433
Houston, Texas – 1320 W. 34th St., 77018/ Tel. +1 (713) 686-4482, Fax 686-0669
Laguna Beach, California – 285 Legion St., 92651/ Tel. +1 (714) 494-7029, Fax 497-9707
Long Island, New York – 197 S. Ocean Ave., Freeport, 11520/ Tel. +1 (516) 223-4909
Los Angeles, California – 3764 Watseka Ave., 90034/ Tel. +1 (310) 836-2676, Fax 839-2715
Miami, Florida – 3220 Virginia St., 33133 (Postanschrift: P.O. Box 337, Coconut Grove, FL 33233)/ Tel. +1 (305) 442-7218, Fax 444-7145
New Orleans, Louisiana – 2936 Esplanade Ave., 70119/ Tel. +1 (504) 486-3583
New York, New York – 305 Schermerhorn St., Brooklyn, 11217/ Tel. +1 (718) 875-6127
New York, New York – 26 Second Avenue, 10003/ Tel. +1 (212) 420-1130
Philadelphia, Pennsylvania – 41 West Allens Lane, 19119/ Tel. +1 (215) 247-4600, Fax 247-8207
Philadelphia, Pennsylvania – 1400 South St., 19146/ Tel. +1 (215) 985-9334
Phoenix, Arizona – 100 S. Weber Dr., Chandler, 85226/ Tel. +1 (602) 705-4900, Fax 705-4901
Portland, Oregon – 5137 N.E. 42 Ave., 97218/ Tel. +1 (503) 287-3252
St. Louis, Missouri – 3926 Lindell Blvd., 63108/ Tel. +1 (314) 535-8085, Fax 535-0672
San Diego, California – 1030 Grand Ave., Pacific Beach, 92109/ Tel. +1 (619) 483-2500, Fax (619) 483-0941
Seattle, Washington – 1420 228th Ave. S.E., Issaquah, 98027/ Tel. +1 (206) 391-3293, Fax 868-8928
Tallahassee, Florida – 1323 Nylic St. (Postanschrift: P.O. Box 20224, 32304)/ Tel. & Fax +1 (904) 681-9258
Towaco, New Jersey – P.O. Box 109, 07082/ Tel. & Fax +1 (201) 299-0970
Tucson, Arizona – 711 E. Blacklidge Dr., 85719/ Tel. +1 (520) 792-0630, Fax 261-0906
Washington, D.C. – 3200 Ivy Way, Harwood, MD 20776/ Tel. +1 (301) 261-4493, Fax 261-4797
Washington, D.C. – 10310 Oaklyn Dr., Potomac, Maryland 20854/ Tel. +1 (301) 299-2100, Fax 983-5451

FARMGEMEINSCHAFTEN

Alachua, Florida (New Ramana-reti) – Box 819, Alachua, 32615/ Tel. +1 (904) 462-2017
Carriere, Mississippi (New Talavan) – 31492 Anner Road, 39426/ Tel. +1 (601) 749-0544, 799-1354, Fax 799-2924
Gurabo, Puerto Rico (New Govardhana Hill) – (über ISKCON Gurabo)
Hillsborough, North Carolina (New Goloka) – 1032 Dimmocks Mill Rd., 27278/ Tel. (919) 732-6492, Fax 732-8033
Mulberry, Tennessee (Murari-sevaka) – Rt. No. 1, Box 146-A, 37359/ Tel. (615) 759-6888, Fax 759-5785
Port Royal, Pennsylvania (Gita Nagari) – R.D. No. 1, Box 839, 17082/ Tel. & Fax (717) 527-4101

RESTAURANTS

Atlanta – The Hare Krishna Dinner Club (siehe ISKCON Atlanta)
Dallas – Kalachandji's (siehe ISKCON Dallas)
Denver – Govinda's (siehe ISKCON Denver)
Detroit – Govinda's (siehe ISKCON Detroit)
Eugene, Oregon – Govinda's Vegetarian Buffet, 270 W. 8th St., 97401/ Tel. +1 (503) 686-3531
Fresno, California – Govinda's, 2373 E.Shaw, 93710/ Tel. +1 (209) 225-1230
Honolulu – Gauranga's Vegetarian Dining (siehe ISKCON Honolulu)
Gainesville, Florida – Radha's, 125 NW 23rd Ave., 32609/ Tel. +1 (352) 367-9012
Laguna Beach, California – (siehe ISKCON Laguna Beach)
Los Angeles – (siehe ISKCON L.A.)
Miami – (siehe ISKCON Miami)
New Orleans, Louisiana – (siehe ISKCON New Orleans)
St. Louis, Missouri – Govinda's (siehe ISKCON St. Louis)
San Diego – Govinda's at the Beach (siehe ISKCON San Diego)/ Tel. +1 (619) 483-5266
San Francisco – Govinda's (siehe ISKCON Berkeley)
Tucson, Arizona – (siehe ISKCON Tucson)

MITTEL- UND SÜDAMERIKA

BOLIVIEN

Cochabamba – Av. Heroinas E-0435 Apt. 3 (Postanschrift: P.O. Box 2070, Cochabamba)/ Tel. & Fax +591 (42) 54346
La Paz – Pasaje Jauregui, 2262 Sopocachi/ Tel. +591 (2) 721945, Fax 392710
Santa Cruz – Calle 27 de Mayo No. 99 esq. Justo Bazan/ Tel. & Fax +591 (3) 345189

RESTAURANTS

Cochabamba – Restaurant Gopal, calle Espana N-250 (Galeria Olimpia)/ Tel. & Fax +591 (42) 34082
Cochabamba – Restaurant Govinda, calle Mexico E0303/ Tel. & Fax +591 (42) 22568
Cochabamba – Restaurant Tulasi, Av. Heroinas E-262
La Paz – Restaurant Imperial, Calle Sagarnaga No. 213
Oruro – Restaurant Govinda, Calle 6 de Octobre No. 6071/
Santa Cruz, Bolivien – Snack Govinda, Calle Bolivar esq. Av. Argomosa (1ero anillo)/ Tel. +591 (3) 345189
Sucre – Restaurant Sat Sanga, Calle Tarapacá No. 161/ Tel. +591 (64) 22547

FARMGEMEINSCHAFT

über ISKCON Cochabamba

BRASILIEN

Belém, PA – Av. Almirnante Barroso, 1012, Centro, CEP 660023 000/ Tel. +55 (91) 243-0558
Belo Horizonte, MG – R. Ametista, 212, Prado, CEP 304120/ Tel. +55 (31) 332-8460
Brazilia, DF – SCRS, 509 Bloco A Entrada 79, sala 2 asa sul, CEP 70360 510/ Tel. +55 (61) 272-3111
Campania Grande, PB – R. Verancio Naiva, 136, Centro
Campos, RJ – Rua Barao de Miracema, 186, Centro, CEP 28016 100, Campos dos Goitacazes
Curitiba, PR – Al. Cabral, 670, Centro, CEP 80410 210/ Tel. +55 (41) 277-3176
Florianopolis, SC – R. Cesar Augusto de Souza, 319, Careanos, CEP 88047440
Fortaleza, CE – R. José Laurenco, 2114, Aldeota, CEP 60115 228/ Tel. +55 (85) 264-1273
Goiania, GO – R. Centro e Treze, B-85, CEP 47020 050)/ Tel. +55 (62) 224-9820
Manaus, AM – Av. 7 de Setembro, 1559, Centro, CEP 69005 141/ Tel. +55 (92) 232-0202
Natal, RN – Praia de Serinhaem, 2254, Ponta Negra, CEP 55092 180
Petropolis, RJ – R. do Imperador, 349, Sobreloja 9, Centor, CEP 25620 002
Porto Alegre, RS – R. Tomás Flores, 331, Bonfim, CEP 90035 201/ Tel. +55 (51) 233-1474
Recife, PE – R. Democlitos de Souza Filho, 235, Madalena, 50001 970
Ribeirao Preto, SP – R. Carlos Gomes, 2315, Campos Elásios, CEP 14085 400/ Tel. +55 (16) 628-1533
Rio de Janeiro, RJ – R. Mucu, 120, Alto da Boa Vista, CEP 20331 180/ Tel. +55 (21) 267-0052
Salvador, BA – Rua Alvaro Adorno, 17, Brotas, 40225 460/ Tel. +55 (71) 382-1064
Sao Carlos, SP – Ruo Emilio Ribas, 195, Centro, CEP 13563 060
Sao Paulo, SP – Av. Angelica, Santa Cecilia, CEP 01227 200/ Tel. +55 (11) 259-7352

FARMGEMEINSCHAFTEN

Parati, RJ - Goura Vrindavana, CP 062, Serto Idaiatuba, CEP 23970 020
Pindamonhangaba, SP - Nova Gokula, Bairro de Ribeirao Grande, CP 108, CEP 12400 000)/ Tel. & Fax +55 (12) 982-9036
Teresopolis, RJ - Nova Vrajabhumi, Canoas, CP 93468, CEP 25951 970

RESTAURANT

Caxias do Sul, RS - R. Italia Travi, 601, Rio Branco, CEP 95097 710

MEXICO

Guadalajara – Pedro Moreno No. 1791, Sector Juarez, Jalisco/ Tel. +52 (3) 616-0775
Mexico City – Gob. Tiburcio Montiel No. 45, 11850 Mexico, D.F./ Tel. & Fax +52 (5) 271-1953
Mexico City – Coahuila 135 C, Col. Roma, 06700, Mexico D.F./ Tel. +52 (5) 514-3071
Monterrey – Av. Luis Elizondo No. 400, local 12, Col. Alta Vista/ Tel. +52 (8) 387-3028
Saltillo – Blvd. Saltillo No. 520, Col. Buenos Aires/ Tel. +52 (84) 178752
Tulancingo – Postanschrift: Arpatado 252, Tulancingo, Hildago/ Tel. & Fax +52 (775) 34027

FARMGEMEINSCHAFT

Guadalajara – (über ISKCON Guadalajara)
Veracruz – Postanschrift: Jesus Garcia 33, Col. Ferrocarril, Cerro Azul, Veracruz

RESTAURANTS

Guadalajara – (siehe ISKCON Guadalajara)
Veracruz – Restaurante Radhe, Sur 5 No. 50, Orizaba, Ver./ Tel. +52 (272) 57525

PERU

Lima – Carretera Central Km. 32 (frente a la curva baja a la Cantuta) Chosica/ Tel. & Fax +51 (14) 4910250
Lima – Schell 634 Miraflores/ Tel. +51 (14) 444-2871
Lima – Av. Garcilazo de la Vega 1670/ Tel. +51 (14) 4332589

FARMGEMEINSCHAFT

Hare Krishna-Correo De Bella Vista – DPTO De San Martin

RESTAURANTS

Cuzco – Espaderos 128
Lima – Schell 634 Miraflores

ÜBRIGE LÄNDER

Asunción, Paraguay – Centro Bhaktivedanta, Mariano R. Alonso 925, Asunción/ Tel. +595 (21) 480-266, Fax 490-449
Bogotá, Kolumbien – Calle 72, No.20-60, Bogota (Postanschrift: Apartado Aereo 58680, Zona 2, Chapinero)/ Tel. & Fax +57 (1) 2534529, 2482234
Buenos Aires, Argentinien – Centro Bhaktivedanta, Andonaegui 2054 (1431)/ Tel. +54 (1) 523-4232, Fax 523-8085
Cali, Kolumbien – Avenida 2 EN, #24N-39/ Tel. +57 (23) 68-88-53
Caracas, Venezuela – Avenida Berlin, Quinta Tia Lola, La California Norte/ Tel. +58 (2) 225463
Chinandega, Nicaragua – Edificio Hare Krsna NO.108, Del Banco National 10 mts abajo, #108/ Tel. +505 (341) 2359
Essequibo Coast, Guyana – New Navadvipa Dham, Mainstay, Essequibo Coast
Georgetown, Guyana – 24 Uitvlugt Front, West Coast Demerara
Guatemala, Guatemala – Calzada Roosevelt 4-47 tercer nivel, Zona 11
Guayaquil, Ecuador – 6 de Marzo 226 V.M. Rendon/ Tel. +593 (4) 308412, 309420
Montevideo, Uruguay – Centro de Bhakti-Yoga, Mariano Moreno 2660, Montevideo/ Tel. +598 (2) 477919
Panama, Republik Panama – Via las Cumbres, entrada Villa Zaita, frente a INPSA No. 1 (Postanschrift: P.O. Box 6-1776, El Dorado, Panama)
Pereira, Kolumbien – Carrera 5a, #19-36
Quito, Ecuador – Inglaterra y Amazonas
Rosario, Argentinien – Centro de Bhakti-Yoga, Paraguay 556, (2000) Rosario/ Tel. +54 (41) 252630, 264243, Fax 490838
San José, Costa Rica – Avenida 6 y calle, de la Pizza Hut 30 mtrs. al oeste (Postanschrift: Apartado 166 1002, Paseo de los Estudiantes)
San Salvador, El Salvador – Postanschrift: P.O. Box 1506/ Tel. +503 780799
Santiago, Chile – Carrera 330/ Tel. +56 (2) 698-8044
Santa Domingo, Dominikanische Republik – über Gobhatta Dasa, P.O. Box 14909/ Tel. + 1 (809) 541-9714
Tegucipalpa, Honduras – Arpatado Postal 30305/ Tel. +504 32-3172, Fax 504 43-7806
Trinidad and Tobago, Westindische Inseln – Orion Drive, Debe/ Tel. +1 (809) 647-3165
Trinidad and Tobago, Westindische Inseln – Prabhupada Ave. Longdenville, Chaguanas

FARMGEMEINSCHAFTEN

Argentinien (Bhaktilata Puri) – Ciudad de la Paz 3554 (1429) Capital Federal/ Tel. +54 (1) 523-8085
Costa Rica – Nueva Goloka Vrindavana, Carretera a Paraiso, de la entrada del Jardin Lancaster (por Calle Concava), 200 metros al sur (mano derecha) Cartago (Postanschrift: Apdo. 166, 1002)/ Tel. +506 51-6752
Ecuador (Nueva Mayapur) – Ayampe (Nähe Guayaquil)
Ecuador (Giridharidesha) – Chordeleg (near Cuenca), Cassiga Postal 01.05.1811, Cuenca/ Tel. +593 (7) 255735
El Salvador – Carretera a Santa Ana, Km. 34, Canton Los Indios, Zapotitan, Dpto. de La Libertad
Guyana – Seawell Village, Corentyne, East Berbice
Kolumbien (Nueva Mathura) – Cruzero del Guali, Municipio de Caloto, Valle del Cauca/ Tel. +57 (23) 612688 en Cali

RESTAURANTS

Buenos Aires, Argentinien – Jagannath Prasadam, Triunvirato 4266, 1428 Buenos Aires Cap.Fed./ Tel. +54 (1) 521-3396
Buenos Aires, Argentinien – Restaurante Tulasi, Marcelo T. de Alvear 628, Local 30/ Tel. +54 (1) 311-0972
Guatemala, Guatemala – Callejor Santandes a una cuadra abajo de Guatel, Panajachel Solola
Quito, Ecuador – (siehe ISKCON Quito)
San Salvador, El Salvador – 25 Avenida Norte 1132

ASIEN

INDIEN

Agartala, Tripura – Assam-Agartala Rd., Banamalipur, 799001
Ahmedabad, Gujarat – Sattelite Rd., Gandhinagar Highway Crossing, Ahmedabad 380054/ Tel. +91 (79) 6749945, 6749827
Allahabad, U.P. – 161 Kashi Nagar, Baluaghat, Allahabad 211003/ Tel. +91 (532) 653318
Bamanbore, Gujarat – N.H. 8A, Surendranagar District
Bangalore, Karnataka – Hare Krishna Hill, 1 'R' Block, Chord Road, Rajaji Nagar 560 010/ Tel. +91 (80) 332 1956, Fax 332-4818
Belgaum, Karnataka – Shukravar Peth, Tilak Wadi, 590006
Bharatpur, Rajasthan – c/o Jeevan Nirman Sansthan, 1 Gol Bagh R., 321001 Bharatpur/ Tel. +91 (5644) 22044, Fax 25742
Bhubaneswar, Orissa – National Highway No. 5, IRC Village, 751015/ Tel. +91 (674) 413517, 413475
Bombay – siehe Mumbai
Chandigarh, Punjab – Hare Krishna Land, Dakshin Marg, Sector 36-B, 160036/ Tel. +91 (172) 601590, 603232
Chennai, Tamil Nadu – 59, Burkuit Rd., T. Nagar, 600017/ Tel. +91 (44) 434-3266, Fax 434-5929
Coimbatore, Tamil Nadu – Padmam 387, VGR Puram, Alagesan Road 1, 641011/ Tel. +91 (422) 435978, 442749, Fax 446355
Dwarka, Gujarat – Bhartiya Bhuvan, Dwarka Dham, Dist. Jamnagar, 361335/ Tel. (c/o Shantilal) +91 (2892) 34606, Fax (2892) 34319
Guntur, A.P. – Opp. Sivalayam, Peda Kakani 522509
Guwahati, Assam – Ulubari Charali, South Sarania, Gauhati 781001/ Tel. +91 (361) 545963
Hanumkonda, A.P. – Neeladri Rd., Kapuwada, 506011/ Tel. +91 (8712) 77399
Haridwar, U.P. – Prabhupada Asram, Nai Basti, Bhimgoda, 249401/ (Postanschrift: P.O. Box 4)/ Tel. +91 (133) 422655, 425849
Hyderabad, A.P. – Hare Krishna Land, Nampally Station Rd., 500001/ Tel. +91 (40) 592018, 552924
Imphal, Manipur – Hare Krishna Land, Airport Road, 795001/ Tel. +91 (385) 221587
Jaipur, Rajasthan – G-110 Uday Path, Shyam Nagar, Jaipur 302019/ Tel. +91 (141) 364022, Fax (141) 370947
Kalkutta, Westbengalen – 3C Albert Rd., 700017/ Tel. +91 (33) 2473757, 2476075, Fax 247-8516
Katra, Jammu und Kashmir – Srila Prabhupada Ashram, Srila Prabhupada Marg, Kalka Mata Mandir, Katra (Vashnov Mata) 182101/ Tel. +91 (1991) 33047
Kurukshetra, Haryana – 369 Gudri Muhalla, Main Bazaar, 132118/ Tel. +91 (1744) 22806, 23529
Lucknow, U.P. – 1 Ashak Nagar, Guru Govind Singh Marg, 226018
Madras – siehe Chennai
Mangalore, Karnakata – Hare Krishna Ashram, Rosario Church Rd., Pandeshwar, 574001 Mangalore/ Tel. +91 (824) 420474
Mayapur, Westbengalen – Shree Mayapur Chandrodaya Mandir, Shree Mayapur Dham, Dist. Nadia (P.O. Box 10279, Bllyganj, Calcutta 700019)/ Tel. +91 (3472) 45239, 45240, 45233, Fax 45238
Moirang, Manipur – Nongban Ingkhon, Tidim Rd./ Tel. 795133
Mumbai, Maharashtra – Hare Krishna Land, Juhu 400049/ Tel. +91 (22) 6206860, Fax 6205214
Mumbai, Maharashtra – 7 K.M. Munshi Marg, Chow Patty 400007/ Tel. +91 (22) 3634078, Fax 3677941
Mumbai, Maharashtra – Shrusthi Complex, Mira Road (E), opposite Royal College, Thane, 401107/ Tel. +91 (22) 8817795, 8118875
Nagpur, Maharashtra – 70 Hill Road, Ramnagar, 440010/ Tel. +91 (712) 529932
Neu-Delhi – Sant Nagar Main Road (Garhi), hinter Nehru Place Complex (Postanschrift: P.O. Box 7061), New Delhi 110065/ Tel. +91 (11) 6419701, 6412058, Fax 6433540 (Attn: ISKCON)
Neu-Delhi – 14/63, Punjabi Bagh, 110026/ Tel. +91 (11) 5410782
Pandharpur, Maharashtra – Hare Krishna Ashram, across Chandrabhaga River, Dist. Sholapur, 413304/ Tel. +91 (7315) 35159
Patna, Bihar – Rajendra Nagar Road No. 12, 800016/ Tel. +91 (612) 50765
Puna, Maharashtra – 4 Tarapoor Rd. Camp, 411001/ Tel. +91 (212) 667259
Puri, Orissa – Sipasurubuli Puri, Dist. Puri/ Tel. +91 (6752) 24592, 24594
Puri, Orissa – Bhakti Kuthi, Swargadwar, Puri/ Tel. +91 (6752) 23740
Secunderabad, A.P. – 27 St. John's Road, 500026/ Tel. +91 (840) 805232, Fax 814021
Silchar, Assam – Ambikapatti, Silchar, Cachar Dist., 788004
Siliguri, Westbengalen – ISKCON, Bhaktivedanta Swami Marg, Gitalpara 734406/ Tel. +91 (353) 426619, Fax 526130
Sri Rangam, Tamil Nadu – 16A Thiruvadi street, Trichy, 620 006/ Tel. 433945
Surat, Gujarat – Rander Rd., Jahangirpura, 395005/ Tel. +91 (261) 685516, 685891
Surat, Gujarat – Bhaktivedanta Rajavidyalaya, Krishnalok, Surat-Bardoli Rd. Gangapur, P.O. Gangadhara, Dist. Surat, 394310/ Tel. +91 (261) 667075
Thiruvananthapuram (Trivandrum), Kerala – T.C. 224/1485, WC Hospital Rd., Thycaud, 695014/ Tel. +91 (471) 68197
Tirupati, A.P. – K.T. Road, Vinayaka Nagar 517507/ Tel. +91 (8574) 20114
Udhampur, Jammu und Kashmir – Srila Prabhupada Ashram, Prabhupada Marg, Prabhupada Nagar, Udhampur 182101/ Tel. +91 (1992) 70298
Vadodara (Baroda), Gujarat – Hare Krishna Land, Gotri Rd., 390021/ Tel. +91 (265) 326299, 331012, Fax 331013
Vallabh Vidyanagar, Gujarat – ISKCON Hare Krishna Land, Vallabh Vidyanagar 338120/ Tel. +91 (2692) 30796
Vrindavana, U.P. – Krishna-Balaram Mandir, Bhaktivedanta Swami Marg, Raman Reti, Mathura Dist., 281124/ Tel. +91 (565) 442478, 442355, Fax 442596

FARMGEMEINSCHAFTEN

Ahmedabad District, Gujarat – Hare Krishna Farm, Katwada (über ISKCON Ahmedabad)
Assam – Karnamadhu, Dist. Karimganj
Chamorshi, Maharashtra – 78 Krishnanagar Dham, District Gadhachiroli, 442603/ Tel. +91 (218) 623473
Hyderabad, A.P. – P.O. Dabilpur Village, Medchal Tq., R.R. District, 501401/ Tel. 552924
Karnakata – Bhaktivedanta Eco-Village, Nagodi P.O., Vollur Valley, Hosanagar Taluq, Shivmoga District, Karnakata 577425 (Postanschrift: Garuda Guha, Kollur, D.K. District, Karnakata 576220)
Mayapur, Westbengalen – (über ISKCON Mayapur)

RESTAURANTS

Bombay – Govinda's (siehe Hare Krishna Land)
Kalkutta – Hare Krishna Karma-free Confectionary, 5 Russel St., 700071
Mayapur – Govinda's (siehe ISKCON Mayapur)
Vrindavana – Gästehaus des Krishna-Balaram Mandir

ÜBRIGE LÄNDER

Cagayan de Oro, Philippinen – 30 Dahlia St., Ilaya Carmen, 900 Cagayan de Oro (c/o Sepulveda's Compound)

Chittagong, Bangladesh – Caitanya Cultural Society, Sri Pundarik Dham, Mekhala, Hathazari (Postanschrift: GPO Box 877, Chittagong)/ Tel.+88 (31) 225822
Colombo, Sri Lanka – 188 New Chetty St., Colombo 13/ Tel. +94 (1) 433325
Dhaka, Bangladesh – 5 Chandra Mohon Basak St., Banagram, Dhaka 1203/ Tel. +88 (2) 252428
Hong Kong – 27 Chatam Road South, 6/F, Kowloon/ Tel. +852 (2) 7396818, Fax 724-2186
Iloilo City, Philippinen – 13-1-1 Tereos St., La Paz, Iloilo City, Iloilo/ Tel. +63 (33) 73391
Jakarta, Indonesien – P.O. Box 2694, Jakarta Pusat 10001/ Tel. +62 (21) 4899646
Jessore, Bangladesh – Nitai Gaur Mandir, Kathakhali Bazaar, P.O. Panjia, Dist. Jessore
Jessore, Bangladesh – Rupa-Sanatana Smriti Tirtha, Ramsara, P.O. Magura Hat, Dist. Jessore
Kathmandu, Nepal – Budhanilkantha, Kathmandu (Postanschrift: P.O. Box 3520)/ Tel. +977 (1) 371743, Fax 414409 (Attn: ISKCON)
Kuala Lumpur, Malaysia – Lot 9901, Jalan Awan Jawa, Taman Yarl, 58200 K.L./ Tel. +60 (3) 780-7355, -7360, Fax 781-1644
Manila, Philippinen – Penthouse Liwag Bldg., 3307 Mantanzas St:, Makati, Metro Manila/ Tel. +63 (2) 8337883 loc.10
Phnom Penh, Kampuchea – 49ZE Preah Sothearos St., Sankat Tunle Bassac, Khan Chamcar Mon/ Tel. +855 (23) 721742
Taipei, Taiwan – (Postanschrift: c/o ISKCON Hong Kong)
Tel Aviv, Israel – 16 King George St. (Postanschrift: P.O. Box 48163, Tel Aviv 61480)/ Tel. +972 (3) 528-5475, 629-9011, Fax 629-9011
Tokio, Japan – 4-19-6 Subaru 1F, Kamatikada, Nakano, Tokyo 164-0002/ Tel. +81 (3) 5343-9147, Fax 5343-3812
Yogyakarta, Indonesien – P.O. Box 25, Babarsari YK, DIY

FARMGEMEINSCHAFTEN

Indonesien – Govinda Kunja (über ISKCON Jakarta)
Malaysia – Jalan Sungai Manik, 36000 Teluk Intan, Perak/ Tel. +63 (32) 83254

RESTAURANTS

Cebu, Philippinen – Govinda's, 6th Door, Socorro Bldg., Corner Juana Osmena & Don R. Aboitz Sts., Cebu City/ Tel. +63 (32) 2534304
Kuala Lumpur, Malaysia – Govinda's, 16-1 Jalan Bunus Enam, Masjid India/ Tel. +60 (3) 780-7355, -7360, -7369

AFRIKA

NIGERIA

Abeokuta – Ibadan Rd., Obantoko, hinter NET (Postanschrift: P.O. Box 5177)
Benin City – 108 Lagos Rd., Uselu/ Tel. +234 (52) 247900
Enugu – 8 Church Close, off College Rd., Housing Estate, Abakpa-Nike
Ibadan – 1 Ayo Akintoba St., Agbowo, University of Ibadan
Jos – 5A Liberty Dam Close, P.O. Box 6557, Jos
Kaduna – 8B Dabo Rd., Kaduna South, P.O. Box 1121, Kaduna
Lagos – 25 Jaiyeola Ajata Estate, off International Airport Express Rd., Lagos (Postanschrift: P.O. Box 8793, Lagos)/ Tel. & Fax +234 (1) 876169
Port Harcourt – Second Tarred Road, Ogwaja Waterside (Postanschrift: P.O. Box 4429, Trans Amadi)
Warri – Okwodiete Village, Kilo 8, Effurun/Oreropke Rd. (Postanschrift: P.O. Box 1922, Warri)

SÜDAFRIKA

Durban (Natal) – 50 Bhaktivedanta Circle, Chatsworth Centre, Chatsworth 4030 (Postanschrift: P.O. Box 56003)/ Tel. +27 (31) 433328, Fax 438198
Johannesburg – 14 Goldreich St., Hillbrow, 2001 (Postanschrift: P.O. Box 10667, Johannesburg 2000)/ Tel. +27 (11) 484-7170, Fax 484-6279
Kapstadt – 17 St. Andrews Rd., Rondebosch 7700/ Tel. +27 (21) 689-1529, Fax 686-8233
Port Elizabeth – 15 Whitehall Court, Western Rd., 600 Port Elizabeth/ Tel. & Fax +27 (41) 534330
Pretoria – 1189 Church St. Hatfield, 0083 (Postanschrift: P.O. Box 14077, Hatfield, 0028)/ Tel. & Fax +41 (12) 342-6216

RESTAURANTS

Durban – Govinda's (siehe ISKCON Durban)
Johannesburg – (siehe ISKCON Johannesburg)

ÜBRIGE LÄNDER

Accra, Ghana – Samsam Rd., Off Accra-Nswawam Hwy, Medie, P.O. Box 11686, Accra North
Gaborone, Botswana – P.O. Box 201003/ Tel. +267 307768, Fax 301988
Kampala, Uganda – Bombo Rd., Nähe Makerere University (Postanschrift: P.O. Box 1647, Kampala)/ Fax. +256 (41) 251145
Kisumu, Kenia – P.O. Box 547/ Tel. +254 (35) 42546, Fax 43294
Marondera, Simbabwe – 6 Pine Street (Postanschrift: P.O. Box 339)/ Tel. +263 (28) 8877801
Mombasa, Kenia – Hare Krishna House, Sauti Ya Kenya and Kisumu Rds. (Postanschrift: P.O. Box 82224, Mombasa)/ Tel. +254 (11) 312248
Nairobi, Kenia – Muhuroni Close, off West Nagara Rd. (Postanschrift: P.O. Box 28946, Nairobi)/ Tel. +254 (5) 744365, Fax 740957
Phoenix, Mauritius – Hare Krishna Land, Pont Fer, Phoenix (Postanschrift: P.O. Box 108, Quartre Bornes, Mauritius)/ Tel. +230 696-5804, Fax 465-1066
Rose Hill, Mauritius – 13 Gordon St./ Tel. +230 454-5272

FARMGEMEINSCHAFT

Mauritius (ISKCON Vedic Farm) – Hare Krishna Rd., Vrindaban, Bon Acceuil/ Tel. +230 418-3955

AUSTRALIEN UND OZEANIEN

AUSTRALIEN

Adelaide – 227 Henley Beach Rd., Torrensville, S.A. 5031/ Tel. +61 (8) 234-1378, Fax 8234-1418
Brisbane – 95 Bank Rd., Graceville, (Postanschrift: P.O. Box 83, Indooroopilly) QLD 4086/ Tel. +61 (7) 3379-5455, Fax 3379-5880
Canberra – 117 Hawksbury Crescent, Farrer, ACT 2607/ Tel. +61 (6) 290-1869, Fax 286-4700
Melbourne – 197 Danks St., Albert Park (Postanschrift: P.O. Box 125), Victoria 3206/ Tel. +61 (3) 9699-5122, Fax 9690-4093
Perth – 144 Railway Parade (Postanschrift: P.O. Box 102), Bayswater, W.A. 6053/ Tel. +61 (9) 370-1552, Fax 272-6636
Sydney – 180 Falcon St., North Sydney, N.S.W. 2060 (Postanschrift: P. O. Box 459, Cammeray, N.S.W. 2062)/ Tel. +61 (29) 959-4558, Fax 957-1893
Sydney – 180 Falcon St., North Sydney, NSW 2060 (Postanschrift: P.O. Box 459, Cammerey, NSW 2062)/ Tel. +61 (2) 959-4558, Fax 957-1893

FARMGEMEINSCHAFTEN

Bambra (New Nandagram) – Oak Hill, Dean's Marsh Road, Bambra, VIC 3241/ Tel. +61 (52) 887383, Fax 887309
Millfield, N.S.W. – New Gokula Farm, Lewis Lane (off Mt. View Rd. Millfield near Cessnock), (Postanschrift: P.O. Box 399, Cessnock), 2325, N.S.W./ Tel. +61 (49) 98-1800, Fax: Tempel in Sydney
Murwillumbah (New Govardhana) – Tyalgum Rd., Eungella, via Murwillumbah (Postanschrift: P.O. Box 687), N.S.W. 2484/ Tel. +61 (66) 726579, 723047, Fax 431226

RESTAURANTS

Adelaide – Food for Life, 79 Hindley St./ Tel. +61 (8) 82315258
Brisbane – Govinda's, 1. Etage, 99 Elizabeth St., QLD 4000/ Tel. +61 (7) 3210-0255
Brisbane – Hare Krishna Food for Life, 190 Brunswick St., Fortitude Valley/ Tel. +61 (7) 3854-1016
Melbourne – Crossways, 1. Etage, 123 Swanston St., Melbourne, Victoria 3000/ Tel. +61 (3) 9650-2939
Melbourne – Gopal's, 139 Swanston St., Melbourne, Victoria 3000/ Tel. +61 (3) 9650-1578
Murwillumbah – 91 Main Street, Murwillumbah N.S.W. 2484/ Tel. +61 (66) 726767
Perth – Hare Krishna Food for Life, 200 William St., Northbridge, WA 6003/ Tel. +61 (9) 227-1684
Sydney – Hare Krishna Food for Life, 529b Kind St., Newtown, NSW 2042/ Tel. +61 (29) 550-6524

NEUSEELAND, FIJI UND PAPUA-NEUGUINEA

Christchurch, Neuseeland – 83 Bealey Ave. (Postanschrift: P.O. Box 25-190 Christchurch)/ Tel. +64 (3) 665174, Fax 661965
Labasa, Fiji – Delailabasa (Postanschrift: P.O. Box 133)/ Tel. +679 812912
Lautoka, Fiji – 5 Tavewa Ave. (Postanschrift: P.O. Box 125)/ Tel. +679 664112, Fax 663039
Port Moresby, Papua-Neuguinea – Section 23, Lot 46, Gordonia St., Hohola (Postanschrift: P.O. Box 571 POM NCD)/ Tel. +675 259213
Rakiraki, Fiji – Rewasa, Rakiraki (Postanschrift: P.O. Box 204)/ Tel. +679 694243
Suva, Fiji – Joyce Place, Off Pilling Rd., Nasinu 7½ miles, Samabula (P.O. Box 6376)/ Tel. +679 381161
Wellington, Neuseeland – 60 Wade St., Wadestown, Wellington (Postanschrift: P.O. Box 2753, Wellington)/ Tel. +64 (4) 4720510

FARMGEMEINSCHAFT

Auckland, Neuseeland – Hwy. 18, Riverhead, neben dem Huapai Golf Course (Postanschrift: R.D. 2, Kumeu, Auckland)/ Tel. +64 (9) 4128075, Fax 412-7130

RESTAURANTS

Auckland, Neuseeland – Gopal's, 1. Etage, Civic House, 291 Queen St./ Tel. +64 (9) 3034885
Christchurch, Neuseeland – Gopal's, 143 Worcester St./ Tel. +64 (3) 366-7035
Labasa, Fiji – Hare Krishna Restaurant, Naseakula Road/ Tel. +679 811364
Lautoka, Fiji – Gopal's, Ecke Yasawa St. und Naviti St./ Tel. +679 662990
Suva, Fiji – Gopal's, 18 Pratt St./ Tel. +679 314154